U0104112

宗教研究叢刊

世界宗教文選
Anthology of World Religions

第一版

（First Edition）

王　翔　著
Professor Shawn Wang

目次

引言
中文學界第一本《世界宗教文選》
的編纂緣起*

一 世界宗教文選的濫觴

　　宗教是文明的底色，翻開任意一本全球通史，從基督教歐洲之崛起到印度教席捲南亞，從儒教奠定東亞的基石到東正教傳布東歐，宗教的章節都占據了顯著的篇幅。過去一個世紀的風雲變幻表明，宗教並不是古典文明的專利，死海古卷（Dead Sea Scroll）的問世、中亞佛教寫本的發掘等有關宗教的報導儼然成為新的文化熱點。同時，和宗教有關的政治事件，如伊朗的白色革命（White Revolution）以及九一一恐襲也紛紛登上媒體的頭條，猶如世俗社會中炸響的驚雷。[1]即

＊　在過去的幾年，筆者針對「世界宗教課程」和「世界宗教文選」等主題，利用各種會議和論壇宣讀了多篇論文，本篇引言正是在各種會議發言的基礎上修訂成文的。在此期間，筆者的編撰工作也得到了多個研究基金的支持，它們包括：二〇一六年廣東省高教教育成果UIC培育項目（立項編號：R201613）和二〇一七年廣東省教育廳高等教育教學改革項目（立項編號：R5201702）。當然，這本《世界宗教文選》的編寫直接獲批了二〇一六年度廣東省哲學社會科學「十三五」規劃項目（項目名稱：漢語學界第一本《世界宗教文選》的研究和編纂，立項編號：GD16CZX03）以及北京師範大學──香港浸會大學聯合國際學院（UIC）廣東哲學社科項目後期出版基金（立項編號：R201730），筆者在此一併表示感謝。

1　參看Apczynski, John V. *Foundations of Religious Literacy. The Annual Publication of the College Theology Society.* Chico, Calif.: Scholars Press, 1983; Nash, Robert J., and Penny Bishop. *Teaching Adolescents Religious Literacy in a Post-9/11 World.* Charlotte, NC: Information Age Pub., 2009. 二〇一二年，知名的公開課品牌「偉大的課程」

便到了人工智能和新媒體大行其道的二十一世紀，全球宗教信徒之和仍然超過世界人口的半數，這些事實都表明，無論是從歷史文明、國家政治的宏觀視域，還是從文化習俗、修身養性的微觀角度來看，理解世界宗教都是現代人應當具備的常識。由此可見，宗教的文化素養（religious literacy）理應成為大學教育之中不可忽視的環節。[2]正是本著這樣的願景，加之一些現實的助力，筆者才決心編纂中文學界的第一本《世界宗教文選》。然而在交代本書的謀篇布局之前，我們有必要先追溯「世界宗教」的理念在西方的興起，並介紹歐美學界編纂《世界宗教文選》的來龍去脈。

最先產生「世界宗教」意識的是以猶太和希臘羅馬文明為基石的西方社會。西方人很早就注意到近鄰阿拉伯人信奉伊斯蘭教，儘管屬同源的亞伯拉罕宗教（Abrahamic Religions），如猶太教、基督教和伊斯蘭教之間卻無法和平共處，千年以來亞伯拉罕系的三教一直齟齬不斷，甚至兵戎相見。等到十五世紀歐洲人在大洋上開啟了新航路，南亞的印度教、東亞的佛教乃至本不屬宗教範疇的儒教才進入了西方的視野，使他們意識到一神教之外的世界宗教的多樣性。世界宗教的理念到了十九世紀才臻於成熟，此時德國人熱衷於以全球的視野來整合新興的文科，例如文豪歌德（Goethe, 1749-1832）曾經倡導「世界文

（The Great Courses）也提供了一門名為「宗教之文化素養」（Cultural Literacy for Religion: Everything the Well-Educated Person Should Know）的商業課程。有關全球範圍內宗教與教育的探討，參看Malini Sivasubramaniam & Ruth Hayhoe. *Religion and Education: Comparative and International Perspectives.* Oxford, U.K.: Symposium Books Ltd, 2018.

2　根據二○一三年版的《數字中的世界宗教》（*The World's Religions in Figures*）提供的數據，世界各大宗教的總人數在二○一○年之前就已經超過了四十九億，參看 Johnson, Todd M. Grim Brian J., and Gina A. Berger Peter Ludwig Bellofatto. *The World's Religions in Figures: An Introduction to International Religious Demography.* Chichester: John Wiley & Sons, 2013, p.10.

學」（Weltliteratur），哲學家黑格爾（Hegel, 1770-1831）也闡述了「世界歷史」（Weltgeschichte）的思辨理念。一八二七年，德國的天主教神學家德雷（Johann Sebastian von Drey, 1777-1853）在《論國家宗教和世界宗教》（德：Von der Landesreligion und der Weltreligion）一文中第一次提出了「世界宗教」（Weltreligion）的概念，儘管德雷使用這個詞的本意是褒揚基督教，他認為帶有普世特性的基督教是一種世界宗教。不過也正因為這種陰差陽錯地嫁接，讓「世界宗教」作為一個德語新詞，開始引發學術界的關注。[3]隨後，一系列在歐亞大陸的考古和殖民熱潮中重新湧現的宗教，如祆教（Zoroastrianism）、古埃及宗教、古希臘-羅馬宗教（Greco-Roman Religion）、美索不達米亞宗教，以及兼收並蓄的巴哈伊教（Baha'i Faith）都紛紛促使歐美學人、殖民者和探險家不斷審視自己的亞伯拉罕傳統，並由此開啟了理性地研究宗教的序幕。

　　正是在「世界宗教大發現」的背景之下，以宗教為中心而開展的科學研究，也就是名為宗教學（德：religionswissenschaft；英：Religious Studies）的學科，才正式登上了學術舞臺。我們甚至可以宣稱，世界宗教意識的萌發和世界宗教文選的編纂是同時展開的。為了理解東方文化，西方學者開始著手把異域宗教的經典翻譯成拉丁文等歐洲語言。例如，宗教學之父馬克思・穆勒（Max Muller, 1823-1900）的研究就帶有世界宗教的色彩，他編輯的《東方聖書》（Sacred Books of the East, 1879-1910）多達五十冊，是一套包括近東和遠東文明經典的

3　Saussaye, P. D., and Beatrice Stanley MrsColyer Fergusson. *Manual of the Science of Religion*. London and New York: Longmans, Green, and Co., 1891, p. 54. 還可參看 Tomoko, Masuzawa. "World Religions." In *Encyclopedia of Religion*, edited by Lindsay Jones. Vol. 14. 2nd ed. Detroit: Macmillan Reference USA, 2005, pp. 9800-9804.

東方宗教文選。[4]

　　近期刊行的《世界經文選集》（*Anthology of World Scripture*）的主編羅伯特・伍斯特（Robert Voorst）也認為，世界宗教文選的學術史，或者說，這種經文研究（scripture study）的潮流可以上溯至十九世紀的中後期並可以大略分為以下三個階段。[5]在第一個階段，學者的主要工作是譯介單個的文本，他們的案頭還沒有積累起足夠多的宗教經典能夠用於全球性的比較研究。上面提到的《東方聖書》正是這一階段的代表性成果，這些陌生的東方經典確實拓展了西方人的宗教觀，不過這種簡單的譯介很少涉及這些文本在各自宗教團體中所起的作用。其後，大約從二十世紀二十年代開始，「宗教史學派」（"History of Religions" School）逐漸成為經文研究的主流。這一階段的重點是關注宗教的社會學領域並重視對儀式、神話和象徵的研究，宗教原典的引介和分析反而退居其次。二戰以後，隨著宗教史學派的中心轉向芝加哥大學，這一情況才有所改觀，不過伍斯特指出宗教史學是經文研究的常青樹，其影響力一直保持到了今日。接著，從二十世紀六十年代開始，出現了經文研究的第三個階段，為了彌補前兩個階段的不足，學者在這一階段的任務不僅是重新評估宗教文本的價值，而且還需要對經典在世界宗教實踐中的運用加以探討。[6]近年來，不僅比較

4　學界對於「世界宗教」的興趣甚至可以追溯到宗教學或者比較宗教研究的起點。無論是語言學家馬克思・穆勒（Max Muller, 1823-1900），還是作為比較社會學家的馬克思・韋伯（Max Weber, 1864-1920），都相繼出版了有關伊斯蘭，猶太教、印度宗教和中國宗教的著作。

5　Van Voorst, Robert E. *Anthology of World Scriptures*. 9th ed. Boston: Wadsworth, Cengage Learning, 2017, pp.3-4.

6　一些相關的研究，參看Geo Widengren, *Religionsphänomenologie*. Berlin: de Gruyter, 1969; Friedrich Heiler, *Erscheinungsformen und Wesen der Religion*. Stuttgart: Kohlhammer, 1979.

經典的研究（comparative study of scripture）成為經文研究第三個階段的潮流之一，而且「世界宗教」作為一個源於歐洲的概括性術語也再次引發了宗教學界的關注。[7]密歇根大學的增澤知子（Masuzawa Tomoko）教授就出版了專著《世界宗教的誕生》（*The Invention of World Religions*）並對世界宗教等術語在十九和二十世紀的演繹展開了詳盡地分析。[8]限於篇幅，筆者在這裡不會追溯「世界宗教」這一名詞的多重涵義和演變歷程。簡而言之，「世界宗教」和「全球宗教」（global religions）的提法類似，這兩個詞代表了古典的、全球化的、含義廣泛的、以經典為核心的世界性宗教傳統；與之相對的是「地方性宗教」（local religions），也就是部落的或地方性的，甚至更多是基於口頭文獻而保存下來的區域性宗教傳統。在概述了世界宗教的含義並回顧了經文研究的學術簡史之後，我們將轉向高等教育體系中世界宗教課程的開展和最近幾十年來宗教文選的編纂工作。[9]

7　部分相關研究，參看Frederick M. Denny and Rodney L. Taylor, eds., *The Holy Book in Comparative Perspective*. Charleston: University of South Carolina Press, 1985; Harold Coward, *Sacred Word and Sacred Text*. Maryknoll, NY: Orbis, 1988; Wilfred Cantwell Smith, *What Is Scripture? A Comparative Approach*. Philadelphia: Augsburg Fortress, 1993; Jacob Neusner, ed., *Sacred Texts and Authority*. Cleveland: Pilgrim, 1998.

8　增澤知子是密歇根大學歷史系的教授，她的專著從學理和歷史的角度探討了世界宗教概念的西方緣起，參看Masuzawa, Tomoko. *The Invention of World Religions, or, How European Universalism Was Preserved in the Language of Pluralism*. Chicago: University of Chicago Press, 2005, pp.2-13.

9　Dominic Corrywright, *Get Set for Religious Studies*. Edinburgh: Edinburgh University Press, 2006, p.19. 有關「全球宗教」的提法和研究，參看Juergensmeyer, Mark. *Global Religions: An Introduction*. New York: Oxford University Press, 2003; Juergensmeyer, Mark. *The Oxford Handbook of Global Religions*. New York: Oxford University Press, 2006.

二 美國大學體系中的世界宗教與文選

（一）伊利亞德和史密斯的早期世界宗教教學

首先，我們將以宗教學最發達的美國大學為例，結合經文學術的第二和第三個階段，來簡單梳理大學體系中開設的世界宗教課程。二戰以後，美國的大學開始設立宗教學系（Department of Religious Studies 或 Department of Religion）。作為新興的人文科系，宗教學系力圖通過涉獵其他重要的世界宗教來擺脫神學院（Divinity School 或 Seminary）固有的以基督教和猶太教為中心的教育模式。然而除了強勢的基督教研究，一時間在其他主要宗教的研究領域中還找不出太多接受過系統訓練的博士。幸運的是，一些來自哲學陣營的學者，與此同時也表現出對宗教研究的興趣，因此，部分世界宗教課程首先出現在哲學系，繼而慢慢推廣到新興的宗教學系。以下我們要介紹兩位從事世界宗教教研的重量級學者，他們兩人一位偏重研究、一位注重教學，從他們的身上我們可以管窺早期芝加哥大學和華盛頓大學所開設的世界宗教課程，之後我們會簡要地綜述其他一流大學的世界宗教教學概況。

第一位學者是羅馬尼亞的宗教學巨擘米爾恰・伊利亞德（Mircea Eliade, 1907-1986）。眾所周知，因為他的傑出貢獻，戰後的芝加哥大學神學院（Divinity School of the University of Chicago）才一舉躍升為宗教史和比較宗教學的重鎮。[10]相對於世界宗教，比較宗教學更為學界所熟知，這一領域曾經引領美國宗教研究的潮流，只是在最近的幾

---

10 伊利亞德集學者、外交家和小說家為一身。中國讀者可能比較熟悉他的宗教學著作，但是他用羅馬尼亞語寫作的小說也廣受好評。有關伊利亞德的較完整的傳記，參看 Turcanu, Florin. *Mircea Eliade: Le Prisonnier de l'Histoire*. Paris: Découverte, 2003.

十年，因為專業化趨勢的增強，同時專攻兩三種宗教且動輒耗時近十年的比較宗教學訓練才慢慢變得不合時宜。說起伊利亞德的世界宗教研究，不得不提到多卷本的《宗教思想史》（*Histoire des croyances et des ideesreligieuses*），這部書不僅是宗教史和宗教現象學（Phenomenology of Religion）的傑作，而且其收錄的宗教之多要比同類的其他著作都更為全面。[11]除了三大主流宗教，該書還涉及了巫術、古埃及宗教、希臘羅馬宗教、乃至厄琉西斯秘儀（Eleusinian Mysteries）、凱爾特宗教（Celtic Religion）等各種傳統。這部帶有簡約主義（generalization）風格的世界宗教巨作集成了伊利亞德宗教史研究的豐碩成果，雖然該書最終未能完稿，但依然不失為百科全書式的世界宗教代表作。[12]一九八七年，伊利亞德有關世界宗教的開創性研究因為其主編的皇皇十六卷本的《宗教百科全書》（*Encyclopaedia of Religion*）而劃上圓滿的句號。[13]在這兩部著作的基礎之上，芝大宗教史學派的學者們，包括伊利亞德的門生約安・庫利亞諾（Ioan Culianu, 1950-1991），於一九九一年出版了一本帶有索引性質的簡寫本，名為《伊利亞德世界宗教導論》（*The Eliade Guide to World Religions*），這本三〇一頁的小書按照百科全書詞條的字母排序方式，簡要地羅列了全球三十三種

---

11 有關宗教現象學和宗教史之間的關係，包括伊利亞德所代表的一體化世界觀的現象學，參看瓦爾特・凱普斯（Walter Capps）著，常宏等譯：《宗教學：學科的構成》（北京：社會科學文獻出版社，2017年），頁112-114。

12 參看米爾恰・伊利亞德（Mircea Eliade）著，晏可佳、吳曉群、姚蓓琴譯：《宗教思想史》，上海：上海社會科學院出版社，2011年。該書的英文本分三卷出版，參看 Eliade, Mircea, and Willard R. Trask. *A History of Religious Ideas*. 3 vols. Chicago: University of Chicago Press, 1978.

13 這是英文世界最權威的宗教類百科全書，該書的第一版由伊利亞德主編，但他不幸於書籍出版前一年就與世長辭，參看 Eliade, Mircea, and Charles J. Adams. *The Encyclopedia of Religion*. New York: Macmillan, 1987；伊利亞德：《宗教思想史》，頁4-5。

宗教傳統。[14]伊利亞德的世界宗教研究成果必然和他在芝大的教學歷
經有關，儘管這其間的聯繫尚需細細考索。例如，根據芝大神學院威
廉‧奎恩（William Quinn）博士的回憶，上個世紀七十年代，伊利亞
德在芝大開設了一門名為「宗教史中的經典」（Classics in the History
of Religions）的課程，很顯然這門課的目標就是精讀世界宗教的核心
文獻。[15]那麼，經過長期的教學而產生了將講義結集出版的願望也是
順理成章的事情。一九八六年伊利亞德溘然離世，其後學界對於伊利
亞德的評價也褒貶不一。今天的芝加哥大學雖然依舊執掌宗教學研究
之牛耳，但是神學院中已經很少出現學術興趣如此廣泛的學者，「世
界宗教」的教研也不再是主流。[16]目前從芝大神學院網站所提供的信
息來判斷，可以看出宗教學系的本科生的主要學習目標是佛教、基督
教、印度教、猶太教和伊斯蘭這五種世界宗教，而研究生的專攻方向
則被分成五個核心領域，但是傳統的比較宗教學已經被納入宗教史的
範疇、而宗教史又進而隸屬於「宗教與人類科學」（Religion and the
Human Sciences）這一核心領域，成為其名目下的三個分支之一。儘
管專攻宗教史的學生需要打通至少兩種宗教，但是世界宗教作為概論
性的大課無論在本科還是研究生的層次都已經很少見。[17]

---

14 Eliade, Mircea, Ioan P. Culianu, and Hillary S. Wiesner. *The Eliade Guide to World Religions*. San Francisco: Harper SanFrancisco, 1991. 伊利亞德對於世界宗教的獨特主題分類，可以參看Eliade, Mircea. *Patterns in Comparative Religion*. New York: Sheed & Ward, 1958; 中文版請參看：米爾恰‧伊利亞德著，晏可佳、姚蓓琴譯：《神聖的存在：比較宗教的範型》，桂林：廣西師範大學出版社，2019年。

15 Quinn, William W. "Mircea Eliade and the Sacred Tradition (A Personal Account)." *Nova Religio: The Journal of Alternative and Emergent Religions* 3, no. 1 (1999):149.

16 參看 Rennie, Bryan S. *Changing Religious Worlds: The Meaning and End of Mircea Eliade*. Suny Series, Issues in the Study of Religion. Albany: SUNY Press, 2000.

17 參看芝加哥大學神學院的相關網頁，網站訪問時間：二〇二〇年八月十五日星期六：https://divinity.uchicago.edu/academics/undergraduate-program-religious-studies，以及https://divinity.uchicago.edu/academics。

如果說伊利亞德是通過宗教史和宗教現象學來研究世界宗教，那麼早期世界宗教課程直接的推動者就應該是哲學系出身的休斯頓・史密斯（Huston Smith, 1919-2016）。擁有哲學和宗教學兩種講座教授頭銜的史密斯，曾經在華盛頓大學、麻省理工學院，以及加州大學伯克利分校等一流大學教授世界宗教課程，可謂是這類課程的開路先鋒。更難得的是，這些世界宗教課程還被首次錄製成電視節目，其影響力很快就超越了大學課堂而廣為眾人所知。學院派的史密斯也是宗教史的權威，但是他的宗教知識並非紙上談兵，他出生於來華的傳教士家庭，身世和中國頗有淵源。不僅如此，史密斯還曾深入修學佛教臨濟宗的禪法、伊斯蘭教的蘇菲主義（Sufism）和印度教的主流吠檀多（Vedanta），積累了實修世界宗教的寶貴經驗。早在一九五五年的華盛頓大學，史密斯所教授的「人類的宗教」就被評為該校最受歡迎的課程，並引起了公共全國教育電視臺（National Education Television, NET）的注意。為了製作相關的教育片，他們特意邀請史密斯錄製電視節目，並面對十萬觀眾發表演講。一九五八年，史密斯據此撰寫了一本名為《人的宗教》（*The Religions of Man*）的小書，經過數次修訂，這本暢銷書最後被定名為《世界的宗教》（*The World Religions*），其銷量也達到了驚人的二百萬冊。[18]結合本書以及史密斯的自傳《探索的故事》（*Tales of Wonder*），我們可以探知，他教過的世界宗教或多或少地包括了印度教、佛教、儒教、道教、伊斯蘭教、猶太教、基督教以及原初宗教（The Primal Religions）等九種。雖然這部暢銷書並

---

18 該書不同版本的信息如下：Smith, Huston. *The Religions of Man*. New York: Harper, 1958; Smith, Huston. *The Illustrated World's Religions: A Guide to Our Wisdom Traditions*. San Francisco: Harper San Francisco, 1994; Smith, Huston. *The World's Religions*. New York: Harper One: Enfield, 2009. 本書的中文版可參閱休斯頓・史密斯（Huston Smith）著，梁恆豪譯：《人的宗教》，海口：海南出版社，2013年。

不是學術著作，但是該書早在六十年代就極具影響力，它的出版抓住
了美國成為全球強權，人們對外部世界的好奇心正蓬勃生長的契機，
它的巨大成功激發了更多人去探索世界宗教。該書的依據不僅是全國
教育電視臺十七集的系列講座，追根溯源，更要歸功於史密斯在華盛
頓大學所開設的世界宗教課程。[19]縱觀二戰以後的歐美學界，還有多位
學者都曾經致力於推廣世界宗教，這一長串的名單包括孔漢思（Hans
Küng, 1928- ）；威爾弗雷德・坎特韋爾・史密斯（Wilfred Cantwell
Smith, 1916-2000）；尼尼安・斯馬特（Ninian Smart, 1927-2001）；威
拉德・古爾登・奧克托比（Willard Gurdon Oxtoby, 1933-2003）等重
量級學者。儘管他們的成就都值得另闢專文予以介紹，但是限於篇幅，
我們在此只能選擇伊利亞德和史密斯作為早期的代表並簡述他們所取
得的開拓性成果。[20]

---

19 史密斯的兩本傳記分別是：Smith, Huston, and Jeffery Paine. *Tales of Wonder: Adventures Chasing the Divine: An Autobiography.* New York: HarperCollins Publishers, 2009（中文版：休斯頓・史密士 [Huston Smith]著，雷叔雲譯：《探索的故事：追求神聖之旅》，臺北縣：立緒文化事業公司，2010年；Sawyer, Dana. *Huston Smith: Wisdomkeeper.* Louisville: Fons Vitae, 2014.

20 有關這些學者的世界宗教研究和評價，參看Whaling, Frank, and Wilfred Cantwell Smith. *The World's Religious Traditions: Current Perspectives in Religious Studies: Essays in Honour of Wilfred Cantwell Smith.* Edinburgh: T. & T. Clark, 1984；Smart, Ninian. *The World's Religions.* 2nd ed. New York: Cambridge University Press, 1998（中文版：尼尼安・斯馬特 [Ninian Smart] 著、高師寧等譯：《世界宗教》，北京：北京大學出版社，2004年）；漢斯・昆（Hans Küng）著，楊煦生、李雪濤譯：《世界宗教尋蹤》，北京：生活・讀書・新知三聯書店，2007年；Smart, Ninian, and John J. Shepherd. *Ninian Smart on World Religions: Traditions and the Challenges of Modernity.* Ashgate Contemporary Thinkers on Religion. Farnham, England; Burlington, VT: Ashgate, 2009；李林：《信仰的內在超越與多元統一：史密斯宗教學思想研究》，北京：社科文獻出版社，2012年；Oxtoby, Willard Gurdon, and Alan F. Segal. *A Concise Introduction to World Religions.* 2nd ed. New York: Oxford University Press, 2012；Aitken, Ellen Bradshaw. *The Legacy of Wilfred Cantwell Smith.* Albany: SUNY Press, 2017.

（二）哈佛大學與斯坦福大學的世界宗教課程

以上我們追溯了兩位世界宗教先驅的職業生涯，如果我們放寬視野，會看到最近的幾十年，從大而全的世界一流大學，到小而精的博雅學院（Liberal Arts College，又稱文理學院），美國開設世界宗教課程的院校呈現多元化的態勢。囿於篇幅和資料，我們只能簡單地介紹一下世界宗教課程在當今美國研究性大學的開設情況。筆者在此特別選取了美國東西海岸的哈佛大學和斯坦福大學這兩所名校作為代表。

作為美國老牌的常青藤院校，哈佛大學擁有歷史悠久的神學院和宗教研究的學術傳承。哈佛大學在一六三六年初創時的宗旨就是培養清教徒（Puritan）式的牧師。如今除了哈佛神學院（Harvard Divinity School，或 HDS）及其下屬的世界宗教研究中心（Center for the Study of World Religions），哈佛還設有宗教研究委員會（Committee on the Study of Religion）來統籌世界宗教的教學，這個委員會具有跨學科的性質，相當於其他高校中獨立設置的宗教學系。儘管專注於一種宗教的課程在大學中屢見不鮮，但是這裡還是需要對世界宗教課程做一個限定，以下討論的「世界宗教」課程是指主要由宗教學系開設的，涵蓋至少三種宗教的概論性課程，而單獨介紹一種宗教傳統的課程並不包括在內。

以二〇一五年以來哈佛開設的課程為例，宗教研究委員會制定的本科課程可以劃分為數個不同的學習計劃（study plan），其中的一個主項是「宗教的比較研究」（Comparative Study of Religion），該計劃名下列出的數門課程都和世界宗教有關。比如，二〇一五年開設的一門課程名為「經文與經典」（Religion 13. Scriptures and Classics）。顧名思義，該課程的目標是精讀各大宗教的經典文本，這些典籍包括：印度教的《薄伽梵歌》（*Bhagavad Gita*）和《奧義書》（*Upanishads*）；南傳

佛教的《法句經》（*Dhammapada*）和大乘佛教的《法華經》（*Lotus Sutra*）；儒教的《論語》（*Analects*）；道教的《莊子》（*Chuang Tzu*）；美索不達米亞宗教的《吉爾伽美什》（*Gilgamesh*）；反映羅馬宗教精神的史詩《埃涅阿斯記》（*Aeneid*）；猶太教的《摩西五經》（Torah）和《塔木德》（Talmud）；基督教的《新約》（New Testament）；以及伊斯蘭教的《古蘭經》（Qur'an）等等。這份書單表明，該課程所羅列的文獻可以用於編輯一部《世界宗教文選》，鑒於主要的宗教大多是以經典為中心的信仰體系，因此這門課程也可以替代一般性的世界宗教概論。[21] 需要指出的是，強調經典閱讀和重視文學遺產是美國大學博雅教育的特色之一，最近二十年，中國的通識教育（General Education）會議和各大學的博雅學院也沿用了這一思路，紛紛提出要開設以精讀文獻為核心的通識必修課。[22] 此外，二〇二〇年宗教研究委員會比較宗教方向的另外一門世界宗教課程則名為「東亞宗教：傳統與變遷」（EASTD 141: East Asian Religions: Traditions & Transformations）。這門課介紹了佛教、道教、儒教和神道（Shinto）教等四種東亞宗教，和「經文與經典」相比，這門課在教學方法上更偏重於宗教史。

---

21 最近幾年筆者一直在關注哈佛大學的相關網站，二〇一六年和二〇二〇年宗教研究委員會對本科生開放的部分課程的信息可以點擊以下的地址下載，http://studyofreligion. fas.harvard.edu/files/religion/files/spring2016coursesdesignedforundergrads_rev2016.1.21 .pdf?m=1453413831，網站訪問時間：二〇一六年五月十八日。https://studyofreligion. fas.harvard.edu/files/religion/files/spring_2020_courses_w_descriptions.updated.jan15.pd f，網站訪問時間：二〇二〇年八月十七日。確實有學者將世界宗教等同於經文傳統，參看Corrywright, *Get Set for Religious Studies*, pp.18-19.

22 參看甘陽等主編：《中國大學的人文教育》（北京：生活・讀書・新知三聯書店，2015年），頁6。以及徐賁：《閱讀經典：美國大學的人文教育》，北京：北京大學出版社，2015年。David Denby. *Great Books: My Adventures with Homer, Rousseau, Woolf, and Other Indestructible Writers of the Western World.* New York: Simon & Schuster, 1996；中文版請參看：大衛・丹比（David Denby）著、曹雅學譯：《偉大的書：我與西方世界不朽作家的歷險記》，南京：江蘇人民出版社，2003年。

　　除了宗教研究委員會，成立於一八六一年的哈佛大學神學院也致力於推廣世界宗教課程並提供相關的學位訓練。今日的哈佛神學院早已不再局限於基督教神學，而是放眼全球宗教，除了培養教牧人員，它還自稱是「一所不受教派限制的致力於宗教學和神學研究的學院」（a nonsectarian school of religious and theological studies）。在神學院所提供的四到五種學位之中，有一種兩年制的神學研究碩士（Master of Theological Studies, MTS），其側重點之一正是各大宗教的比較研究（comparative studies），這一方向的要求是研習兩個以上的世界宗教，學習的範圍包括經典文獻、宗教實踐以及宗教圖像學。[23]此外，為了增進各宗教之間的瞭解，神學院早在一九五○年代就成立了世界宗教研究中心，鼓勵從古典到現代的多元視角研究全球宗教並資助訪問學者和各項出版計劃。值得一提的是，哈佛大學的繼續教育項目（Extension School）也推出了名為「世界宗教」（RELI E-1010: World Religions）的課程。根據二○一七年春季學期的信息，這一課程覆蓋了印度教、佛教、儒教、道教、猶太教、基督教以及伊斯蘭等七種主要的世界宗教，授課內容側重於宗教哲學的方方面面，比如神聖與世俗、邪惡與苦難、愛與慈悲、智慧與正義、死亡與解脫等。[24]

　　其次讓我們轉向美國西海岸的斯坦福大學。該校的宗教學系（Department of Religious Studies）始建於一九七三年，佛教、基督教和猶太教研究是宗教學系的強項，九一一事件之後，為了適應新的需求，斯坦福的宗教學系又增設了伊斯蘭研究（Islamic Studies）的新方

---

23 根據網上提供的信息，該項目目前似乎設立了十八個方向。http://hds.harvard.edu/academics/degree-programs/mts-program/mts-areas-of-focus，網站訪問日期：二○二二年二月五日星期六。

24 參看哈佛大學神學院的相關網頁，網站訪問日期：二○一七年六月二十五日星期日：https://www.extension.harvard.edu/academics/courses/world-religions/23423 以及 https://hds.harvard.edu/people/media-topic/world-religions。

向。儘管系裡面提供了各大宗教的專業課程，有時各有專攻的教員也會合作教授宗教經典的閱讀課，但是在二〇一二年以前，宗教學系的教育模塊中依然缺乏真正意義上的世界宗教課程，加之高度專業化的發展趨勢促使教員埋首於各自的領域，跨宗教的教學變得難以實施。筆者二〇一二年從斯坦福大學畢業之時，宗教學系正在接受外部專家的學術評估，評委會的建議之一就是要開設世界宗教的概論課。大約是為了回應這種批評，到了二〇一六年的春季學期（spring quarter），佛學研究專家柯嘉豪（John Kieschnick）教授開設了大課「全球宗教」（Religion around the Globe [課程編號Religst 1]），從編號上可以看出這是一門針對本科生的基礎課程。因為選課人數眾多，因此課程安排了數位助教參與教學。這一課程的時長為一學期，其重點是當代社會中的宗教，課程介紹了佛教、伊斯蘭、印度教、猶太教、和錫克教（Sikhism）這五種宗教。到了二〇一七年，另一位專攻基督教的教授芭芭拉・皮特金（Barbara Pitkin）也加入了這一課程，這種不同宗教的學者合作教學的模式更能保證世界宗教課程的教學質量。[25]此外，宗教學系還為斯坦福大學的繼續教育課程貢獻了一門三個學分的名為「世界宗教」的課程（CSP 121: World Religions – Gateway），這種通過網絡開設世界宗教課程的做法，因為契合美國社會的多元宗教現狀，常常為各大學所採納。

其他的世界一流學府也會開設多樣化的世界宗教課程，比如耶魯大學也設有獨立的宗教學系（Department of Religious Studies）。根據二〇二二年最新的資料，宗教學系的本科生課程可以分為五類，這其中和「世界宗教」有關的是A組（Group A）的課程（編號從100-119），

---

25 參看http://religiousstudies.stanford.edu/courses/，網站訪問時間：二〇一七年六月二十五日星期日。

其側重點是比較宗教學的選課要求（comparative religions requirement），
這些課程通常涉及三種以上的宗教傳統。[26]最後值得一提的是，博雅
大學和研究性大學對於開設世界宗教課程所採取的不同態度。一般來
說，覆蓋面廣的世界宗教課程更加符合博雅教育的宗旨，因此不難想
像宗教學系和音樂系，藝術史系一樣都頗受博雅學院的歡迎，因此宗
教研究和經典閱讀課也常常構成博雅學院人文教育的核心課程。[27]雖
然研究性大學的通識教育課程（General Education Curriculum）多少
也包括了世界宗教或者比較宗教的課程，但是研究性大學更加注重專
業深度，加之宗教學系的學者都隸屬於比較專一的學術圈子，因此他
們的教學範圍也多少局限於自己專攻的某種宗教，這種專精的教研取
向導致了名牌學府的專家並不熱衷於編寫帶有博雅教育風格的《世界
宗教文選》。

（三）近期英文版《世界宗教文選》的出版概覽

在簡要回顧了美國的世界宗教課程之後，讓我們再次回到世界宗
教文選的話題。如前所述，上世紀六十年代以後，隨著學界重新開始
關注宗教經典的功用，更多樣化的宗教原典被翻譯出版以供研究，這
一階段的成果為編纂英文本的《世界宗教文選》打下了堅實的基礎。
同時，為了配合日趨增多的世界宗教課程，西方學界在過去的數十年

---

26 耶魯大學宗教學系的網站表明，A組的全稱為Group A—General, Comparative, and
Thematic Courses, http://religiousstudies.yale.edu/academics/undergraduate-program，網
站訪問時間：二〇二二年三月六日星期日。

27 有關美國博雅學院開設的世界宗教課程，請參看格林內爾學院（Grinnell College）
和聖瑪麗學院（Saint Mary's College）的例子：King, Winston L. "Problems and
Prospects in Teaching World Religions." *Journal of Bible and Religion* 32, no. 1 (1964):
15-22; Cooke, Gerald. "A Further Comment on "Problems and Prospects in Teaching
World Religions." *Journal of Bible and Religion* 33, no. 3 (1965): 250-251；徐貫：《閱讀
經典》，頁2。

內，陸續編纂修訂了幾十種名目各異的《世界宗教文選》。以英文的
出版物為例，現將一些重要的《世界宗教文選》按照出版的時間順序
羅列如下：

1.Frost, S. E. *The Sacred Writings of the World's Great Religions.*
New York: McGraw-Hill, 1972.

2.Donald Butler. *Many Lights World Religions: An Anthology For
Young People.* London: Geoffrey Chapman,1975.

3.Novak, Philip. *The World's Wisdom: Sacred Texts of the World's
Religions.* 1st ed. San Francisco: HarperSanFrancisco, 1994.

4.Beckerlegge, Gwilym. *The World Religions Reader.* London;
New York: Routledge, 1998.

5.Fisher, Mary Pat, and Lee Worth Bailey. *An Anthology of Living
Religions.* Upper Saddle River, N.J.: Prentice Hall, 2000.

6.Champion, Selwyn Gurney, and Dorothy Short. *The World's Great
Religions: An Anthology of Sacred Texts.* Mineola, NY: Dover
Publications, 2003.

7.Markham, Ian S., and Christy Lohr. *A World Religions Reader.*
3rd ed. Malden, MA: Wiley-Blackwell, 2009.

8.Bowker, John. *The Message and the Book: Sacred Texts of the
World's Religions.* London: Atlantic Books, 2011.

9.Fahey, David M. *Milestone Documents of World Religions:
Exploring Traditions of Faith through Primary Sources.* 3 vols.
Milestone Documents. Dallas, Tex.: Schlager Group, 2011.

10.Miles, Jack, Wendy Doniger, Donald S. Lopez, and James Robson.
The Norton Anthology of World Religions. 2 vols. New York: W.
W. Norton & Company; Box edition, 2014.

11. Van Voorst, Robert E. *Anthology of World Scriptures.* 9th ed. Boston: Wadsworth, Cengage Learning, 2016.

12. John Powers, *Scriptures of the World's Religions*. 6th ed. New York: McGraw-Hill, 2018.

　　以上的書單表明，多數英美課堂中使用的《世界宗教文選》都是在最近的二十年（2000-2020）問世的。其中的最後兩部文選經過持續地修訂成為長期出版的系列教材。由於編者的眼光和專業背景的差異，每一本文選皆有不同的側重點，加上文獻的長度不一、譯本良莠不齊、因此筆者不準備在此贅言。現在只以最後一本《世界宗教經典》（*Scriptures of the World's Religions*，2018年第6版）為例來略述其要。《世界宗教經典》的主編是亞洲研究教授約翰・鮑爾斯（John Powers）和哲學家詹姆斯・菲澤（James Fieser）教授，從二〇〇九年第一版的問世開始，該書至今已經持續更新了十一年。目前最新的第六版《世界宗教經典》包括了印度教、耆那教（Jainism）、佛教、錫克教、儒教、道教、神道教、祆教、猶太教、基督教、伊斯蘭、巴哈依教、本地宗教（Indigenous Religions）等十三個部分，其中的本地宗教又細分為非洲、美洲和大洋洲的本土宗教。在每一個宗教門類之下，編者又繼續對各項主題進行細化，並在每次修訂版中不斷增補選文，對於沒有譯本但又達到入選標準的文本，編者也會自行操刀翻譯。這一單卷本的宗教文選覆蓋面廣、長度適中，可以為中文版《世界宗教文選》的後繼編撰提供借鑒。

三　中文第一部《世界宗教文選》的編撰說明

（一）世界宗教課程在中國

　　至此，我們簡要回溯了世界宗教課程的發展歷程和世界宗教文選的編撰始末，並希望籍此找到中文學界的努力方向。這是因為，儘管海外的宗教學作為一個獨立運作的嚴謹學科已經日趨成熟，然而這一科系在中國大陸依然發展緩慢。[28]目前在中國教育部的學科目錄分類體系中，宗教學是一級學科哲學（0101）下面的二級學科（010107），宗教學的這種猶抱琵琶半遮面的地位決定了世界宗教的研究必然受到哲學的學科制約。宗教學和哲學雖然聯繫緊密，但分屬兩種不同的學術領域，需要獨立開展教學和科研。儘管哲學系或哲學學院的框架之下出現了各種名目的佛教、道教、儒教、基督教，以及猶太教等圍繞單個宗教而創建的研究機構，宗教研究的學術活動卻始終為哲學系的管理體系所掣肘。和國外一流高校完善的宗教學系相比，中國世界宗教的課程和研究，無論是開課數量、教材的深度和廣度，以及輔助教學的工具等都存在較為明顯的差距。如今各大高校正在倡導高水平的學科建設，然而這種學科的整體失聲已經影響了中國宗教學專業教育的完整性。[29]

　　另一方面，大陸高校體系如果提供世界宗教課程，一般會有兩個選項。第一是哲學及相關科系開設的專業基礎課，第二是面向全校的

---

28 德文語境中的宗教學也包含了宗教史的涵義。宗教學的研究方法涉及到歷史學、文獻學、文學批評、心理學、人類學、社會學、經濟學、藝術史等多個領域，是一門高度交叉的學科。根據大多數世界一流高校的慣例，宗教系和哲學系是兩個獨立的科系，其課程和研究方向並不相同。

29 部分話題的討論，參看方立天、何光滬、趙敦華、卓新平、李淑英：〈中國宗教學研究的現狀與未來──宗教學研究四人談〉，《中國人民大學學報》第4期（2002年），頁9-21。

通識教育大課。在這些課程之中，單一宗教的課程，如基督教、佛教、道教或者宗教哲學課較為普遍，博洽的「世界宗教」課程卻並不常見。有時「宗教學概論」、「宗教與文化」、或「宗教與藝術」這樣的課程也會涉及世界宗教。網上初步搜索的結果表明，部分高校開設了名目不一的世界宗教課程，如華僑大學的「中外宗教概論」；[30]上海海洋大學的「世界宗教」；[31]武漢大學的「宗教學概論」；中山大學的「世界宗教」課以及北京師範大學——香港浸會大學聯合國際學院（Beijing Normal University-Hongkong Baptist University United International College, UIC，中文簡稱：北師港浸大）的世界宗教系列課程等，但是整體的數量並不多。[32]在全球的文化交流空前頻繁的今天，世界宗教課程的邊緣化也會間接降低中國通識教育的質量。

　　和被邊緣化的世界宗教課程一樣，中文學界世界宗教經典的譯介也落後於西方學術圈。縱觀基督教、伊斯蘭、印度教、猶太教等幾大世界宗教，幾十年來已經有部分的核心典籍被翻譯成中文，但是相較於英文的海量的翻譯文獻，現有的成果還遠遠不夠，一些基本的經典和代表作尚沒有任何譯本問世。即便是被國人視為固有傳統的佛教，也很少有人會意識到這一宗教的全球性和多樣性。對國際佛教研究成果有所涉獵的人都知道，佛教的經典語言眾多，而佛典的範疇早已不再限於古代翻譯的漢語佛經，大量的藏文、梵文、日文、韓文，以及東南亞各語種的經律論還沒有被翻譯成中文，更遑論已經嶄露頭角的西方佛教文本。其實以上提到的宗教我們多少還有所耳聞，除此之外，還有一些對中國知識界來說更為陌生的宗教，由於研究成果寥

---

30 https://jwc.hqu.edu.cn/info/1124/3732.htm，網站訪問時間：二〇二〇年六月四日。

31 邢亞珍：〈案例教學法在課程思想政治教學中的應用——以〈世界宗教〉課程為例〉，《新西部》第6期（2019年），頁152-153。

32 https://www.kj009.net/web2/mj08b14524.html，網站訪問時間：二〇二〇年六月四日。

寥，經典的譯介也就更為滯後。這些在中文學界被長期忽視的宗教包括：古埃及宗教、古羅馬希臘宗教、美索不達米亞的古代宗教、波斯宗教（祆教）、印度的耆那教和錫克教、晚近興起的巴哈伊教、日本的神道教、美洲和澳洲的本土宗教、巴爾幹和高加索地區的民間宗教、西方蓬勃發展的新宗教運動和多元的靈性運動等等。由此看來，中國的宗教學界不僅缺乏完整的世界宗教課程，而且也很少編撰單一宗教的文選（anthology）。迄今為止，不僅是中國學界，可以說整個漢語學界還沒有出版過任一種單卷本的《世界宗教文選》。這一基礎資料的缺失對於中文學術界來說，是必須填補的學術空白。正是本著這樣的心願，筆者決定編纂漢語學界的第一本《世界宗教文選》。

（二）UIC 的世界宗教課程

本書編撰的直接起因是基於筆者在北師港浸大的教學工作。北師港浸大是中國首個中外合作辦學的博雅學院，學校的特色之一是使用英文來開設通識教育的課程。[33]自從二〇一二年筆者入職以來，北師港浸大在通識教育的框架之下開展了「世界宗教」系列課程的教學。如果僅僅從通識教育的角度來看，國內中山大學或清華大學等進行博雅教育改革的大學，似乎都不太重視宗教學的課程。中國通識教育的課程主體是政治學、思想史、西方文明、國學原典、世界史等曝光率高且擁有專門科系支持的學科。由於宗教學系的缺席，國內的人文學科普遍忽視宗教類原典的精讀和宗教史的研習，由此還會導致文科學生知識結構的明顯缺陷。因此，在國內開設博雅的「世界宗教」課程，具有積極的意義。北師港浸大的通識教育中心（General Education

---

33 北師港浸大創校以來的博雅教學理念，參看徐是雄：《UIC在中國實踐博雅教育的經驗》，北京：中國人民大學出版社，2015年。

Office）提供的世界宗教課程，其覆蓋面除了全球三大宗教，還包括猶太教、波斯的祆教（拜火教）、古代地中海世界的各大宗教（Religions in Mediterranean Antiquity），以及東方的印度教、儒教、道教以及神道教等等。經過八年的教學實踐，目前的世界宗教課程模塊已經發展成三門獨立的課程，這些課程在「世界宗教」的統一框架之下各有不同的側重點，它們分別是：

（1）World Religions: Eastern Traditions（世界宗教：東方的傳統）。這門課的側重點是南亞和東南亞的印度教、亞洲佛教、中國的儒教（Confucianism）和日本的神道教，有時也會補充講授印度的錫克教。

（2）World Religions: Western Traditions（世界宗教：西方的傳統）。這門課教授了全球範圍內的猶太教、基督教和伊斯蘭教這三大西方宗教傳統。

（3）World Religions: Ancient Traditions（世界宗教：古代的傳統）。這門課的主題是古代地中海世界的宗教，主要包括古埃及宗教、美索不達米亞宗教、波斯宗教、希臘-羅馬宗教，有時還包括印度的耆那教和中國的道教。

為了統一教學和評分，在多種英文版的世界宗教課本之中，筆者選用了內容扎實、插圖精美、適合本科生分章節學習的新版教材和文選。目前課程採用的讀本是牛津大學出版的《世界宗教概論》第三版（Oxtoby, Willard Gurdon, and Alan F. Segal. *A Concise Introduction to World Religions*. 3rd ed. New York: Oxford University Press, 2015.）。[34]
在教學實踐中，北師港浸大的世界宗教系列課程有以下三個特點：

---

34 這部課本於二〇一九年十月出版了第四版，信息如下：Oxtoby, Willard Gurdon, Roy C.Amore, and Amir Hussain. *A Concise Introduction to World Religions*. 4th ed. New York: Oxford University Press, 2019.

　　第一，本系列課程擺脫了中國宗教類課程過於偏重哲學的傾向，將各大宗教傳統和世界文明的敘事融會貫通，在教學中穿插了宗教學、史學、文學、藝術史和哲學等多學科的混合視角。同時這些課程也兼顧了常常被中國學者所忽視的地區和研究領域，比如印度宗教和印度學（Indology）、絲綢之路宗教與中亞研究、波斯宗教與伊朗學（Iranian Studies）、美索不達米亞宗教與中東研究、古埃及宗教與埃及學（Egyptology）、地中海宗教與古典學（Classical Studies），以及猶太研究（Judaic Studies）、錫克研究（Sikh Studies）等領域。

　　第二，除了介紹各大宗教的歷史，本系列課程還強調原始文獻（primary text）和經典（canon）的閱讀。北師港浸大十四週的有限課時決定了教員需要合理分配課堂的泛讀和課後的精讀。為了培養學生解讀宗教類文獻的能力，筆者還精選了四到六個經典的節選供學生研讀。這種模式要求學生以小組為單位去深入解讀文本，並在研究的基礎上完成課堂報告（presentation）和課堂寫作（In-class Essay）。為了配合這一教學任務，筆者主要使用了麥格勞-希爾集團（McGraw-Hill）出版的《世界宗教經典》的第六版（Fieser, James, and John Powers. *Scriptures of the World's Religions*. 6th ed. New York: McGraw-Hill, 2018）。除此之外，筆者還陸續選用了牛津世界經典（Oxford World's Classics）、洛布古典叢書（Loeb Classical Library）、克雷梵文叢書（Clay Sanskrit Library）等品牌文選中的經典譯本。經過長達八年的品鑒和刪選，課程中使用過的一部分原文已經被收錄到中文第一版的《世界宗教文選》之中。

　　需要強調的是，精讀宗教典籍是傳統博雅教育中人文經典閱讀的延續。早在十九世紀末，哈佛大學的校長查爾斯・艾略特（Charles Eliot, 1834-1926）就提出，可以通過每天閱讀十五分鐘的經典的方式來達成博雅教育的目的。這一設想的結果就是出版由五十一本世界名

著組成的哈佛經典（Harvard Classics）叢書。[35]之後，美國大學的通識
教育紛紛推出閱讀經典的課程。以三十年代的芝加哥大學為例，儘管
爭議不斷，但是在校長羅伯特‧哈欽斯（Robert Hutchins, 1899-1977）
的領導下，芝大還是推行了一項名為「偉大著作」（Great Books）的
通識課程計劃，其目的是通過閱讀西方經典來平衡在大學中日漸增強
的技術和專業教育。[36]到了上世紀四十年代，化學家詹姆斯‧柯南特
（James Conant, 1893-1978）執掌哈佛大學，由他任命的委員會提交了
名為《自由社會中的通識教育》（*General Education in A Free Society*）
的報告。這是一本在美國教育史上具有影響力的著作，中文譯本名為
《哈佛通識教育紅皮書》，書中的通識教育計劃同樣指出哈佛學院的學
生在人文領域必須選修「文學經典名著」（Great Texts of Literature）。[37]
在上述的西方正典系列從書之中，宗教經典始終占據了一定的比例，
眾多的基督教名作，如《天路歷程》（*Pilgrim's Progress*）、《神曲》
（*The Divine Comedy*）和《神學大全》（*The Summa Theologica*）等
都赫然在列。[38]美國的博雅學院更是重視研討經典，以聖瑪麗學院

35　P.F. Collier & Son Corporation. *The Harvard Classics, the Reading Guide*. New York: P. F. Collier & Son Company, 1930.

36　參看約翰‧博耶（John Boyer）著，和靜、梁路璐譯：《反思與超越：芝加哥大學發展史》（北京：生活‧讀書‧新知三聯書店，2018年），頁321-331。這項課程計劃的經典讀本，可以參看Adler, Mortimer Jerome, Clifton Fadiman, Philip W. Goetz, and Encyclopaedia Britannica Inc. *Great Books of the Western World*. 2nd ed. 61 vols. Chicago: Encyclopaedia Britannica, 1990.

37　哈佛委員會（Harvard Committee）著，李曼麗譯（北京：北京大學出版社，2010年），頁160-163。

38　參看以下的幾本，Augustine, E. B. Pusey, and William Benham. *The Confessions of St. Augustine*. Harvard Classics, Ed by C W Eliot. New York: P.F. Collier & Son, 1909; Bunyan, John. *Pilgrim's Progress*. The Harvard Classics. New York: P.F. Collier & Son, 1909; Confucius. *Sacred Writings*. The Harvard Classics. New York: P. F. Collier, 1910; Dante, Alighieri, and Charles Eliot Norton. *The Divine Comedy*. Great Books of the

（Saint Mary's College）為例，學校規定每個學生必須修讀四門「大學討論班」（Collegiate Seminar）的讀書課，其覆蓋面從希臘思想一直延伸到二十世紀的人文藝術，在課程開列的五十九種西方經典之中，和宗教有關的作品就接近二十種。[39]

第三，北師港浸大的世界宗教課程充分運用了視覺材料來輔助教學。除了閱讀經典，該系列課程還使用了大量的視聽材料，包括名畫、建築、書法、雕塑、手稿、地圖、插圖、照片、海報、網頁、音樂、電子書、紀錄片、電影片段、3D 和虛擬現實（virtual reality）等圖像和影音資料。目前有少量的書籍，如《西方文明史讀本》和《世界宗教藝術圖典》已經收錄了圖像材料以拓寬世界宗教一手資料的範疇，但是中文本《世界宗教文選》的初版篇幅有限，我們將優先選輯經典和史料，筆者預計在文選編撰第三版之後才會考慮增補圖像的資料。[40]

截止到二〇二一年，北師港浸大的文科建設已經進入了第二階段。在已經實施的通識教育新課程（New Curriculum）計劃中，我們保留了兩門世界宗教的基礎課，分別是東方和西方的宗教傳統。由於宗教學在中國仍處於發展的初期，因此世界宗教課程還停留在課堂教

Western World, vol. 21. Chicago: Encyclopædia Britannica, 1955; Thomas, Dominicans. English Province., and Daniel J. Sullivan. *The Summa Theologica*. Great Books of the Western World, vol.19-20. Chicago: Encyclopaedia Britannica, 1955.

39 徐貢《閱讀經典》，頁410-413。

40 圖像資料作為一手資料的一個例證，請參看丹尼斯・舍爾曼（Dennis Sherman）編著、趙立行譯：《西方文明史讀本》，上海市：復旦大學出版社，2018年。舍爾曼編輯的數本教材都延續了圖像證史的風格，而且英文版也提供了更為清晰的彩色圖片，參看Sherman, Dennis. *World Civilizations: Sources, Images, and Interpretations*. 4th ed. 2 vols. Boston: McGraw-Hill, 2006; Sherman, Dennis. *Western Civilization: Sources, Images, and Interpretations: From the Renaissance to the Present*. 8th ed. New York: McGraw-Hill, 2011.

學的階段，但是隨著國家實力的提升，相信終有一天世界宗教課程能夠走出課堂，在全國乃至全球範圍內開展實地授課或遊學活動。

（三）《世界宗教文選》的謀篇布局

下面要談一下《世界宗教文選》的內容安排。本書的第一版選取了古今中外十五種世界宗教，它們分別是：一、美索不達米亞宗教；二、古埃及宗教；三、古希臘宗教；四、古羅馬宗教；五、波斯宗教（瑣羅亞斯德教）；六、猶太教；七、基督教；八、伊斯蘭教；九、印度教；十、耆那教；十一、錫克教；十二、佛教；十三、儒教；十四、道教；十五、神道教。翻開各種英文版的《世界宗教文選》，我們會發現以上列表中的宗教會根據編輯的喜好進行不同的分類組合。比如美索不達米亞、古埃及、古希臘-羅馬和波斯宗教常常歸屬於「古代地中海的宗教」或者「（西方世界的）古代宗教」（Religions of Antiquity 或 Ancient Religions）；[41] 在另一些編者看來，同源的印度教、耆那教、錫克教應該被劃歸「印度宗教」的行列。佛教雖然也屬印度宗教，但是傳播範圍極廣，帶有世界性宗教的特徵，一般會單獨列出，而且節選的文本也不局限于梵文佛典；因為同源，西方的猶太教、基督教和伊斯蘭教通常被合稱為亞伯拉罕系的宗教，但同時也是信徒眾多的全球宗教；儒教和道教是以中國文化為核心的宗教，雖然儒教也具有泛東亞宗教的特性，不過某些文選還是把它列在「中國宗教」的名下；神道教是獨特的日本本土宗教，但有時也和日本的佛教

---

41 參看普林斯頓大學宗教學系研究生項目的網頁，訪問時間：二〇二〇年十月十四日。https://religion.princeton.edu/graduate-program/academic-fields/religions-of-mediterranean-antiquity/，有關世界宗教課本中的古代宗教，參看Hinnells, John R. *A Handbook of Ancient Religions*. New York: Cambridge University Press, 2007. Oxtoby, Willard Gurdon and Amir Hussain. *World Religions: Western Traditions*. 5rd ed. Don Mills, Ont.; New York: Oxford University Press, 2019, pp. 24-79.

一起被並稱為「日本宗教」。十九世紀以來，以上列舉的亞洲本土宗教逐漸隨著移民向海外傳播，在全球各地都擁有一定的信徒，所以我們也遵循慣例，把它們歸於當代世界宗教的範疇。

本書在十五種世界宗教的設定框架之下只收錄了六十段文選，其原因有二。其一，由於本書的編輯理念是一系列不斷更新的《世界宗教文選》，因此在第一版之中不可能面面俱到；其二，在本書的編撰過程中，筆者同時還在從事國家社科基金資助的絲綢之路研究，時間和精力都受到牽制，這種種的現實因素都限制了本書的篇幅。很顯然，世界宗教的文獻浩瀚無邊，如何挑選經典或者選擇哪一段文本都大有學問，因此收錄幾百種文獻將是《世界宗教文選》第二版乃至第三版的長期目標。以下我們就以簡明的第一版為例，扼要說明一下本書選文的標準和類型。

首先，在選擇文獻的過程中，筆者翻閱了中英文各種單一宗教和世界宗教的文選，優先選錄了一批必讀經典，如基督教的《聖經》和道教的《道德經》。除此之外，編者還參閱了包括全球通史、西方文明史、宗教哲學、以及地區研究（area studies）等不同領域的文獻讀本，並在此基礎上確定了「古今兼顧，中外兼收」的編撰原則，以求用簡短的篇幅為讀者打開一扇管窺世界宗教的窗口。中外兼收也意味著和現有的西方同類文獻相比，本書收錄了一些具有中國本土特色的文本，例如在伊斯蘭教的部分，筆者特別選錄了清代的天方學文獻《五更月》，針對日後更新的版本編者也將秉持這一特色。

其次，本書編撰的難點之一在於部分宗教的基本典籍尚缺乏中文譯本以供遴選，這使得筆者更加體認到發展世界宗教研究的必要性。依靠現有的英文文獻，筆者篩選並翻譯了某些經典的短篇節選，比如猶太神秘主義的代表作《光輝之書》（Zohar，又名《佐哈爾》），這一篇是第一次被節譯成中文，多少使這本短小精悍的文選更為完備。還

有一些入選的文本，比如猶太教的寓言《七個乞丐》（*Seven Beggars*）以及美國佛教的代表詩作《護林熊經》（*Smokey the Bear Sutra*），雖然尚未有正式的中文譯本付梓，但是網絡上已經出現了由專業人士操刀的高質量譯作，對此，筆者也在文本的解題中做了說明。

第三，需要說明一下所選文獻的類型。如前節所述，從《聖經》到《薄伽梵歌》，從《奧義書》到聖・奧古斯丁（Saint Augustine, 354-430）的《懺悔錄》（*Confessions*），這些宗教經典也同樣躋身偉大的文學名作之列。因此，除了典型的宗教文獻，第一版《世界宗教文選》還包括了和宗教相關的史詩、自傳、寓言、碑銘、喪葬文獻，以及禮儀用書等類型眾多的文本。這不僅是本書的編撰特色之一，而且也體現了世界宗教研究的跨學科特性。

最後，有必要從個人、學術，以及社會的層面來闡述中文本《世界宗教文選》的出版意義。編纂《世界宗教文選》不僅是筆者在北師港浸大八年的教學總結，而且和個人的美感體驗也息息相關。教授通識課程的一大優勢，就是能夠探秘文明與藝術的殿堂，以繹讀經典為樂。這種生活方式多少滿足了文人的讀書理想，而且也符合博雅大學的教學理念。儘管做研究也需要翻閱大量的書籍，但是為了完成課題去爬梳文獻，畢竟會碰到索然無趣的學術八股文和檔案式的一手資料。宗教經典特別是靈性經典的閱讀過程，使人暫時從現實的利益紛爭中抽身而出，去沉思永恆與超驗之存在。宗教之探索為人生意義的追尋提供了新穎的視角，使我們意識到文學、哲學、甚至成功學對這一永恆之問所提供的答案是有局限的。為了選擇靈性（spirituality）的文本，筆者特意參閱了一些帶有推介性質的目錄之書，比如阿爾道斯・赫胥黎（Aldous Huxley, 1894-1963）的《長青哲學》（*The Perennial Philosophy*）和湯姆・伯頓（Tom Bowdon）的《靈花靈火》（*50 Spiritual*

Classics）。[42]翻看這類書籍的過程是超脫而愉悅的，這些作品不僅啟迪了心靈，而且也為日後增補文選提供了素材。我希望這本文選中的部分章節能給讀者帶來同樣的慰藉並激勵他們進一步地閱讀書中涉及的原典。

從學術的角度看，本書可能是目前漢語學術圈覆蓋面最廣的單卷本《世界宗教文選》，其定位是一系列的宗教文選的第一版。這種引介「世界宗教」課程並編撰資料集的基礎性工作，是宗教學和通識教育在中國持續發展的必要支撐。鑒於結項時間的限制，第一版搜羅的六十篇選文只能管中窺豹，不僅現有宗教的大批重要典籍無法收錄，而且眾多有影響力的宗教，如摩尼教、高臺教、巴哈伊教、新宗教運動等也無暇涉及。當然，任何人面對世界宗教的文獻之海都會感歎人生之有涯，如果條件允許，筆者願意效仿國際同類課本的慣例持續修訂本書。假設能以每五年一版的速度來更新這個文選，那麼在第三版的增補之後這部讀本才能初具規模，屆時編者才有把握呈現給讀者比較完備的《世界宗教文選》。

《世界宗教文選》的首發，不僅為博雅教育和宗教學授課提供了可靠的讀本，而且還有更為深遠的社會考量。即便從功利化的教育現狀來看，世界宗教涵蓋了全球接近三分之二的人口，因此減少宗教文盲（religious illiterate）的現象，學會欣賞世界各大宗教的文化遺產，應該成為大學通識課程和人文教育的有機組成部分。[43]

---

42 我們注意到中文學界編譯的相關文選大多是以一種宗教為框架，如星雲編著：《佛光教科書 12：佛教作品選錄》，臺北：佛光文化事業公司，1999年；麥格拉思（Alister McGrath）編，蘇欲曉等譯：《基督教文學經典選讀》，北京：北京大學出版社，2004年；余振貴編：《中國伊斯蘭教歷史文選》，北京：宗教文化出版社，2009年；黎建球編：《世界文明原典選讀VI：天主教文明經典》，新北：立緒文化事業公司，2017年。總的來說，漢語學界目前已經出版的宗教文選數量有限。

43 中外通識教育研究中有關人文和宗教課程的討論，參看Shephard, Jennifer M.,

　　另一方面，隨著國家軟實力的提升，中國的對外文化交流活動也日趨頻繁，國家利益自然會向全球各地區延伸。特別是二〇一三年以來，中國提出了「一帶一路」的國家戰略，這一國策敦促中國和歐亞大陸絲綢之路沿線的六十多個國家和地區開展經貿關係並達成互聯互通。然而大部分學者在關注經濟的同時卻很少意識到，一帶一路的國家和民族皆有深厚的宗教傳統和廣泛的信教民眾，它們的歷史文化、社會生活乃至政經法律都和宗教聯繫緊密，因此瞭解各國多元的宗教文明，已經成為促進國際關係的內在需求。

　　為了配合全球化和多邊主義的利益訴求，筆者認為宗教研究和新興的區域國別學和都理應得到更多地資源，這必將促使高等院校合理地運用人力和財力去發展門類繁多的地區研究科目。歸根到柢，研究整個世界是「帝國之學」的顯著特徵，以前的歐洲列強、大英帝國、美國、乃至日本，無一不是如此。據此我們可以推知，世界宗教課程的普及程度，《世界宗教文選》的接受程度和一個國家的綜合國力，以及國際化的發展階段是成正比的。正是充分審視了這一形勢，筆者才指出漢語學術界的世界宗教研究現狀已經落後於漢語的國際地位。有識之士應該下定決心學術自強，扭轉只能依靠外語文獻來瞭解世界宗教的窘境，出版《世界宗教文選》正是加強宗教學影響力的初步嘗試，也希望我們邁出的這一步能為中文軟實力的提升添磚加瓦。

Stephen Michael Kosslyn, and Evelynn Maxine Hammonds. *The Harvard Sampler: Liberal Education for the Twenty-First Century*. Cambridge: Harvard University Press, 2011, pp.1-31; Jacobsen, Douglas G., and Rhonda Hustedt Jacobsen. *No Longer Invisible: Religion in University Education*. New York: Oxford University Press, 2012, pp.59-72; 甘陽，陳來，蘇力編：《中國大學的人文教育》（北京：生活·讀書·新知三聯書店，2015年），頁3-40。

本書凡例

　　一、**編撰格式與體例**：參照各類文選的慣例，筆者為每一段節錄的【原文】添加了簡明扼要的【解題】，適量的注釋（編者注）以及一份由多語種文獻組成的【延伸閱讀書目】。

　　二、**外文的人名與地名**：對於第一次出現的外文人名和地名，筆者都酌情給出了羅馬字的原文並附上通行的英文名稱。以中世紀猶太哲學家邁蒙尼德（Maimonides, 1135-1204）為例，邁蒙尼德的希伯來文全名是 Moses Ben Maimon（簡稱為 Rambam），由於他同樣活躍於地中海的伊斯蘭世界，因此他還有一個流行的阿拉伯文名字 Musan bin Maymun，但是邁蒙尼德是以其拉丁文的姓名轉寫 Maimonides 而廣為人知的，因此他的姓名在英文中的拼法就是 Maimonides。依此原則，編者對於文中出現的一些語源複雜的人名和地名也選取其在英文之中較為普遍的拼法。

　　三、**延伸閱讀書目**：參考文獻的多樣化是本書的特色之一。除了中英文的翻譯和研究成果，筆者還特別增加了日文及少量的法文和德文參考書目，讀者可以從中看出日本學者在宗教學（日：shūkyōgaku）研究上用力甚勤。延伸閱讀書目以原文的重要版本、譯本，以及研究著作為主，有時在研究著作缺失的情況下也會列出和選文相關的雜誌論文或書籍章節。

　　四、**日文標注**：對於在解題、腳注和書目中出現的日文人名、地名、書名與出版社等專用名詞，如果是有別於中文的日文漢字（日：kanji），筆者通常保留其原貌以便有興趣的讀者可以按圖索驥，進一

步查閱資料，如果日文名詞的寫法恰好和漢字一致則不再另行注明。同時為了使讀者瞭解國際上日文的拼寫慣例，編者在部分日文漢字之後也增加了羅馬字（日：ローマ字 romaji）的注音以供參考。

　　五、梵文等南亞和中亞地區的文字：本書的部分文獻將涉及印歐語系中的梵文、巴利文等語言，筆者並沒有刻意在羅馬字母的上下方過多地使用注音符號（diacritics）以達到專業文獻的效果。由於印歐小語種的一部分名詞已經進入了英語，本書對於這些名詞的處理也採用了英語的寫法而沒有增加注音符號。鑒於本書的讀者群並不是專門的印度學家、伊朗學家或印歐語言學家，這種安排也更加符合一般讀者的閱讀習慣，同時也能減少排版的錯誤。

　　六、編注：在這部文選中出現的所有腳注，除非加以特別的說明，否則都是編者酌情添加的編者注。對於第一版《世界宗教文選》的每一個文本，編者只增加了少量的編者注，數量一般都在三個左右。

　　七、外國語縮寫：以下的列表以各種語言的首字母拼音發音順序為基礎，列出了在解題和編注之中出現的外文專用名詞的中文縮寫。由於英文是本書的主要參考外語，因此英文名詞或者已經成為英語的外來語詞彙就不再另加說明。

　　（1）阿：阿拉伯文（Arabic）

　　（2）阿拉米：阿拉米語（Aramic，又名亞蘭語）

　　（3）巴：巴利文（Pali）

　　（4）波：波斯文（Persian）

　　（5）德：德語（German）

　　（6）法：法語（French）

　　（7）梵：梵文（Sanskrit）

　　（8）韓：韓語（Korean）

　　（9）拉：拉丁文（Latin）

（10）旁：旁遮普語（Punjabi）

（11）日：日語（Japanese）

（12）西：西班牙語（Spanish）

（13）希：希臘文（Greek）

（14）希伯來：希伯來文（Hebrew）

（15）敘：敘利亞文（Syriac）

（16）藏：藏文（Tibetan）

美索不達米亞宗教

壹　眾神與洪水：選自《吉爾伽美什》
　　（*Gilgamesh*）

解題

　　美索不達米亞（Mesopotamia）是公認的人類文明的發源地。在遙遠的史前時代，這一地區曾經孕育了蘇美爾（Sumer）、巴比倫（Babylon）、亞述（Assyria）以及赫梯（Hittite）等古代王國。世界文學史上最早的史詩《吉爾伽美什史詩》（Gilgamesh Epic）就出自於這一地區的神話和宗教傳說。十九世紀中期，英國考古學家發掘了亞述帝國的古城尼尼微（Nineveh）並出土了這部巴比倫的英雄敘事詩，長詩《吉爾伽美什》使用了該地區獨有的阿卡德楔形文字（Akkadian cuneiform），被刻在十二塊並不完整的泥板（clay tablet，又名黏土板）之上，它們都隸屬於西元前七世紀的國王阿蘇巴尼帕爾（Ashur-banipal，前668-627年在位）所建的皇家圖書館。這部英雄敘事詩的主人公吉爾伽美什是兩河流域南部蘇美爾地區的古代城邦烏爾（Ur，約西元前3000年）的國王。由於在流傳的過程中受到各種因素的影響，史詩的主題比較複雜，前後也有一定的矛盾之處。詩篇的前半部分是半人半神的英雄吉爾伽美什和他的朋友——勇士恩奇都（Enkidu）聯手與各種怪物搏鬥的冒險故事。之後恩奇都因為殺死了女神伊什塔（Ishtar）降下的天牛（Bull of Heaven）而遭到了神罰，不久便命喪黃

泉。在恩奇都的葬禮之後，失去了好友的吉爾伽美什十分悲痛，從而
對人生的意義產生了疑問。因此史詩的後半部分就是吉爾伽美什為了
探求永生的奧秘而展開的一系列冒險。整部史詩帶有濃郁的浪漫主義
色彩，隨著故事的發展，近東地區的各種神靈也相繼登場，作者秉持
宿命論的觀點，通過曲折的情節揭示了人類命運的局限性。以下的選
段來自於敘事詩的第十一塊泥版，內容是吉爾伽美什詢問他的先祖烏
特納比西丁（Utnapishtim）有關生死的秘密。通過這次談話，烏特納
比西丁透露了美索不達米亞的諸神釋放出大洪水毀滅人類的秘密。很
顯然，這一選段和基督教的經典《舊約》（Old Testament）之中諾亞
方舟（Noah of Ark）的故事有異曲同工之妙。一八七五年之後，隨著
史詩《吉爾伽美什》被譯成英、法、德、意等多國文字，這一《吉爾
伽美什》版的「大洪水」故事也受到了西方世界的廣泛關注。

原文

「噢，父神烏特納比西丁，你曾經位列諸神的集會之中。[1]我想
向你詢問有關生與死的問題，我怎樣才能找到我正尋找的永生？」

烏特納比西丁說：「並沒有什麼永恆。我們建造過永遠不倒的房
子嗎，我們簽訂過永遠有效的契約嗎？弟兄們分割的遺產能永遠保持
嗎？河水的氾濫能夠一直持續嗎？只有蜻蜓的幼蟲能夠蛻皮，看見太
陽的光芒。自古以來就沒有永恆。睡著的人和死人多麼相似，他們都
像我們描繪的死亡。當主人和僕人一同走向死亡，他們之間有何區
別？當諸神、法官們和命運之母瑪姆圖恩聚在一起時，共同裁決了

---

[1]　烏特納比西丁（Utnapishtim或Utanapishtim）是美索不達米亞大洪水之後唯一的倖存
　　者，他和他的妻子被主神恩利爾（Enlil）賜予神位並得到永生，烏特納比西丁後來
　　成為聖經人物諾亞（Noah）的原型。

人的命運。[2]他們分配了生與死，但是他們並沒有透露死亡日。」

然後吉爾伽美什對遙遠的烏特納比西丁說，「我現在看著你，烏特納比西丁，你的外表與我毫無區別，你的面容也沒有什麼特別之處。我原以為你像一位準備投入戰鬥的英雄，但是你躺在那裡懶散度日。請你告訴我實情，你是如何與諸神為伍並獲得永生的？」

烏特納比西丁對吉爾伽美什說，「我將向你揭開這個奧秘，我會告訴你諸神的秘密。」

「你知道什爾巴克這個城鎮，坐落在幼發拉底河岸，當城鎮變得古老時，居住於其中的諸神也已變老。其中有阿努，天空的主人、他們的父親；有勇士恩利爾，他們的忠告者；有尼努爾塔，他們的助手；有恩努基，運河的守望者；同時埃阿也在其中。[3]那時，大地豐盈，人口眾多，世間像野牛一樣咆哮，大神被喧囂所吵醒。恩利爾聽到了喧囂，對聚在一起的神們說，『人類的喧囂令人難以忍受，嘈雜得讓我們無法入睡。』於是諸神想要放出洪水，但我的主人埃阿在夢中警告了我。他對著我的蘆舍輕聲低語，『蘆舍啊，蘆舍，牆壁啊，牆壁，蘆舍啊，你聽著，牆壁啊，你考慮；什爾巴克人啊，烏巴拉·圖圖之子，趕快毀掉你的房屋，建造一艘船，放棄你的財產，去尋求活命。放棄世間的財產，拯救你的靈魂。我說了，毀掉你的房屋，建造一艘船。』

「我明白了以後，對我的主人說，『看啊，我會尊重和執行你的命令，但是我怎麼回答人民、城市和長者？』接著埃阿開口對我，他的僕人說，『告訴他們：我知道恩利爾對我惱怒，我不能再行走在這片土地上，不能再居住在這座城市裡；我要下到海灣與我的主人埃

2　美索不達米亞的諸神（Annunaki，Ananaki或Anunna），又名瑪姆門圖恩，指的蘇美爾、阿卡迪、亞述和巴比倫等文化中的一群神靈。

3　這些諸神包括了天空之神阿努（Anu）、至高神恩利爾、太陽神尼努爾塔（Ninurta）、冥界的不歸之神恩努基（Ennugi）、以及創造之神埃阿（Ea）。

阿同住。他將賜給你們豐盈的物產、珍貴的魚和稀有的野禽，賜給你們豐收的季節。到了晚上，暴風雨的騎乘者將用洪流給你們帶來穀物。』」……

「第七天，船造好了……

「我把我所有的金銀和有生命的東西，我的家屬和親眷，地上野生或馴化的動物以及所有的工匠都裝進船去……

「風刮了六天六夜，激流、暴風雨和洪水摧毀了世界，暴風雨和洪水一起狂怒，如同作戰的軍隊。到了第七天黎明，暴風雨從南部消退了，海洋變得平靜，洪水停止了；我看了看大地，大地一片寂靜，所有的人都已化成泥土。海平面如同屋頂一樣平鋪開來；我打開一扇艙門，太陽照射到我的臉上。⁴我划船而下，坐下來哭泣，淚流滿面，因為到處都是水的荒原。我尋找陸地，徒勞無功，但是在十四里格遠的地方出現了一座山，船在那裡擱淺了；船在尼什爾山上擱淺了不能動彈……第七天早晨，我放出鴿子，讓它飛走。它飛走了，但是沒有找到落腳點，又飛回來了。接著我放出了一隻燕子，它飛著離開了，但是也沒有找到落腳點，又飛回來了。我放出一隻烏鴉，它看到水已退去，它覓食、盤旋、嘎嘎地叫，沒有再回來。我迎著四面的風把所有東西都放出去。我準備好了犧牲，把奠神的酒灑在山頂上。在祭臺上我放了七又七隻鍋，堆起了木頭、藤條、雪松和香桃木。諸神們嗅到了芳香的味道後，像蒼蠅一樣聚集到犧牲的周圍。最後，伊什塔也來了，她舉起用天上的寶石做成的項鍊，那是以前阿努神為了討她的歡心而製作的。『你們這些在場的諸神啊，通過我脖子上的寶石，我將記住這些日子，就像我記得我頸上的寶石一樣，我永遠不會忘記這些最後的日子。除了恩利爾，諸神們都聚集到犧牲周圍吧。他

---

4 此處英文版的原文是 I opened a hatch and the light fell on my face. 因此中文版中譯者的「打來」疑似是筆誤，應當是「打開」。

不能接近這些貢品，因為他不加考慮就帶來了洪水，讓我的子民統統毀滅。』

「恩利爾來了以後，看到了這艘船，十分生氣，並對諸神、天空的主人充滿怒火，『有人逃脫了嗎？本來誰都不能逃脫這一毀滅的。』接著井和運河之神尼努爾塔開口對勇士恩利爾說，『諸神中除了埃阿誰還能設計這樣的事情？只有埃阿瞭解事情的全部真相。』接著埃阿開口對勇士恩利爾說，『神中最聰明的，勇敢的恩利爾，你為什麼不加考慮就泛起洪水』……

「接著恩利爾進入船裡，拉著我的手和我妻子一起進入了船裡，跪在兩邊，他站在我們中間。他摸著我的前額祝福我們說，『直到今天烏特納比西丁僅僅是個凡人，從此以後讓他和他的妻子在遠遠的諸河河口居住。』因此，是神們把我帶來居住在這遙遠的地方，在諸河的河口。」

出處

丹尼斯・舍爾曼（Dennis Sherman）著，趙立行譯　《西方文明史讀本》（上海：復旦大學出版社，2018年），頁6-8。[5]

延伸閱讀書目

岡二郎　《人類史から読む〈ギルガメシュ物語〉》，東京：國文社，2014年。

5　《吉爾伽美什》有吉林大學的趙樂甡教授根據日文版翻譯的完整中譯本，參看「延伸閱讀書目」（以下略作「書目」）。

趙樂甡譯 《吉爾伽美什：巴比倫史詩與神話》，南京：譯林出版社，1999年。

趙樂甡譯 《吉爾伽美什：漢英對照》，瀋陽：遼寧人民出版社，2015年。

Ferry, David. *Gilgamesh: A New Rendering in English Verse*. New York: Farrar, Straus, and Giroux, 1992.

Foster, Benjamin R., Douglas Frayne, and Gary M. Beckman. *The Epic of Gilgamesh: A New Translation, Analogues, Criticism*. New York: W.W. Norton, 2001.

George, A. R. *The Epic of Gilgamesh: The Babylonian Epic Poem and Other Texts in Akkadian and Sumerian*. New York: Penguin Books, 2000.

Maier, John R. *Gilgamesh: A Reader*. Wauconda, Ill.: Bolchazy-Carducci Publishers, 1997.

Mitchell, Stephen. *Gilgamesh: A New English Version*. New York: Free Press, 2004.

Sandars, N. K. *Epic of Gilgamesh: An English Version with an Introduction*. Harmondsworth: Penguin Books, 1971.

古埃及宗教

貳　來世的審判：選自《埃及亡靈書》
（*Egyptian Book of the Dead*）

解題

　　西方所謂的《埃及亡靈書》（英：*Egyptian Book of the Dead* 或 *Book of the Dead*，法：*Le Livre des Morts*，德：*Totenbuch*）並非是一部單卷本的經典，而是將古埃及的喪葬文書、頌歌、咒語和各種插圖雜糅在一起的文獻集成。這些文本包括了西元前二千四百年的金字塔銘文（pyramid text）和西元前二千年的棺材銘文（coffin text）等內容，總數大約在兩百篇左右。此外，亡靈書還被抄寫在大小不一的紙莎草書（papyrus）或者用於裹屍的亞麻布上進行公開售賣，供普通人下葬時使用。亡靈書的功能是幫助死者順利地從死亡過度到來生並在適當的時候獲得再生。古埃及堅定地信奉多神教（polytheism），歷史學之父希羅多德（Herodotus，前484-前430？）也宣稱古埃及人的信仰比其他民族更為虔誠。埃及成為羅馬帝國的行省之後，基督教繼而傳入埃及。到了西元六四二年，阿拉伯人接著征服埃及，開啟了伊斯蘭化的歷程，因此我們有理由認為《埃及亡靈書》是阿拉伯化之前的古埃及宗教的代表作，由於年代久遠，這些文書堪稱是史上最早的宗教文獻。以下的段落選自《古埃及〈亡靈書〉》之中的第一百二十五篇，這段亡者的自白也曾經入選其他英文本的世界宗教文選。本篇

的主要內容是死者在面對冥界之神奧西里斯（Osiris）以及陪審的四十二位神靈之時，為自己辯護，以證清白。不少學者認為其他四十二位擁有裁決權的神祇正好對應了古埃及四十二個被稱作「諾姆」（nome）的行政區，而死者面對神靈的辯白意味著他向全埃及宣稱自己無罪並希望藉此而通過死後的審判。

原文

第一二五篇

當死者來到判決他是否清白無辜的大廳的時候要念誦這篇經文，
該經文會免除他所犯下的所有罪過。死者要說：

我向你致意，神中之神，主持公道的君主！我來到了你面前，我被帶到這裡是為了能看見你慈祥的面容。我認識你，我知道你的名字，我也知道在這個判定真假的大廳裡與你同坐的四十二位神的名字。在奧西里斯主持審判的這一天，參與審判的神以有罪的死者為美食，以有罪的死者的血為美味。[1]

你的名字是「維護公正的君主，兩隻眼睛分別是令人畏懼的兩位女神」。我來到了你面前，我為你行了正義，我替你消除了不公。我沒有對別人做邪惡的事情，我也沒有虐待動物。我未曾黑白顛倒，我未曾無中生有，我也沒有參與任何陰謀。

我未曾在清晨違反規則加重當日的工作量，沒有人對著太陽神詛咒我的名字。我沒有褻瀆任何神靈，我未曾讓孤兒的財產受損失，我沒有做眾神所厭惡的事情，我沒有在一個上司面前詆毀他的下屬。

---

1 奧西里斯，埃及宗教中的冥王，掌管陰間和死亡，是最重要的九位神祇（九柱神，Ennead）之一。

　　我未曾讓人無端遭受傷害，我沒有讓人挨餓，也沒有致使別人流淚。我沒有殺人，也沒有指使別人殺人，我沒有讓任何人遭受痛苦。

　　我沒有在神廟裡就供品的數量弄虛作假，我沒有偷吃神的供品；我沒有拿走獻給死者的供物；我沒有在兩性關係上變態，我沒有在我的地方神聖潔的神廟裡做傷風敗俗的事。我沒有加大或減小容器的容量，我沒有改變丈量土地的尺寸，也沒有挪動耕地上的地界；我沒有增加手秤秤砣的重量，也沒有挪動天平上的標度。

　　我沒有搶奪嬰兒口中的奶汁，我沒有驅逐在牧場食草的牛。我沒有在屬神廟的草地上獵鳥，也沒有在歸神廟所有的水池裡捕魚。我沒有在氾濫季節試圖阻擋滾滾而來的水，也沒有用壩堤截留流動的水；我沒有在需要亮光的時候熄滅火苗。

　　我未曾遇節日而忘記奉獻犧牲，我未曾截留屬神廟的牲畜，我也沒有在神像被抬出神廟時阻礙其行程。

　　我清白，我清白，我清白，我清白！我的清白如同那頭赫拉克利奧波利斯的貝駕。[2]當烏扎特眼睛在赫利奧波利斯得以補足的那一天，也就是在冬季第二個月的最後一天，我應當呼吸到來自主宰生命之氣的神的鼻孔的氣息。我看到了赫利奧波利斯的烏扎特眼睛如何被補足。在這個生死交替的國度，在這個判決是非的大廳，我不會忍受任何不公正的處理，因為我知道所有在座的神的名字。

　　（向四十二個審判神發出的呼籲：）
啊，你這個來自赫利奧波利斯、健步如飛的神，我沒有做任何邪惡的事情。

2　赫拉克利奧波利斯（Heracleopolis又名Herakleopolis或Herakleopolis Magna），是埃及古城的希臘文名稱。在古埃及歷史上的第一中間期（First Intermediate Period，約西元前2181-前2055），這裡曾經是下埃及（Lower Egypt，今埃及北部）地區的重要城市。

啊，你這個來自卡拉哈、擁抱火焰的神，我未曾盜竊。

啊，你這個來自赫摩波利斯、長著鳥喙的神（指呈鸚形狀的圖特神），我未曾貪得無厭。

啊，你這個來自地穴、吞吃影子的神，我未曾占有不屬我的東西。

啊，你這個來自拉塞塔、面目可憎的神，我沒有殺害任何人。

啊，你這個來自天國、長著兩個獅身的神，我未曾改動容器的尺寸。

啊，你這個來自萊托波利斯，一雙眼睛射出兩把刀的神，我未曾走邪門歪路。

啊，你這個渾身燃燒、倒著走路的神，我沒有貪污神廟裡的財物。

啊，你這個來自赫拉克利奧波利斯、讓人粉身碎骨的神，我從來沒有撒謊。

啊，你這個來自孟斐斯、吐著火舌的神，我從來沒有偷竊。

啊，你這個來自西邊、以洞穴為家的神，我未曾大聲尖叫。

啊，你這個來自法尤姆、青面獠牙的神（指鱷魚），我未曾動輒與人爭鬥。

啊，你這個來自屠宰場、嗜血如命的神，我從沒有殺害神聖的動物。

啊，你這個來自三十神審判庭、吞吃內臟的神，我未曾大斗進、小斗出。

啊，你這個來自真理故鄉、明辨是非的神，我未曾侵吞別人的配給。

啊，你這個來自布巴斯提斯、闖南走北的神，我未曾偷聽任何人的秘密。

啊，你這個來自赫利奧波利斯、光芒四射的神，我未曾不假思索便喋喋不休。

啊，你這個來自布塞里斯、凶惡勝過毒蛇的神，我只爭奪過應當屬自己的財產。

啊，你這個來自屠宰場、狠毒不亞於毒蛇的神，我未曾與別人的妻子交媾。

啊，你這個來自敏神的神廟、明察秋毫的神，我未曾胡作非為。

啊，你這個來自艾瑪尤、資深望重的神，我從沒有無端地嚇唬人。

啊，你這個來自克索伊斯、翻雲覆雨的神，我從沒有損人利己。

啊，你這個來自神殿、聲如洪鐘的神，我未曾動輒發火。

啊，你這個來自赫利奧波利斯諾姆、年輕有為的神，我未曾對有道理的話語充耳不聞。

啊，你這個來自溫昔、替眾神傳信的神，我從沒有挑起事端。

啊，你這個來自舍提特、名叫巴斯提的神，我未曾挑逗別人。

……

死者應當說：

我向你們這些神致意，我認識你們，我知道你們的名字，我不應當死在你們的刀下。你們不應當把我身上的缺點報告給統領你們的那個神，你們不應當公開我的缺點，你們應當在眾神之主面前說我的好話。我在世時行了正義，我沒有褻瀆任何神靈，沒有人向在位的國王彙報我的過錯。

我向你們致意，你們這些在判明是非的大廳就座的神。你們身上沒有絲毫虛假，你們在赫利奧波利斯以真實為食糧，你們在身處太陽圓盤的荷魯斯面前以真實為食糧。[3]在這個可怕的審判日，請你們把我從那個吞吃死者內臟的貝比手裡拯救出來。

你們看，我就在你們面前，我未曾行不義，所以我沒有過錯，我沒有罪。沒有證人控告我，因為我未曾傷害過任何人。我以真實為生，我的食糧就是真實……

3　隼頭人身的荷魯斯（Horus，或Heru-sa-aset）是古埃及神話中的太陽神和法老的守護神。

　　（附言：）一個清白和潔淨的死者不僅應當念誦這篇經文，而且他應當擁有一幅表現他身處來世審判庭的畫。這幅畫應當用來自努比亞的赭石製作的顏色畫在一塊沒有被豬等不潔動物玷污的紙上。讓這幅畫在乾淨的紙面上的圖成為現實吧。畫中的死者應當身穿乾淨的衣服，腳穿白色的拖鞋，用黑色顏料勾描眼角，用沒藥塗抹身體。他會因此得到由牛肉、禽肉、香料、麵包、啤酒和蔬菜構成的供品。

　　擁有寫著這篇經文的紙草卷的人一定會興旺，他的後代也將興旺，他將獲得國王及其隨行人員的恩寵，他會從那些屬神的供桌上獲得糕點、麵包和肉類。他不會在任何通向來世的門口遭到拒絕，而是與上下埃及的國王一起被引導到來世中去並成為奧西里斯的隨從。這是真正的靈丹妙方，業已經過無數次的驗證。

出處

金壽福譯注　《古埃及〈亡靈書〉》（北京：商務印書館，2016年），
　　　　頁167-173。

延伸閱讀書目

今村光一　《編訳世界最古の原典・エジプト死者の書：古代エジプト絵文字が物語る6000年前の死後の世界》，東京：たま出版，1994年。

吉村作治　《エジプトの死者の書》，東京：アケト，2009年。

雷蒙德・福克納（Raymond Faulkner）　《古埃及亡靈書》，長春：吉林出版集團，2010年。

雷蒙德・福克納　《大英博物館藏圖本：亡靈書》，北京：北京時代華文書局，2013年。

Andrews, Carol, and Raymond O. Faulkner. *The Ancient Egyptian Book of the Dead*. New York: Macmillan, 1985.

Allen, Thomas George. *The Egyptian Book of the Dead*. Chicago: University of Chicago Press, 1960.

Budge, E. A. Wallis. *The Book of the Dead: The Hieroglyphic Transcript of the Papyrus of Ani*. New Hyde Park, NY: University Books, 1960.

Faulkner, Raymond O., and James P. Allen. *The Ancient Egyptian Book of the Dead*. New York: Fall River Press, 2005.

Hornung, Erik and David Lorton. *The Ancient Egyptian Books of the Afterlife*. Ithaca, NY: Cornell University Press, 1999.

Naville, Edouard. *Das Aegyptische Todtenbuch Der Xviii. Bis Xx. Dynastie*. 3 vols. Berlin: A. Asher & Co., 1886.

波斯宗教（祆教）

參　善惡的二元：選自《阿維斯塔》（*Avesta*）

解題

　　瑣羅亞斯德教（Zoroastrianism，又稱祆教或拜火教）是古代波斯帝國的官方宗教，早期在歐亞大陸之間廣為流傳，成為上古時期的世界性宗教。《阿維斯塔》（又稱《波斯古經》）是瑣羅亞斯德教的核心經典和伊朗地區最早的一部詩文總集。這部經典的通行本又被稱作《贊德‧阿維斯塔》（波：*Zend-Avesta*），指的是波斯薩珊王朝時期（Sassanid 或 Sassanian Empire, 224-651）用帕拉維語（Pahlavi）的大眾文字重新編定的對《阿維斯塔》的校勘、注釋和說明。薩珊時期的《阿維斯塔》原本一共二十一卷三四八章，約三十四點五萬餘字，被抄寫在一萬二千張牛皮之上，至今的殘卷還尚存八點三萬字。《阿維斯塔》的譯本被分成六個部分，分別是《伽薩》（Gatha，神歌和頌歌）；《亞斯納》（Yasna，宗教禮贊）；《亞什特》（Yashts，讚美詩）；《萬迪達德》（Vendidad 或 Vidēvdāt，驅魔文書）；《維斯帕拉德》（Visprat，祭儀文），以及《胡爾達‧阿維斯塔》（Khūrda Avesta 或 Little Avesta，祈禱文）。《阿維斯塔》記載了瑣羅亞斯德教的教義、古代雅利安人（Aryan）的英雄故事和頌歌，以及雅利安族的風俗習慣等等。本書因行文優美而受到詩人羅賓德拉納特‧泰戈爾（Rabindranath Tagore, 1861-1941）等文化巨匠的盛讚。以下的選段來自讚美詩《亞斯納》的

第三十章，敘述了光明和黑暗兩大本源之間的鬥爭，祆教的諸神也根據此原則被分成光明與黑暗之兩大派別。這種二元論（Dualism）的世界觀對後來興起的猶太教和基督教都產生了積極深遠的影響。

原文

一

現在我要把每位智者應該記住的事情，告訴那些非常想聽和正在洗耳恭聽的人們。

我要述說對阿胡拉的頌揚和對巴赫曼的讚美。[1]

我要說，凡牢記我的話並身體力行者，必將得到拯救和快樂，如願以償地目睹真誠和天國的光輝。

二

復活日到來之前，要聆聽重要的教誨，要清楚地識別兩大宗教（馬茲達教和阿赫里曼教）之間的對立，要明白隨著時光的流逝，將以我們的勝利而告終。

三

最初兩大本原孿生並存，思想、言論和行動皆有善惡之分。善思者選擇真誠本原，邪念者歸從虛偽本原。

---

1 阿胡拉（Ahura）是祆教的主神阿胡拉・馬茲達（Ahura Mazda 或 Auramazda）；巴赫曼（Bahman，又名 Vohu Manah）是阿胡拉創造的天神之一，代表了阿胡拉的智慧和善良。

四

當這兩大本原交會之際，巍峨壯觀的生命寶殿起於善端，陰暗的死亡之窟立在惡端。

世界末日到來之時，真誠、善良者將在天國享受阿胡拉的恩典和光輝，虛偽、邪惡之徒將跌落阿赫里曼黑暗的地獄。

五

作為原始的兩大本原之一，斯潘德・邁紐光輝燦爛，高大無比，遼闊無垠的天空像是披在他身上的彩衣。他同愉快地皈依正教並以其優良品行取悅於馬茲達・阿胡拉的人們一起，選擇了真誠和善良；專事欺騙的阿赫里曼則選擇了邪惡和虛偽。[2]

六

眾迪弗分辨不清善與惡，真誠與虛偽，當和他們進行交談時，容易上當受騙，錯誤地選擇邪惡。[3]

……

於是，他們都向暴虐的〔迪弗〕頂禮膜拜，〔以借其助，〕破壞世民的生活。

七

沙赫里瓦爾、巴赫曼、奧爾迪貝赫什特和塞潘達爾馬茲將給投靠

2 斯潘德・邁紐（Spenta Mainyu）是阿胡拉・馬茲達的子孫；馬茲達・阿胡拉（Mazda Ahura）即主神阿胡拉・馬茲達；阿赫里曼（Ahriman）又名安格拉・邁紐（Angra Mainyu），是祆教神話中的惡神。

3 迪弗（Deyu或Deawa）意為天神，是惡神阿赫里曼的走卒。雅利安人信仰中的眾神，比如後來印度教和佛教神話中的天神，在梵文中也被稱為「deva或devata」。

真誠、善良本原者以支持和幫助，在為發揚真誠和剷除虛偽的鬥爭中，作他堅強的後盾；終審日之際，他將經受住熔鐵的考驗，當著偽信者的面，率先邁步走向永恆的天國。

八

呵，馬茲達！

當有罪之人和偽信者遭受懲罰時，巴赫曼將向為剷除虛偽和邪惡，為真誠和善良的勝利而奮鬥的人們，敞開你永恆天國的大門，以此作為獎賞。

九

呵，馬茲達！

但願我們能躋身於改變生活者的行列。

呵，奧爾迪貝赫什特！呵，諸大天神！

請扶持和佑助我們，使〔我們的〕思想協調一致，絕不三心二意，大家都能明辨善惡。

十

是的，當真誠得勝、虛偽失敗之時，贏得好名聲的人們將在巴赫曼、馬茲達和奧爾迪貝赫什特的巍峨宮殿相聚——此乃早已許諾他們的獎勵。

十一

世民百姓呀！

若能理解馬茲達下傳人世的宗教，並熟悉追求真誠、善良者將享有的永恆安樂和謊言崇拜者將遭受的長期折磨，那未來的成功必將屬你們。

出處

賈利爾・杜斯特哈赫選編，元文琪譯　《阿維斯塔：瑣羅亞斯德教聖書》（北京：商務印書館，2005年），頁11-14。

延伸閱讀書目

野田恵剛譯　《原典完訳アヴェスタ：ゾロアスター教の聖典》，東京：國書刊行會，2020年。

伊藤義教譯　《アヴェスター：原典訳》，東京：築摩書房，2012年。

Beekes, R. S. P. *A Grammar of Gatha-Avestan*. Leiden; New York: Brill, 1988.

Dharmaraksha, Asvaghosa, Samuel Beal, F. Max Müller, James Darmesteter, Epiphanius Wilson, and George Sale. *Sacred Books of the East: Comprising the Vedic Hymns, Zend-Avesta, Dhammapada, Upanishads, the Koran and the Life of Buddha*. The World's Great Classics. New York: Colonial Press, 1900.

Lafont, Gaston Eugène de. *Le Mazdéisme: L'avesta*. Paris: Chamuel, 1897.

Mills, Lawrence Heyworth. *The Gathas of Zarathustra from the Zend-Avesta*. Sacred Texts. Santa Barbara: Concord Grove Press, 1983.

古希臘宗教

肆　眾神注視下的決鬥：選自《伊利亞特》(*Iliad*)

解題

　　《伊利亞特》是古希臘盲詩人荷馬（Homer，活躍於西元前九或八世紀）創作的英雄史詩，也是西方文明的曠世名作之一。故事的主線是希臘的一些部落和小亞細亞的特洛伊（Troy）在各自眾神的幫助下，為了爭奪美人海倫（Helen）而引發的特洛伊戰爭（Trojan War）。故事的主角之一是希臘主神宙斯（Zeus）的兒子，半人半神的偉大戰士阿喀琉斯（Achilles）。全詩共二十四卷，字裡行間充滿了悲壯、激烈的戰爭場面，人物的描摹也富於個性化。《伊利亞特》不僅是希臘史詩的典範，也同樣反映了希臘多神教的宗教現狀。以下的詩篇選自史詩的第二十二卷，描寫了特洛伊戰爭的末期，在幕後眾神的注視之下，雙方的主將——希臘聯軍的阿喀琉斯和特洛伊的王子赫克托（Hector）在特洛伊城外展開的扣人心弦的生死決鬥。本書作為一部西方經典，催生了眾多的英文譯本，以下這個選段是基於英國著名詩人亞歷山大‧浦柏（Alexander Pope, 1688-1744）在一七二〇年完成的經典譯本，因為譯者本身就是那一時代之傑出文豪，對希臘羅馬的詩歌情有獨鍾，因此他詩譯的《伊利亞特》也繼而成為英國文學的經典。

原文

第二十二卷

「我呼喚神明！如此不變之態
包含持久的怨恨和永恆的敵意：
怒而無思，永不停歇地爭鬥，
直至死亡撲滅怒火、思想、生命。
在這關鍵時刻鼓起你的勇力吧，
振作你的精神，喚起全部的力量。
再無遁詞，再無機會；
是帕拉斯讓你命喪我的槍下。
被你奪去生命的雅典幽靈
出沒在你周圍，呼喚你的死亡。」

他說著，向仇敵投出了標槍；
但是赫克托耳閃過了這話音未落的一擊：
他一彎腰，那飛標從頭皮掠過
出手無獲，空甩一枝槍矛。
密涅瓦看到標槍落在地上，
將它拾起，遞在阿喀琉斯手中，
赫克托耳卻沒有看見，只顧洋洋得意，
現在他搖動長矛，藐視特洛伊的勁敵。[1]

---

[1] 古羅馬的神話大體吸收了希臘的神譜，於是希臘奧林匹斯的十二主神（Twelve Olympians）都有了拉丁文的羅馬神名。密涅瓦（Minerva）是羅馬宗教中代表智慧和戰爭的女神，相當於希臘神話中的女神雅典娜（Athena）。《伊利亞特》一書中的

「你吹噓的奪命標槍，王子，
沒有投中。我的命運在於天。
你這冒失小兒如何知曉。
不然又何必要讓你我證實自己的命運。
吹牛只是掩飾恐懼的技能，

用虛假的恐怖讓他人低迷。
但是要知道，無論將嘗試何種命運，
我赫克托耳卻不會因不誠實而受傷死去。
至少我不會作為逃兵而死，
我的靈魂會英勇地離開我的胸膛。
現在你且試看我的臂力，讓這支標槍
結束我祖國之難，深深刺進你的心臟。」

武器飛行，軌跡控制得不偏不倚。
直刺目標，可是那神聖的盾牌將這致命的標槍
反彈；噹啷一聲，從圓形盾上落於塵埃。
赫克托耳看到他的投槍落空，
再沒有另一支槍，再沒有希望；
他叫喚得伊福玻斯拿一支長槍——
可是徒然，得伊福玻斯不見蹤影。
他心神不寧地悲歎：
「這是——上天安排，我的命數已盡！

雅典娜支持希臘聯軍一方，此處的翻譯浦柏並未沿用「雅典娜」這一希臘神名，而
使用了羅馬宗教中對應的名稱「密涅瓦」。

我認為得伊福玻斯聽到了我的呼喊，

卻不知他在城裡，受了欺騙。

有一位神欺騙了我；帕拉斯，是你使

死亡和黑暗的命運逼近！而我就得流血。

沒有庇護，沒有上天的救助，

偉大的朱庇特，還有他的兒子，

曾經慈悲關照，現今拋棄我！來吧，命運！[2]

我的確要死了，但是要死得偉大：

我要在偉大的行為中死去，

讓後世銘記和敬仰！」

話音未落，他怒拔重劍，

使出渾身解數，直撲阿喀琉斯。

朱庇特的雄鷹，在天空盤旋，

從雲端俯衝向顫抖的兔子。

憤怒的阿喀琉斯早已嚴陣以待，

胸前的盾牌閃閃發光，

目光炯炯！四層頭盔上

金色馬鬃在陽光下閃爍，

一步一晃：（武爾坎的傑作！）

他行走時的形象就像是點燃了火焰。[3]

2　朱庇特（拉：Jove），後來改稱 Jupiter，羅馬神話中的主神，相當於希臘宗教中的最
　　高神宙斯（Zeus）。

3　武爾坎（Vulcan，拉：Vulcanus）是羅馬宗教中司火及鍛冶之神，相當於希臘神話中
　　的火與鍛造之神赫菲斯托斯（Hephaestus，希：Hephaistos），阿喀琉斯手中的盾牌正
　　是他打造的傑作。如上所述，浦伯的翻譯沿用了羅馬神話的傳統。

像閃亮的金星光芒四射，

光芒射向一片銀色的黑夜，

直到繁星連片，將天宇點亮：

偉大的阿喀琉斯的槍尖如此閃爍。

他右手舞動武器，

緊盯住敵手，謀劃著殺傷的部位，

但是帕特克勒斯不久前穿的盔甲

如此堅固地護著這戰士的身體，

只有一處致命的縫隙，被他看出，

就在脖子和喉嚨間的連接處

有可乘之機：在這可以刺進的地方

憤怒的他刺出瞄準的標槍：

既沒有刺穿喉管，也沒有剝奪──

不幸啊！──你臨死前說話的能力。

流血的武士斜臥在地上，

而可怖的阿喀琉斯以勝利者的姿態嚷道；

「現在輪到你赫克托耳躺在地上，

你殺死帕特克勒斯卻不怕報復：

好吧，王子！你本該害怕的，你現在感受到了；

那次我不在，但阿喀琉斯終究是阿喀琉斯：……」

出處

奧立弗・約翰遜（Oliver Johnson）、詹姆斯・霍爾沃森（James Halverson）編，馬婷、王維民等譯，楊恆達校　《世界文明的源泉上》第三版（北京：北京大學出版社，2010年），頁82-84。

延伸閱讀書目

荷馬著，羅念生、王煥生譯　《伊利亞特》，上海：上海世紀出版公司，2017年。

荷馬著，麥芒譯　《荷馬史詩・伊利亞特》，天津：天津人民出版社，2019年。

荷馬著，趙越譯　《荷馬史詩・伊利亞特》，哈爾濱：北方文藝出版社，2012年。

チャーチ著，太田朗訳注　《イリアッド物語》，東京：大修館書店，1956年。

Cairns, Douglas L. *Oxford Readings in Homer's Iliad*. New York: Oxford University Press, 2001.

Homer, and Robert Fitzgerald. *The Iliad*. The Great Books of the Western World. Franklin Center, Pa.: Franklin Library, 1979.

Homer, Alexander Pope, and Steven Shankman. *The Iliad of Homer*. Penguin Classics. New York: Penguin Books, 1996.

Louden, Bruce. *The Iliad: Structure, Myth, and Meaning*. Baltimore: Johns Hopkins University Press, 2006.

Silk, M. S. *Homer, The Iliad*. 2nd ed. New York: Cambridge University Press, 2004.

古羅馬宗教

伍　阿爾布涅阿的神諭：選自《埃涅阿斯記》（*Aeneid*）

解題

　　羅馬宗教指的是在四世紀基督教席捲羅馬社會之前的多神教傳統。早期的羅馬宗教繼承了意大利本土的伊特魯裡亞人（又名埃特魯斯坎人，Etruscan）和古希臘人的多神教信仰，因此羅馬人信奉的大多數神祇只是一系列變換了名稱的希臘神靈。羅馬的崇拜體系兼收並蓄，但是缺乏傳世的核心經典，不過借助豐富的拉丁文學作品，我們仍然可以管窺古羅馬宗教的細枝末節。此處選取的作品是古羅馬最著名的詩人維吉爾（Virgil，拉：Publius Vergilius Maro，前70年-前19）所著的十二卷長篇史詩《埃涅阿斯記》（拉：*Aeneis*，英：*Aeneid*）。現存的長詩分為前後兩個部分，但整部詩稿在維吉爾死前並未修改完成。作者仿效了荷馬的史詩《奧德賽》（*Odyssey*）和《伊裡亞特》，敘述了半人半神的英雄埃涅阿斯（Aeneas）在離開特洛伊之後的種種歷險以及創建羅馬城的戰爭歷程，頌揚了羅馬的第一位皇帝奧古斯都大帝（Augustus，前27-14年在位），被譽為羅馬帝國的國家史詩。以下的選段來自《埃涅阿斯紀》的第七卷，描述了一處名為阿爾布涅阿（Albunea）的意大利鄉村神殿，正是在此處，拉丁族的拉提努斯王（Latinus）獲得了牧神法烏努斯（Faunus）的神諭（oracle）。根據神

意，他的女兒將嫁給一位來到拉丁姆（Latium）地區的異邦人（即埃涅阿斯），而且他們的後代將統治萬國。

原文

　　且說拉提努斯王統治這一帶的城池和農田已有多年，國泰民安，他如今已漸近老境。[1]我們瞭解到，他的父親是農牧之神法烏努斯，他的母親是勞倫土姆地方的水仙瑪麗卡。法烏努斯的父親是匹庫斯，匹庫斯的父親，據他說是農神薩圖努斯，因此，薩圖努斯是他們這一族的始祖。由於神的旨意，拉提努斯沒有兒子和男嗣，原先有一個兒子，但少年時就夭折了。只有一個女兒守在家中，繼承偌大家業，現在已經到了出嫁的年齡，可以婚配了。在拉丁姆上下一帶，甚至意大利全境，許多人都來求過婚，其中最英俊的一個是圖爾努斯，他靠祖先的勳業，既貴且富。拉提努斯妻子阿瑪塔王后非常急於想讓他和女兒成親，但是各種不同的可怕的神的朕兆阻礙了她的願望的實現。

　　在拉提努斯王官的中央，內宮的深處，長著一株月桂樹，枝葉茂盛，多年來被奉為聖物，敬之畏之，一直保存著，據說老王拉提努斯當年建造城堡的時候，發現了它，就把它奉獻給了阿婆羅，並給這裡居民起名叫勞倫土姆人。說也奇怪，一天，穿過晴朗的天空飛來了密密麻麻的一大群蜜蜂，大聲嗡鳴，落到了這棵樹的頂梢，突然之間它們相互腳勾著腳，做成一團，倒掛在一根長著綠葉的樹枝上。有一位覡人立即說道：「我看見有個異鄉人來到了，還有一大群人，他們從同一方向來，要到同一去處去，要從我們城堡的高處發號施令。」此

1　在羅馬的傳說中，拉提努斯是拉丁姆（Latium，古意大利羅馬的東南部）地區的國
　王。希臘詩人赫西俄德（Hesiod，西元前七世紀）在他的長詩《神譜》（*Theogony*）
　之中把拉提努斯描繪成希臘英雄奧德修斯（Odysseus）的兒子。

外還有一件奇事發生，正當拉維尼亞的父親用潔淨的松枝點燃祭壇的時候，這位少女正站在他身旁，說來可怕，她的長髮忽然被燒著了，她渾身的衣飾也被火燒得劈啪亂響，她那宮樣的雲髻和她那華麗的、寶石鑲嵌的王冠也都燒著了，她被一層濃煙和橙色的火光包圍了起來，在整座宮殿裡到處散播著火星。這景象著實可怕，大家都認為這是異象，並且預言她命中注定將要聲名烜赫，但又說這異象也預示這一族的百姓將經歷一場大戰。

這一異象使得拉提努斯王非常擔心，他就去到他父親法烏努斯的神廟，占卜吉凶，他到了阿爾布涅阿深潭下的一座樹林去占卜，這樹林是最神聖的，那深潭的泉眼汩汩作響，並且散發出一股混濁難聞的硫磺氣味。[2]意大利各族的人，還有歐諾特地方的人，每遇疑難都來尋求答案，這裡有一位祭司接過祭品，在寂靜的黑夜，把一張作為犧牲的羊皮鋪開，躺在羊皮上，祈求睡眠，入睡之後他就能看見許多奇怪的形象在飛舞，聽到各種聲音，和神交談，甚至和阿維爾努斯淵底的阿刻隆對話。拉提努斯親自來到此處尋求解答，按照禮節獻上了一百頭兩歲的綿羊，把羊殺了，把羊皮鋪開，他就躺在了羊皮上。忽然間從樹林深處發出了聲音，說道：「我的兒，不要把你的女兒嫁給拉丁族人，也不要嫁給附近哪一家。有一個異族將來到這裡，他們將和我們通婚而把我們的名聲遠揚天外，他們生的後代將見到全世界——凡是太陽在運行中所照到的、大洋所包圍著的一切地方，都將踏在他

2　雖然《埃涅阿斯紀》是虛構的英雄史詩，但是擁有硫磺溫泉阿爾布涅阿和今日意大利的索爾弗拉塔地區（Solforata）的神諭信仰有關。這一地區靠近古代的拉維尼烏姆（拉：Lavinium），「Solforata」一詞源於此地有名的硫磺噴泉（sulphurous exhalation）。在維吉爾筆下，拉提努斯王睡在獻祭牲畜的獸皮之中，在睡夢中得到了父神的警示，這種取得神諭的儀式和希臘的宗教傳統相吻合，參看 Mary Beard, John North, and Simon Price, eds. *Religions of Rome, vol. 2, A Sourcebook.* Cambridge; New York: Cambridge University Press, 1998, pp. 101-102.

們腳下，他們將覆滅萬國，統治萬國。」這就是拉提努斯的父親法烏努斯的回答和在夜深人靜時給他的警告，但是拉提努斯沒有守口如瓶，相反這消息很快傳遍了意大利各城邦，正在這時，特洛亞的英雄們已經把船靠在綠草如茵的河岸了。

　　埃涅阿斯和他的主要的統領們，還有他的俊秀的兒子尤路斯在一棵大樹的繁枝下面坐下休息，把食物擺了出來，按照尤比特的神諭，把食物放在麥餅上，然後放在草地上，也就是說，麥餅做底盤，上面堆放著鄉下出產的果實。上面的食物都吃完了，不巧，他們還餓，又沒有別的東西可吃，迫不得已只好去吃那薄薄的麥餅，用手把它掰開，大口大口地嚼著命運注定要吃的圓形脆餅，連一角也不放過。「喂，我們這不是把桌子給吃了嗎？」尤路斯開玩笑地說了這麼一句。他這句話提醒了大家，他們的苦難歷程已經結束了，他的父親馬上接過他的話頭，禁止他再說下去，因為他知道這話裡有神意，感到惶恐。他立刻祝禱道：「大地啊，祝福你，命運把你交付給了我；特洛亞人的忠實的家神們，我也祝福你們。這裡就是我們的家園，這裡就是我們的祖國了。我記得我父親安奇塞斯曾把命運的秘密這樣告訴我說：『我的兒子，哪一天你漂流到了異鄉，糧食斷絕，饑餓逼迫你去吃桌子的時候，記住，儘管你筋疲力盡，這恰恰就是你有了成家立業的希望的時候，就在那個地方劃出塊地來營造你的第一批宮室，用城牆把它們保衛起來。』

出處

維吉爾（Virgilius, P. M.）著，楊周翰譯　《埃涅阿斯紀》（南京：譯林
　　　　出版社，1999年），頁175-178。

延伸閱讀書目

曹鴻昭譯　《埃涅阿斯紀》，長春：吉林出版集團，2015年。

高橋宏幸訳　《アエネーイス》，京都：京都大學學術出版會，2001年。

泉井久之助訳　《アエネーイス》，東京：岩波書店，1999年。

王承教譯　《埃涅阿斯紀》，北京：華夏出版社，2009年。

維吉爾（Virgil）著，田孟鑫、李真譯　《埃涅阿斯紀》，北京：北京
　　　理工大學出版社，2014年。

Gransden, K. W. *Virgil, the Aeneid*. 2nd ed. New York: Cambridge University Press, 2004.

Harrison, S. J. *Oxford Readings in Vergil's Aeneid*. New York: Oxford University Press, 1990.

Virgil, and C. Day Lewis. *Aeneid*. Oxford World's Classics. New York: Oxford University Press, 2008.

Virgil, and David West. *The Aeneid*. Penguin Classics. New York: Penguin Books, 1990.

Virgil, and L. R. Lind. *The Aeneid*. Bloomington: Indiana University Press, 1963.

Virgil, and Merle Mainelli Poulton. *The Aeneid*. The Focus Classical Library. Newburyport, MA: Focus Pub., 2004.

Virgil, and Robert Fitzgerald. *The Aeneid*. New York: Vintage Books, 1985.

Virgil, and Stanley Lombardo. *Aeneid*. Indianapolis: Hackett Pub. Co., 2005.

猶太教

陸 逾越節的由來：選自《塔納赫》〈出埃及記〉（Tanakh: Exodus）

解題

　　逾越節（希伯來：Pesach，英：Passover），又稱「猶太春節」（希伯來：Chag Ha'Aviv），是猶太民族最重要的三大節日之一。逾越節紀念並慶祝了猶太民族的救贖史，以色列人素來把這一宗教禮拜的節日當做全家團圓的節期（希伯來：Chag），並在猶太曆尼散月（希伯來：Nisan，公曆三到四月間）的十四日準備豐盛的逾越節晚餐。以下的選段來自《塔納赫》（又名《希伯來聖經》）中著名的章節《出埃及記》（希伯來：Shemoth，英：Exodus）。[1]這一典故在西方家喻戶曉，記述了猶太的民族領袖摩西（Moses）的英雄傳說。據載希伯來人在埃及為奴多年，從事苦力的工作，他們因自己的苦情而呼求上帝，上帝決定懲罰埃及人並降下十災。在最後一災來臨的時候，摩西讓希伯來人以羊血塗在門框上作為記號，夜晚降臨之際，死亡天使越過了希伯

1　本書提到的部分經典和古典作品，如《聖經》或《古蘭經》（Koran 或 Qu'ran）卷冊的名稱，都遵循《芝加哥手冊》（The Chicago Manual of Style）的用法，基本不使用斜體，參看以下兩本手冊的相關章節： Collins, Billie Jean, et al. The SBL Handbook of Style: for Biblical Studies and Related Disciplines. Second edition. Atlanta: SBL Press, 2014；美國芝加哥大學出版社編著，吳波〔等〕譯：《芝加哥手冊：寫作、編輯和出版指南》，北京：高等出版社，2014年。

來人的住家，橫掃整個埃及，奪去了每戶埃及家庭長子的生命。最終法老被迫同意，讓摩西率領猶太人離開他們做了四百年苦役的埃及，跨過紅海前往應許之地（promised land）迦南（Canaan）。

編者這裡選擇的並不是基督教聖經的和合本（Chinese Union Version, 1919年），而是馮象教授直接從希伯來文譯出的《摩西五經》（Torah，希：Pentateuch，又名 Five Books of Moses）。值得一提的是，《出埃及記》一直是音樂和影視作品的創作源泉，作曲家歐內斯特‧戈爾德（Ernest Gold, 1921-1999）為電影「出埃及記」創作的主題曲（Theme of Exodus, 1960年）；動畫片「埃及王子」（*The Prince of Egypt*, 1998）；影片「法老與眾神」（*Exodus: Gods and Kings*, 2014）都是其中的代表作。

原文[2]

逾越節

十二章

耶和華在埃及訓示摩西與亞倫：

[2]你們要以本月為正月，開一年之端。[3]告訴以色列全體會眾：正月初十，各人預備自家羊羔，一戶一隻。[4]若家裡人少，用不了整羊，則可同隔壁鄰居合夥，按人口多寡及食量大小分配。[5]應選用一歲公羊羔，無殘疾，綿羊、山羊均可。[6]羊羔須養到正月十四黃昏時分，以色列全體會眾方可屠宰。[7]然後取些血，塗在各家擺祭餐的那

2　此處的原文雖然選自馮象翻譯的《摩西五經》，但是編者只保留了聖經的原文，並沒有加入馮象譯文中的小字夾註。每一句（節）的開頭都能看到左上角的上標，用以表明經文的節數。

間屋子的左右門框和門楣上。[8]當晚要吃肉，在火上烤了，跟無酵餅和苦菜一起吃。3 [9]肉不可生吃，也不可水煮；須全羊烤熟，連帶頭腳內臟。[10]要一餐用盡，莫留到天明；若有剩餘，必須燒掉。[11]進食時，你們應束上腰帶，穿好鞋子，手握棍杖；要快快地吃——此乃耶和華的逾越節。

[12]那一夜，我將走遍埃及，取國中一切頭生子的性命，人畜不論。我還要懲罰埃及的大小神祇：我，是耶和華。[13]那塗在門上的血，是你們各家的記號。我降災埃及的時候，見門上有血，就越過不進：你們便不會遭災殞命。

[14]以後每逢這一天，你們都要慶祝，即向耶和華守節；這節日要立為永久的法例，世代遵循。

無酵節

[15]一連七天，你們只許吃無酵餅。第一日，各家清除酵子；七天之內，凡吃了發酵麵食的人，一律從以色列剷除。[16]第一日和第七日舉行聖會。在這兩天，除了準備每人飲食以外，不可有任何勞作。[17]你們要守無酵節，因為就在這一天，我率領你們隊列成軍出了埃及。你們要世世代代守這一天，立為永久的法例。[18]從正月十四日傍晚起，到二十一日傍晚，你們只許吃無酵餅。[19]一共七天，家中不可藏有酵子；吃發酵麵食者，客籍族人不論，一律從以色列會眾中剷除。[20]凡有酵之物，一概禁食，你們無論居住何處，都應吃無酵餅。

血門

[21]摩西遂召集以色列眾長老，吩咐他們：去吧，你們每家選一隻

---

3 猶太曆法的正月，又稱穗月（希伯來：'abib），來自阿卡迪語（Akkadian）中的「正月」（nissanu），後相當於巴比倫曆中的第七個月份，也就是尼散月。

羊羔，宰了守逾越節。[22]再拿一把牛膝草，蘸了盆裡的血，塗在門楣和左右門框上。天亮之前，誰也不准出門。[23]因為耶和華要降災，走遍埃及。他見門楣和門框上有血，就會越過不進，不讓毀滅者入屋取人畜性命。4 [24]此規定你們務必遵循，立為法例，傳給子子孫孫。[25]將來你們到了耶和華應許你們的地方，依然要謹守此禮。[26]若是後代問起：這禮是什麼意思？[27]你們應當回答：這是獻給耶和華的逾越節祭，因為他降災埃及的時候，越過了困於埃及的以色列子民的房屋，救了我們各家。

眾人聽了，一齊俯伏在地，敬拜不已。[28]回家，即把耶和華給摩西與亞倫的指示辦了：以色列子民無不照辦。

第十災：殺長子

[29]那天午夜，耶和華取了埃及所有頭生子的性命：上至寶座上的法老，下到大牢裡的囚徒，家家戶戶都死了長子，連牲畜也交出了頭胎。[30]那一夜，法老和他的臣民沒能睡覺，整個埃及一片號咷，沒有一家不死人的。

[31]長夜未盡，法老召見摩西、亞倫，說：你們走吧，領著以色列子孫，快點！照你們說的，去拜耶和華吧；[32]牛羊也帶上，依你們的要求，一起走，給我也求個祝福！[33]埃及百姓也都催促子民趕緊上路，說：你們再不走，我們就沒活路了！

[34]以色列人收起未曾發酵的麵團，把揉麵盆用長袍裹了扛在肩上。[35]又按摩西吩咐的，向埃及鄰居借取金銀和衣物。[36]耶和華使埃及人不敢小覷他的子民，要什麼給什麼；就這樣，他們奪走了埃及的財富。

---

4 牛膝草（希伯來：'ezob），也有一說稱之為墨角蘭（marjoram），在巴勒斯坦比較常見，常用於打掃帳幕和潔淨儀式。毀滅者（希伯來：mashhith）的本義是禍害小兒的妖魔，這裡指代被神所差遣的毀滅天使（destroying angel）。

[37]以色列子民從蘭塞出發，往蘇克走：不計婦孺，徒步男丁約有六十萬人。[38]此外，還有許多外族隨行，及大群牛羊牲畜。[39]因為他們是被埃及人催逼上路的，來不及預備乾糧，只能用從埃及帶出來的生麵團，烘烤無酵餅充饑。[40]以色列子孫旅居埃及，總共四百三十年。[41]恰在那四百三十年屆期的當日，耶和華的大軍離開了埃及：[42]那天夜裡，耶和華親自守望，將子民領出埃及。為此，以色列子民世世代代要向耶和華守這一夜。

出處

馮象譯注　《摩西五經》（北京：生活・讀書・新知三聯書店，2013年），頁132-135。

延伸閱讀書目

大塚克己著　《〈出エジプト記〉研究：舊約聖書學と統一原理の接點》第一卷，東京：光言社，2000年。

馮　象　《寬寬信箱與出埃及記》，北京：生活・讀書・新知三聯書店，2012年。

鷲見八重子編　《出エジプト記：舊約リレー講解》，八王子：無教會新宿集會，2008年。

盧俊義　《聖經導讀：舊約・律法書、出埃及記》，嘉義：信福出版社，2013年。

約瑟・林哈德（Joseph Lienhard）主編，吳軼凡譯　《古代經注（1-800年）卷三：出埃及記、利未記、民數記、申命記》，上海：華東師範大學出版社，2016年。

Anderson, Bernhard W. *Understanding the Old Testament*. Upper Saddle River, N. J.: Pearson Prentice-Hall, 2007.

Auld, Mary, and Diana Mayo. *Exodus from Egypt*. Bible Stories. New York: Franklin Watts, 2000.

Bloom, Harold. *Exodus*. Modern Critical Interpretations. New York: Chelsea House Publishers, 1987.

Schmidt, Werner H. *Exodus, Sinai Und Mose: Erwägungen Zu Ex 1-19 Und 24*. Darmstadt: Wissenschaftliche Buchgesellschaft, 1983.

柒　巴比倫之囚：選自《塔納赫》〈列王記〉
（Tanakh:The Book of Kings）

解題

　　《希伯來聖經》的記載表明，早期以色列人的歷史就是一部神聖的救贖史。古希伯來人作為神所眷顧的子民，和主神雅赫維（Yahweh，或 YHWH）之間訂立了契約（covenant）。隨後希伯來人的十二個部族（Twelve Tribes of Israel，又稱以色列十二支派）輾轉來到了應許之地迦南（Canaan，今巴勒斯坦、黎巴嫩和敘利亞的沿海地區），擊敗了眾多的強敵並最終建立了以色列的王權。在這一過程之中有許多部落的領袖以及後來猶太王國的君主都逐漸背棄了契約，並轉向外邦的神祇。儘管猶太民族中的多個先知（prophet）都斥責了這種反覆背約的行為並對以色列君主政權的衰落和解體提出了警告，但是南北兩個猶太人的王國依然沒能避免國破家亡的命運。西元前七二一年，巴勒斯坦北部的以色列王國（Kingdom of Israel）為亞述帝國所滅，接著新巴比倫（Neo-Babylonian Empire）的國王尼布甲尼撒二世（Nebuchadnezzar II，前604-前562年在位）也率領大軍進攻南部的猶大王國（Kingdom of Judah）。最終，猶太的英雄大衛王（David，約前1011-前962）建立的首都耶路撒冷（Jerusalem）在西元前五八六年為敵寇所陷，所羅門王（King Solomon，前1010-前931）建立的第一聖殿（the First Temple）終被摧毀。猶太民族的精英，包括貴族、王室和工匠等盡數被押解到巴比倫城。這一長達半個世紀之久的猶太受難史（前597-前538），就被稱作「巴比倫之囚」（Babylonian Captivity，或稱「巴比倫囚虜」）。以下的選文來自希伯來聖經《塔納赫》的一章《列

王記》（The Book of Kings，希伯來：Shahnameh 或 Shahnama）。該書
分為上下兩卷，記述了從大衛王去世直到以色列君主政權的覆滅，大
約四百年間的歷史。不過此處的譯本採用的是基督教聖經的和合本，
因此主神雅赫維被譯成了「耶和華」，這一點需要提請讀者注意。

原文

耶路撒冷失陷

[1]西底家背叛巴比倫王。[5]

他作王第九年十月初十日，巴比倫王尼布甲尼撒率領全軍來攻擊
耶路撒冷，對城安營，四圍築壘攻城。[6] [2]於是城被圍困，直到西底
家王十一年。[3]四月初九日，城裡有大饑荒，甚至百姓都沒有糧食。
[4]城被攻破，一切兵丁就在夜間從靠近王園兩城中間的門逃跑。迦勒
底人正在四圍攻城，王就向亞拉巴逃跑。[5]迦勒底的軍隊追趕王，在
耶利哥的平原追上他，他的全軍都離開他四散了。[6]迦勒底人就拿住
王，帶他到利比拉巴比倫王那裡審判他。[7]在西底家眼前殺了他的眾
子，並且剜了西底家的眼睛，用銅鏈鎖著他，帶到巴比倫去。

[8]巴比倫王尼布甲尼撒十九年五月初七日，巴比倫王的臣僕、護衛

---

5 本文選段採用了中文和合本《聖經：中英對照》（參看出處）中的標準引用格式，
因此讀者在每一句（節）的開頭都能看到左上角的上標，用以表明經文的節數。

6 此處是指西元前六○五年到前五六一年在位的新巴比倫王國（Neo-Babylonian
Empire，前626年-前539）的國王尼布甲尼撒二世（前630年-前561）。除了《塔納
赫》等猶太教文獻，楔形文字的銘文（cuneiform inscriptions）也提供了有關這位君
王的史料，據說古代世界七大奇跡之一的巴比倫的「空中花園」（Hanging Gardens
of Babylon）也是尼布甲尼撒所建。由於尼布甲尼撒曾經三次擄走猶大國的希伯來
人，並最終推翻了大衛王朝，一些猶太的先知，如耶利米（Jeremiah）和以西結
（Ezekiel），都認為這位巴比倫王是上帝派來懲罰以色列人的使者。

長尼布撒拉旦來到耶路撒冷，[9]用火焚燒耶和華的殿和王宮，又焚燒耶路撒冷的房屋，就是各大戶家的房屋。[10]跟從護衛長迦勒底的全軍，就拆毀耶路撒冷四圍的城牆。[11]那時護衛長尼布撒拉旦將城裡所剩下的百姓，並已經投降巴比倫王的人，以及大眾所剩下的人，都擄去了。[12]但護衛長留下些民中最窮的，使他們修理葡萄園，耕種田地。

[13]耶和華殿的銅柱，並耶和華殿的盆座和銅海，迦勒底人都打碎了，將那銅運到巴比倫去了；[14]又帶去鍋、鏟子、蠟剪、調羹，並所用的一切銅器、[15]火鼎、碗，無論金的銀的，護衛長也都帶去了。

[16]所羅門為耶和華殿所造的兩根銅柱、一個銅海，和幾個盆座，這一切的銅，多得無法可稱。[17]這一根柱子高十八肘，柱上有銅頂，高三肘，銅頂的周圍有網子和石榴，都是銅的。那一根柱子，照此一樣，也有網子。

[18]護衛長拿住大祭司西萊雅、副祭司西番亞和三個把門的，[19]又從城中拿住一個管理兵丁的官（或作「太監」），並在城裡所遇常見王面的五個人和檢點國民軍長的書記，以及城裡遇見的國民六十個人。[20]護衛長尼布撒拉旦將這些人帶到利比拉巴比倫王那裡。[21]巴比倫王就把他們擊殺在哈馬地的利比拉。這樣，猶大人被擄去離開本地。

[22]至於猶大國剩下的民，就是巴比倫王尼布甲尼撒所剩下的，巴比倫王立了沙番的孫子，亞希甘的兒子基大利作他們的省長。[23]眾軍長和屬他們的人聽見巴比倫王立了基大利作省長，於是，軍長尼探雅的兒子以實瑪利、加利亞的兒子約哈難、尼陀法人單戶蔑的兒子西萊雅、瑪迦人的兒子雅撒尼亞，和屬他們的人，到米斯巴見基大利。[24]基大利向他們和屬他們的人起誓說：「你們不必懼怕迦勒底臣僕，只管住在這地服事巴比倫王，就可以得福。」

[25]七月間，宗室以利沙瑪的孫子、尼探雅的兒子以實瑪利，帶著十個人來，殺了基大利和同他在米斯巴的猶大人與迦勒底人。[26]於是，

眾民無論大小，連眾軍長，因為懼怕迦勒底人，都起身往埃及去了。

約雅斤獲釋

[27]猶大王約雅斤被擄後三十七年，巴比倫王以未米羅達元年十二月二十七日，使猶大王約雅斤抬頭，提他出監，[28]又對他說恩言，使他的位高過與他一同在巴比倫眾王的位，[29]給他脫了囚服。[7]他終身常在巴比倫王面前吃飯。[30]王賜他所需用的食物，日日賜他一份，終身都是這樣。

出處

中國基督教三自愛國運動委員會編　《聖經：中英對照》（上海：中國基督教協會，2007年），頁649-651。[8]

延伸閱讀書目

近藤良董　《列王紀略新注解》，蘆屋：聖書文學社，1943年。

歐雷（John Olley）著，黃從真譯　《列王紀上下：毀滅與復興》，新北：校園書房出版社，2015年。

魏茲曼（Donald J. Wiseman）著，楊長慧譯　《列王紀上下》，臺北：校園書房出版社，2000年。

7　約雅斤（Jehoiachin或Jeconiah，前598-前597年在位）是猶大國的第十九代君王。約雅斤在西元前五九七年繼承王位，巴比倫人圍攻耶路撒冷之後，他選擇向尼布甲尼撒投降，經過三十七年的階下囚生活才被巴比倫的下一代君王以未米羅達（Evil-merodach，前561-前559年在位）赦免。

8　本書的中文部分採用的是中文聖經和合本（Chinese Union Version）的新國際版（New International Version），這一段引文對應的章節是《希伯來聖經》中《列王記下》（簡稱「王下」）的第二十五章，也就是「王下25：1-30」（2Ki 25：1-30）。

有木義嶽譯 《列王紀》，東京：聖文舍，1989年。

Kaufmann, Yehezkel. *The Religion of Israel, from Its Beginnings to the Babylonian Exile*. Chicago: University of Chicago Press, 1960.

Lipschitz, Oded. *The Fall and Rise of Jerusalem: Judah under Babylonian Rule*. Winona Lake, Ind.: Eisenbrauns, 2005.

Mein, Andrew. *Ezekiel and the Ethics of Exile*. New York: Oxford University Press, 2002.

Smith, Daniel L. *The Religion of the Landless: The Social Context of the Babylonian Exile*. Bloomington, IN: Meyer-Stone Books, 1989.

捌　生命的虛無：選自《塔納赫》〈傳道書〉
（Tanakh: Ecclesiastes）

解題

　　《傳道書》（希伯來：Kohelet 或 Qoheleth，希：Ekklesiastes）屬《希伯來聖經》的第三部分《聖傳》（Ketuvim），篇名取自首章的「集會」一詞，亦稱《訓道篇》，在基督教的《舊約》之中則屬經文的第二十一卷。[9]猶太教和基督教傳統都認為《傳道書》是以色列王國的第三任君主所羅門（King Solomon，約前970-931年在位）所作，但是作者自稱是「傳道者」（英：Ecclesiastes 或 The Preacher），因此真正的執筆者可能是某位匿名的希伯來智者，他創作本章的目的是將智慧的人生經驗傳授給猶太子民。

　　《傳道書》一共十二章，成書約在西元前二到三世紀，全書調子低沉悲觀，但文字卻富於哲理，在文學體裁上屬「智慧文學」（wisdom literature）的範疇，這類著作在古代近東地區十分流行，蘇美爾人的《蘇魯巴克箴言》（*Instructions of Shuruppak*）、聖經中的《箴言》（希伯來：Mishle，英：Book of Proverbs），都是此類作品。正是因為此書的信仰不甚純正，《傳道書》遲至西元一世紀才被納入聖經的正典。以下的選段來自《傳道書》開頭的兩章，傳道者認為在「日光之下並

9　在《聖卷》的分類體系之中，《傳道書》屬五冊的《書卷》（希伯來：Megillot，英：Five Scrolls）之一，其他的四本是《雅歌》（希伯來：Shir Hashirim，英：Song of Songs）、《路得記》（希伯來：Rut，英：Ruth）、《耶利米哀歌》（希伯來：Eichah，英：Lamentations），以及《以斯帖記》（希伯來：Ester，英：Esthers）。每年的九月底到十月初是猶太教的農業節日住棚節（希伯來：Succot），信眾會在猶太會堂之中誦讀這部經卷，慶賀秋天的收成並同時紀念生命、死亡以及重生的循環。

無新事」，智慧和歡樂都無法滿足世上的生命，同時他也指出雖然萬事盡屬虛空，但是人還是可以享受信者的生活。

原文

凡事都是虛空

[1:1]在耶路撒冷作王，大衛的兒子，傳道者的言語。[2]傳道者說：「虛空的虛空，虛空的虛空，凡事都是虛空。」

[3]人一切的勞碌，就是他在日光之下的勞碌，有甚麼益處呢？[10]

[4]一代過去，一代又來，地卻永遠長存。

[5]日頭出來，日頭落下，急歸所出之地。

[6]風往南刮，又向北轉，不住地旋轉，而且返回轉行原道。

[7]江河都往海裡流，海卻不滿；江河從何處流，仍歸還何處。

[8]萬事令人厭煩（注：或作「萬物滿有困乏」），人不能說盡。眼看，看不飽；耳聽，聽不足。

[9]已有的事，後必再有；已行的事，後必再行。日光之下，並無新事。

[10]豈有一件事人能指著說：「這是新的」？哪知，在我們以前的世代早已有了。

[11]已過的世代，無人紀念；將來的世代，後來的人也不紀念。

---

10 「日光之下」這一主題在古代近東的腓尼基（Phoenicia）和希臘文學中都能找到先例。本節的主旨在於表明人類的勞碌（希伯來：'amal，英：labor）都是徒然無功，世俗的努力也皆是虛空（希伯來：hebel，英：vanity）。虛空的原意的「煙霧」或「氣息」，解經的學者對「虛空」一詞各有不同的詮釋，如虛無、沒有實質、短暫的、神秘的、不合理的或荒謬的等等。

智慧是虛空

[1:12]我傳道者在耶路撒冷作過以色列的王。

[1:13]我專心用智慧尋求查究天下所做的一切事,乃知神叫世人所經練的是極重的勞苦。

[1:14]我見日光之下所做的一切事,都是虛空,都是捕風。

[1:15]彎曲的不能變直;缺少的不能足數。

[1:16]我心裡議論說:「我得了大智慧,勝過我以前在耶路撒冷的眾人,而且我心中多經歷智慧和知識的事。」

[1:17]我又專心察明智慧、狂妄和愚昧,乃知這也是捕風。

[1:18]因為多有智慧,就多有愁煩;加增知識的,就加增憂傷。

享樂是虛空

[2:1]我心裡說:「來吧!我以喜樂試試你,你好享福。」誰知,這也是虛空。

[2]我指嬉笑說:「這是狂妄」;論喜樂說:「有何功效呢?」

[3]我心裡察究,如何用酒使我肉體舒暢,我心卻仍以智慧引導我;又如何持住愚昧,等我看明世人,在天下一生當行何事為美。

[4]我為自己動大工程,建造房屋,栽種葡萄園;

[5]修造園囿,在其中栽種各樣果木樹;

[6]挖造水池,用以澆灌嫩小的樹木。

[7]我買了僕婢,也有生在家中的僕婢;又有許多牛群羊群,勝過以前在耶路撒冷眾人所有的。

[8]我又為自己積蓄金銀和君王的財寶,並各省的財寶;又得唱歌的男女和世人所喜愛的物,並許多的妃嬪。

[9]這樣,我就日見昌盛,勝過以前在耶路撒冷的眾人。我的智慧仍然存留。

[10]凡我眼所求的，我沒有留下不給他的；我心所樂的，我沒有禁止不享受的；因我的心為我一切所勞碌的快樂，這就是我從勞碌中所得的分。

[11]後來，我察看我手所經營的一切事和我勞碌所成的功，誰知都是虛空，都是捕風，在日光之下毫無益處。

智愚皆是虛空

[12]我轉念觀看智慧、狂妄和愚昧。在王以後而來的人還能做甚麼呢？也不過行早先所行的就是了。

[13]我便看出智慧勝過愚昧，如同光明勝過黑暗。

[14]智慧人的眼目光明（注：「光明」原文作「在他頭上」）；愚昧人在黑暗裡行。我卻看明有一件事，這兩等人都必遇見。

[15]我就心裡說：「愚昧人所遇見的，我也必遇見，我為何更有智慧呢？」我心裡說：「這也是虛空。」

[16]智慧人和愚昧人一樣，永遠無人紀念，因為日後都被忘記；可歎智慧人死亡，與愚昧人無異。

勞碌是虛空

[17]我所以恨惡生命，因為在日光之下所行的事，我都以為煩惱，都是虛空，都是捕風。

[18]我恨惡一切的勞碌，就是我在日光之下的勞碌，因為我得來的必留給我以後的人。

[19]那人是智慧，是愚昧，誰能知道？他竟要管理我勞碌所得的，就是我在日光之下用智慧所得的。這也是虛空。

[20]故此，我轉想我在日光之下所勞碌的一切工作，心便絕望。

[21]因為有人用智慧、知識、靈巧所勞碌得來的，卻要留給未曾勞

碌的人為份。這也是虛空，也是大患！

[22]人在日光之下勞碌累心，在他一切的勞碌上得著什麼呢？

[23]因為他日日憂慮，他的勞苦成為愁煩，連夜間心也不安。這也是虛空。

[24]人莫強如吃喝，且在勞碌中享福，我看這也是出於神的手。

[25]論到吃用、享福，誰能勝過我呢？

[26]神喜悅誰，就給誰智慧、知識和喜樂，惟有罪人，神使他勞苦，叫他將所收聚的、所堆積的歸給神所喜悅的人。這也是虛空，也是捕風。

萬事都有定時

[3:1]凡事都有定期，天下萬務都有定時。

[2]生有時，死有時；栽種有時，拔出所栽種的也有時；

[3]殺戮有時，醫治有時；拆毀有時，建造有時；

[4]哭有時，笑有時；哀慟有時，跳舞有時；

[5]拋擲石頭有時，堆聚石頭有時；懷抱有時，不懷抱有時；

[6]尋找有時，失落有時；保守有時，捨棄有時；

[7]撕裂有時，縫補有時；靜默有時，言語有時；

[8]喜愛有時，恨惡有時；爭戰有時，和好有時。

[9]這樣看來，做事的人在他的勞碌上有甚麼益處呢？

[10]我見神叫世人勞苦，使他們在其中受經練。

[11]神造萬物，各按其時成為美好，又將永生安置在世人心裡（注：「永生」原文作「永遠」）。然而神從始至終的作為，人不能參透。

[12]我知道世人，莫強如終身喜樂行善，

[13]並且人人吃喝，在他一切勞碌中享福，這也是神的恩賜。

[14]我知道神一切所做的都必永存，無所增添，無所減少。神這樣行，是要人在他面前存敬畏的心。

[15]現今的事早先就有了，將來的事早已也有了，並且神使已過的事重新再來（注：或作「並且神再尋回已過的事」）。

[16]我又見日光之下：在審判之處有奸惡，在公義之處也有奸惡。

[17]我心裡說：「神必審判義人和惡人，因為在那裡，各樣事務，一切工作，都有定時。」

[18]我心裡說：「這乃為世人的緣故，是神要試驗他們，使他們覺得自己不過像獸一樣。

[19]因為世人遭遇的，獸也遭遇，所遭遇的都是一樣：這個怎樣死，那個也怎樣死，氣息都是一樣。人不能強於獸，都是虛空。

[20]都歸一處，都是出於塵土，也都歸於塵土。

[21]誰知道人的靈是往上升，獸的魂是下入地呢？」

[22]故此，我見人莫強如在他經營的事上喜樂，因為這是他的份；他身後的事，誰能使他回來得見呢？

出處

中國基督教三自愛國運動委員會編　《聖經：中英文對照》（上海：中國基督教協會，2007年），頁1082-1086。[11]

延伸閱讀書目

傅格森（Ferguson）著，張宇棟譯　《日光之上》，北京：團結出版社，2012年。

---

11 中文《聖經》和合本的新國際版將《舊約》和《新約》分開並單獨計算頁數，因此此處的頁碼是指該書的第一部分《舊約》的頁數。

伊頓（Eaton）著，蔡金鈴、幸貞德譯　《丁道爾舊約聖經注釋：傳道書》，臺北：校園書房，1987年。

Bettan, Israel. *The Five Scrolls: A Commentary on the Song of Songs, Ruth, Lamentations, Ecclesiastes and Esthers*. The Jewish Commentary for Bible Readers. Cincinnati: Union of American Hebrew Congregations, 1950.

Christensen, Duane L. *The Writings in the Tanakh*. North Richland Hills, TX: BIBAL Press, 2006.

Fox, Michael V. *Ecclesiastes: The Traditional Hebrew Text with the New JPS Translation*. The JPS Bible Commentary. Philadelphia: Jewish Publication Society, 2004.

Jarick, John, and Galen Marquis. *A Comprehensive Bilingual Concordance of the Hebrew and Greek Texts of Ecclesiastes*. Septuagint and Cognate Studies Series. Atlanta: Scholars Press, 1993.

Zer-Kavod, Mordekhai. *Kohelet*. Yerushalayim: Mosad ha-Ravkuk, 1973.

玖　父輩的智慧：選自《塔木德》（Talmud）

解題

　　《塔木德》在猶太典籍中的地位僅次於《塔納赫》，是拉比猶太教時期（Rabbinic Judaism，約西元70年開始）出現的重要經典。完整的《塔木德》通常包含三大部分。第一部分是六卷本的《密釋納》（希伯來：*Mishnah*），也就是「口傳律法」（又名「口傳妥拉」，希伯來：Torah Sheb'alPeh，英：Oral Torah）；大約在西元二〇〇年完成。[1] 第二部分《革馬拉》（希伯來：*Gemara*）是針對口傳律法所作的注釋，《塔木德》經的版面一般將《革馬拉》和《密釋納》並列左右，把這兩個部分合在一起就是狹義的《塔木德》。《革馬拉》歷經四百年的增補，大約在西元六〇〇年才彙編完成。《塔木德》的第三部分是有關《摩西五經》（妥拉 Torah）的典故和注釋，名為《密德拉什》（希伯來：*Midrash*）。根據《革馬拉》版本之不同，《塔木德》可以分為《巴比倫塔木德》（希伯來：*Talmu Bavli*，英：*Babylonian Talmud*）與《耶路撒冷塔木德》（希伯來：*Talmud Yerushalmi*，英：*Jerusalem Talmud*）兩種不同的版本，在猶太文化中廣為流行的是《巴比倫塔木

1　《密釋納》的六卷分別是：一、〈種了〉（希伯來：Zera'im，英：Seeds）；二、〈節期〉（希伯來：Mo'ed，英：Appointed Times）；三、〈女人〉（希伯來：Nashim，英：Women）；四、〈損害〉（希伯來：Nezikin，英：Damages）；五、〈聖物〉（希伯來：Kedoshim，英：Holy Things）；六、〈潔淨禮〉（希伯來：Taharot，英：Purities）。這六大部分還可以細分成六十三篇不同的專論（希伯來：masechet，英：tractate）。目前國內已經翻譯完成了《密釋納》的前兩個部分，參看張平譯注：《密釋納第一部：種子》（濟南：山東大學出版社，2011年）；張平譯注：《密釋納第二部：節期》（濟南：山東大學出版社，2017年）。

德》。除了律法的條例和注釋，《塔木德》還夾雜了眾多的寓言、詩歌、格言、史地、天文、醫學、風俗、講道、禮儀，以及民間故事等包羅萬象的內容。千百年來，百科全書式的《塔木德》一直是猶太民族的屬靈權威與關注焦點，時至今日，許多通俗的猶太智慧書依然以塔木德為名而暢銷坊間。目前國內尚沒有完整的《塔木德》譯本，以下的選段來自塞妮亞編譯的《塔木德精華版》，主題是猶太文化中的養生之道。

原文

健康的準則

保養好身體最重要的因素是清潔，它不是僅次於虔誠，而是虔誠最重要的組成部分。

飯前飯後一定要洗手。凡吃麵包之前不洗手的人猶如嫖娼而犯罪。凡對洗手一事漫不經心的人，將被從世界上剷除。吃麵包不洗手如同吃不潔的麵包。

人不應該把喝過水的杯子遞給別人，這對生命有危害。

觸及身體任何部位的手（如果早上起床沒有預先洗過的話）應該砍掉。這種未洗的手會使眼睛瞎，耳朵聾，還能招致息肉病。洗手至少應洗三遍。

有三種出汗對健康有益：生病出汗、洗澡出汗和勞動出汗。假如用熱水洗澡後不馬上跟著用冷水洗，這就好像鐵在爐內煆燒之後沒有投入涼水中冷卻一樣。

拉比伽瑪列說，我因三件事而羨慕波斯人：他們飲食有度，如廁有度，房事有度。他們吃的基本原則是：吃（胃的容量）三分之一，

喝三分之一，留下三分之一的空隙。他們一般都是吃最簡樸的飯，無論是出於節儉，還是出於健康。

不要坐得太久，這對痔瘡不利；不要站得太久，這對心臟不好；不要走路太多，這對眼睛不好；應該三分之一的時間坐著，三分之一的時間站著，三分之一的時間行走。

在八個方面過度則有害，適度則有益：旅行、性交、聚財、工作、飲酒、睡眠、熱水（飲用和洗浴），以及娛樂。有三件事削弱人的氣力：恐懼、賭博和犯罪。

如果一個人說，「我將三天不睡覺」，他將受到嚴懲，並且必須立刻去睡覺。

雖然鍛煉是保持健康、驅除大多數疾病的主要方式，人們還是不看重鍛煉……

鍛煉身體是不會過分的。因為身體的運動會激發自然的熱能，並在體內形成超常的力量，否則，它們就會被排出體外。當身體休息時，自然的熱能被壓抑下來，超常的力量保留了下來……

鍛煉可以消除許多壞習慣造成的傷害，而很多人都有這些壞習慣。據醫者說，任何運動都不及身體的運動好處多。

鍛煉有強有弱，如果一項運動很費力氣，多做這項運動就會影響呼吸。劇烈的運動會使人疲乏，並非人人都能經受疲乏，都需要疲乏，因此，為了保持健康，鍛煉時間不宜過長。

不要讓自己沉湎於悲痛，也不要庸人自擾。

愉快的心境會讓人保持活力，歡樂會使人益壽延年。

妒嫉和憤怒使人夭亡，緊張渴求使人早衰。

心境愉快、欲念正常的人吃什麼都有味道。

有三樣東西可以使人恢復良好的精神狀態：美妙的聲音、景色和氣味。

情緒上的經歷會在身體上留下人人可見的變化的印記。

你會看到，一個身體強壯的人，神采飛揚，嗓音愉快而有力。而當他突然完全受厭惡的情緒左右時，他表情陰沉，失卻了原有的神采。他臉色改變，情緒低落，聲音嘶啞而虛弱……他渾身乏力，有時會因虛弱而顫抖，他的脈搏也變得細微無力……

你可以在同一個人身上看到截然相反的情況：一個人身體虛弱，神情古怪，聲音低沉，一旦碰到什麼使他樂不可支的事情，你就會看到他身體也壯了，嗓門也高了，臉上也有了光彩。他動作敏捷，脈搏有力，體表溫暖，臉頰與眼睛顯露出他的歡欣……

……當一個人前所未有地浮想聯翩，長時間地沉思，拒絕社會交往，或者當一個人迴避以往他所有的愉快的體驗時，在他消除極端情緒，精神狀態有所好轉以前，醫生也拿他毫無辦法。

出處

塞尼亞編譯　《塔木德》（上海：上海三聯書店，2015年），頁84-87。

延伸閱讀書目

埃馬紐埃爾・勒維納斯（Emmanuel Levinas）著，關寶豔譯　《塔木德四講》，北京：商務印書館，2002年。

劉清虔編　《世界文明原典選讀 IV：猶太教文明經典》，新北：立緒文化事業公司，2017年。

三好迪監修，倉內ユリ子譯　《タルムード・ネズィキーンの卷：シュヴオート篇》，東京：三貴，2004年。

三好迪監修，宇佐美公史譯　《タルムード・ネズィキーンの巻：ア
　　　ヴォダー・ザラー篇》，東京：三貴，2006年。

Bakhos, Carol, and M. Rahim Shayegan. *The Talmud in Its Iranian Context*.
　　　Texte Und Studien Zum Antiken Judentum. Tübingen: Mohr
　　　Siebeck, 2010.

Bokser, Ben Zion, and Baruch M. Bokser. *The Talmud: Selected Writings*.
　　　The Classics of Western Spirituality. New York: Paulist Press,
　　　1989.

Ehrman, A. Zvi. *The Talmud: With English Translation and Commentary*.
　　　Jerusalem: El-'Am, 1965.

Epstein, Isidore. *The Babylonian Talmud*. London: Soncino Press, 1935.

Guggenheimer, Heinrich W. *The Jerusalem Talmud*. Studia Judaica. Boston:
　　　Walter de Gruyter, 2012.

Neusner, Jacob. *The Talmud of Babylonia: An American Translation*.
　　　Brown Judaic Studies. Chico, Calif.: Scholars Press, 1984.

Schwab, Moïse. *The Talmud of Jerusalem*. London: Williams and Norgate,
　　　1886.

Solomon, Norman. *The Talmud: A Selection*. London: Penguin Classics.
　　　2009.

Steinsaltz, Adin. *The Essential Talmud*. New York: Basic Books, 1976.

拾　卡巴拉之道：選自《光輝之書》(*Zohar*)

解題

　　《光輝之書》（希伯來：*Sefer ha-Zohar* 或 *Zohar*，又名《佐哈爾》）是猶太神秘主義學派卡巴拉（Kabbalah）的根本經典，一般認為是西班牙學者萊昂的摩西（Moses de Leon, 1250-1305）於一二八○到一二八六年之間用阿拉米語（又稱亞蘭語，Aramaic）所著。《光輝之書》從神秘學的角度來解讀《妥拉》經文所隱藏的意義並討論了罪惡、拯救，以及靈魂等宗教哲學的話題。這部精深的作品從猶太教的角度揭示了創造的奧秘和宇宙暗藏的結構，提出了一種名為「塞弗洛」（希伯來：sefirot）的根本屬性（原質）學說。卡巴拉的學說認為，從創造的源頭溢出的塞弗洛，包括了愛（希伯來：Hesed）、力量（希伯來：Gevurah）、永恆（希伯來：Netsah），以及光輝（希伯來：Hod）等十種屬性。這十種塞弗洛廣泛存在於萬物之中，構成了一張通往「無限存在」（希伯來：En-Sof）的意識地圖，卡巴拉學派認為通曉這些塞弗洛是通過靈修而直接返歸上帝的一種方式。這一靈性體系的象徵是一張名為「生命之樹」（Tree of Life）的圖像，圖中標繪了十種從神聖的源頭流溢出的屬性。鑒於人類的肉體也閃爍著神聖之光的火花，這十種屬性的另一種表現形式是一種名為「初人」（希伯來：Adam Kadmon）的人體形象。因此，對於猶太神秘主義者來說，研讀本書並不能完全借助理性的頭腦，讀者必須去發掘經文所蘊含的秘意，這一點和佛教的密宗十分相似。一四九二年，猶太族群被天主教徒逐出西班牙，被迫流亡歐洲各地。正是在這一民族的危難時刻，《光輝之書》以其濃厚的神智學（Theosophy）色彩和彌賽亞（Messiah）救世

主義的氣質而被廣大的猶太群體所接受，成為一部帶來光明和救贖的經典作品。目前《光輝之書》這部巨作還沒有正式的中文譯本，以下的節選來自該書的第一章。在這一選段中，萊昂的摩西以希伯來聖經《創世紀》（Genesis，希伯來：Bereshith）中的首句經文為依託，詳細地闡釋了其象徵性的含義。[1]

原文[2]

「起初」《創1:1》——當國王的意志開始生效的時候，他在圍繞著他的天球之上刻下了記號。[3]在最隱秘的凹陷之處，從神秘的無限的存在之中發出了一道黑暗的火焰，就像一團霧在未成形之中成形——封閉在那個球體的環形之中，既不是白的也不是黑的，既不是是紅的也不是綠的，沒有呈現出任何的色彩。只有在這火焰開始呈現出大小和尺寸之後，它才會展現出光輝燦爛的顏色。然後從火焰的最深的核心之處湧出一口井，各種色彩從井中噴湧而出，並蔓延到核心下面的每一處所在，而後者都隱藏在無限存在的淵藪之中。

接著這口溢出的井分裂了，但是並沒有穿透這個球體的空間。直到在最後一次突破的衝擊之下，一個隱藏的光點閃現之前，它根本無法被辨識出來。

除了這個光點之外，我們一無所知。因此它就被稱作 *reshit*——

1　《光輝之書》所描繪的這種創世的初始畫面並非完全沒有根據，有興趣的讀者可以在新時代運動（New Age Movement）的一本經典著作中發現類似的場景，參看德隆瓦洛・默基瑟德（Drunvalo Melchizedek）著，羅孝英譯：《生命之花的靈性法則》，臺北：方智，2012年。

2　以下是筆者所翻譯的原文。

3　「國王」象徵著「無限的存在」（希伯來：En-Sof），「國王的意志」代表了第一個溢出的屬性：「王冠」（希伯來：Keter）。

起初——（也就是十種屬性中的第一個詞）。宇宙正是通過這個光點被創造出來。當所羅門王「進入到堅果園的深處」，正如經文所說，「我下入核桃園」《歌 6:11》。他拿起一個堅果細細參研，發現那多層的果殼與激發人類感官欲望的精靈相類似，正如經文所述，「世人所喜愛的是來自於男性和女性的惡魔」《傳 2:8》。[4]

受到祝福的神，看到有必要把所有這些東西都帶入這個世界，以確保永恆之存有，而且還要確保——比方說——（世界）就像是一個被各種薄膜所包圍的大腦。無論上下，整個世界都是按照這個原則組織運作的，從最初的神秘的中心到所有層面的最外層。所有這些都是覆蓋物，你中有我，我中有你，大腦內的大腦，精神套嵌著精神，果殼內還有果殼。

最原始的中心是最深處的光輝，這是一種難以想像的半透明的、微妙的，純淨的光。這個內點延伸成為一個包裹著中心的「宮殿」，並散發出一種半透明狀的光輝。[5]

「宮殿」是那個不可辨認的內在原點的外衣，雖然其本身具有一種不可琢磨的光芒，但其微妙性和半透明性卻不如最初的原點。這所「宮殿」繼續延伸成它自身的外衣——那種原初的光輝。從那時起，延伸一個接一個的擴展開去，每一個都覆蓋住了前一個，就像薄膜之與大腦。儘管薄膜覆蓋其上，但是每一個延伸都變成了下一個延伸的大腦。

同樣，這一過程也在下面進行；而且通過這種模式，世上的人類

4　這裡的第一段引文來自 Zohar 1:20a。此處的聖經原文是 Cant. 6:11，Cant. 是 the Canticles 的縮寫，也就是《塔納赫》中的《雅歌》（The Song of Songs）。其後的第二段引文來自《塔納赫》之中的《傳道書》，但是《光輝之書》原文 Zohar 1:20a 之中《傳 2：8》的引文並不準確，讀起來更像是對原文的自由發揮，不過筆者此處還是依據《光輝之書》的原文進行了翻譯。

5　「宮殿」象徵著從無限的存在中溢出的第二個要素「理解」（希伯來：Binah）。

將大腦和薄膜、精神和肉體組合在一起，展現出更為完美的世界秩序。當月亮與太陽結合在一起的時候，她散發出光明，但是當她離開太陽並自行其道的時候，她的地位和光芒都有所減少。同理，一個接一個的外殼產生出來包裹著大腦，這一切都是為了後者的安排。

出處

Powers, John. *Scriptures of the World's Religions*. 4th ed. New York: McGraw-Hill, 2011. pp. 329-330.[6]

延伸閱讀書目

邁克爾・萊特曼（Michael Laitman）著，李旭大譯　《卡巴拉智慧：如何在不確定的世界找到和諧的生活》，天津：天津社會科學院出版社，2010年。

判田格譯　《ヴェールを脱いだカバラ：光輝の書》，東京：國書刊行會，2000年。

Lachower, Yeruḥam Fishel, Isaiah Tishby, and David Goldstein. *The Wisdom of the Zohar: An Anthology of Texts*. Oxford; New York: Published for the Littman Library by Oxford University Press, 1989.

6　轉引自Zohar 1: 49b（Scholem, Gershom. *Zohar, the Book of Splendor*. New York: Schocken Books, 1949）。然而筆者在翻譯和研究的過程之中發現，此處的原文選自《光輝之書》中的兩段，分別是Zohar 1:15a和Zohar 1:20a，參看《光輝之書》的另一個譯本，Daniel Chanan Matt, *The Zohar*. Vol.1. Pritzker ed. Stanford: Stanford University Press, 2004, pp. 107-109 & 151-152.

Matt, Daniel Chanan. *Zohar, the Book of Enlightenment*. The Classics of Western Spirituality. New York: Paulist Press, 1983.

Sassoon, George, and Rodney Dale. *The Kabbalah Decoded: A New Translation of the "Ancient of Days" Texts of the Zohar*. London: Duckworth, 1978.

Scholem, Gershom. *Zohar/the Book of Splendor: Basic Readings from the Kabbalah*. New York: Schocken Books, 1995.

拾壹　七個乞丐：選自《布拉斯拉夫故事集》
（*Nahman of Bratslav: the Tales*）

解題

　　十八世紀中葉，猶太信眾對於久未再臨的彌賽亞深感失望，藉此契機，猶太教領袖巴阿勒・舍姆・托夫（Baal Shem Tov 或 Besht 貝什特，1700-1760）創立了現代的哈西德派（Hasidism 或 Hasidic Judaism），提供了一條以冥想和神秘主義為特徵的信仰之路。作為一種新興的宗教運動，哈西德派反對正統的猶太律法，提倡泛神論，並強調信徒能夠在日常生活中和神聖的力量直接接觸。在貝什特的曾孫——烏克蘭拉比布拉茨拉夫的奈赫曼（Rabbi Nahman of Bratslav, 1772-1810）的領導下，哈西德派轉向烏克蘭和波蘭等地並成立了布拉茨拉夫教派。正是在這一時期，奈赫曼利用了猶太故事和寓言來傳授隱秘的教義，這些故事受到底層生活的啟發，摻雜了許多世俗文學的成分，題材較為新穎。奈赫曼寓言的代表作包括《失蹤的公主》（The Lost Princess）、《七個乞丐》（Seven Beggars）、《征戰的國王》（The King Who Fought Major Wars）以及《空椅子》（The Empty Chair）等。下面的選段來自奈赫曼最有名和最深刻的寓言《七個乞丐》。故事圍繞一場神秘的婚禮展開，有六位乞丐出席了婚禮並依次講述了自己「殘疾」的真相，而最後一位沒有參加婚宴的乞丐隱藏在森林之中，代表了缺席的彌賽亞。

原文[1]

　　但是到了第四天，孩子們就想起了那位喉嚨嘶啞的乞丐，乞丐就來了。他說：「我在這，我曾經祝福你們如我一樣，而今天，我贈予你們我的婚禮禮物：如我一樣。你們相信我喉嚨嘶啞。但是你們瞧，我的喉嚨非常健康。但這世界有很多愚蠢邪惡的東西，而我不願意他們通過我的喉嚨進入我，因此我的喉嚨似乎是扭曲的。其實它非常清澈乾淨而美麗。我的聲音特別好，我可以用喉嚨模仿所有生物的歌聲。我的能力來自旋律之鄉。此地所有人，從國王到最小的孩子，都極具音樂天賦。有的彈豎琴，有的拉小提琴，有的會很多樂器。」

　　「有一次，他們最好的音樂家聚在一起，每個人都吹噓他們的技能：有個人會彈豎琴，另一個會拉小提琴，另一個既會彈豎琴，也會拉小提琴。還有一個則說，他會所有的樂器。接著，一個人聲稱可以用他的聲音模仿豎琴，另一個則可以模仿小提琴。一個會模仿鼓，還有人可以模仿火炮的聲音。我當時也在那兒，我就說，『我的聲音比你們都好，如果你們都是那麼好的音樂家，你們能不能幫助那些遭受痛苦的國家？』」

　　「我就告訴他們說『有兩個相距千里國家的人民，每當夜幕降臨，那裡的人民都不能睡覺。[2]因為夜晚有奇怪的呻吟和哭泣聲，非

1　《七個乞丐》並沒有正式出版的中文譯本。此處選擇的譯文原載於新浪博客，標題為「猶太經典寓言《七個乞丐》的故事」，網址是：http://blog.sina.com.cn/shencenggouton。故事的譯者是雙流傳統文化研習會的明甫和美國混元醫學研究所的孟亞倫博士（Dr Yaron Seidman），譯文還經過美國羅切斯特大學（University of Rochester）的副教授莊思博（Dr John Osburg）潤色。截止到二〇二一年二月十九日，該新浪賬戶出現了異常，故事的譯文只有通過百度快照才能訪問。編者對本文的標點符號和部分用詞也酌情做了修改。

2　有的學者認為兩地相距千里是指烏克蘭中部城市烏曼（Uman）和聖城耶路撒冷之間的距離。奈赫曼離世之後葬在烏曼，此地繼而成為哈西德派的朝聖地之一。

常陰沉單調，像是石頭的抱怨和啼哭。人們聽見這些聲音，他們也得
開始呻吟和哭泣。每天晚上，這兩個國家所有的男女老少都無法在充
滿痛苦呻吟聲中安眠。你們都是有能力的音樂家，你們能幫助這些人
嗎？』」

「他們就問我，『你能帶我們去那裡嗎？』我說，『可以！』於是
他們都起身，我就帶他們去。我們到了其中一個國家，在夜晚聽到了
那個奇怪的呻吟聲音。即使是歌曲之鄉的賢人也開始哭泣、悲歡，但
是他們什麼也做不了。我問他們：『告訴我，你們能說出這聲音從哪
來嗎？』他們反回道，『那你知道嗎？』」

「『我知道，因為以前有兩隻美麗的鳥，它們成雙成對，也是它
們種類中唯一的兩隻。[3] 但是有一次，它們迷路分開了，它們飛來飛
去，一直尋找對方，直到精疲力盡而絕望。因為它們知道彼此相距很
遠了。它們相距千里，各自築巢。夜來時分，兩隻鳥就為彼此悲鳴痛
哭，而兩國人民聽見它們的哀鳴，他們也開始與鳥一道慟哭而無法睡
覺。』」

「這些賢人沒有相信我，卻說，『你能帶我們去鳥居住的地方
嗎？』我說，『我可以帶你們去，但是你們在哪裡不論白天或夜晚都
無法忍受。夜晚它們悲鳴之聲很大你們無法靠近，而白天群鳥接近那
隻雌鳥或那隻雄鳥，以排遣它們的孤獨。所有的鳥都會快樂地大聲唱
歌，而快樂聲音大到令人難以忍受。這些聲音太遠了聽不見，但一旦
靠近，你們又會崩潰。』這些賢人問道，『你能解決這件事嗎？』我

3　哈西德派的解經學認為，故事中的兩隻鳥具有多重隱喻的含義。首先、它們代表了
　神（或神聖的陽之屬性，阿拉米：Zer Anpin）和神所（神聖的陰之屬性，希伯來：
　Shekhinah 或 Malkhuth）。另一種說法認為兩隻鳥代表了站立在猶太教約櫃（Ark of
　Covenant）上的兩位二級天使（cherub），聖殿被毀之後，兩個天使也各自流落一
　方。因此，讓兩隻鳥兒重新聚首就意味著神聖的救贖。「鳥的悲鳴」暗指《塔納
　赫》中的經文（《耶利米書》25：30）：「耶和華必從高天吼叫，從聖所發聲。」

告訴他們，我可以模仿任何生物的聲音，而且可以將聲音傳到所有的地方。因此，我站著的地方也許聽不到我的聲音，但在非常遠的地方聽得到。」

「我告訴這些賢人，『你們願意跟我去一個地方嗎？它既不在這個國家，也不在那個國家，而在兩國家之間。在那個地方我會模仿雄鳥的聲音讓雌鳥聽到，模仿雌鳥的聲音，讓雄鳥聽到。它們聽到就會受到震動，並張開翅膀飛往聲音所在的地方。於是它們就會在我所在的地方相會。』」

「然後，我就帶它們到了兩個國家中間。那個地方在一片森林裡，地面被雪覆蓋。我站在那裡唱歌，但它們什麼都不到。它們只能聽見開門和關門的聲音，也聽見了槍聲，還聽見獵犬在雪地奔跑追逐獵物的聲音。但是，它們什麼都看不見。可是，我已將聲音發出，很快兩對翅膀盤旋在我們頭上。就這樣，歌曲之鄉的人們明白了我是如何使兩隻鳥相聚，他們都同意我的聲音是所有聲音中最美的，因為我能將聲音送到任意我想送的地方。今天，我將贈予你們這件禮物：希望你們如我一般。」他說完後，所有乞丐都開始歡呼並歌唱。

出處

Nahman, and Arnold J. Band. *Nahman of Bratslav: The Tales*. The Classics of Western Spirituality. New York: Paulist Press, 1978, pp. 274-277.[4]

---

4 經過比對可以得知，孟亞倫的譯文提供了《七個乞丐》的完整中譯，中文版的寓言和《七個乞丐》的數種英文版的內容是一致的。除了出處列出的版本，還可參考另一個英文本：Nahman, and Aryeh Kaplan. *The Seven Beggars & Other Kabbalistic Tales of Rebbe Nachman of Breslov*. Woodstock, Vt: Jewish Lights Pub, 2005, pp. 37-44.

延伸閱讀書目

ラビ・ナフマン，ラビ・ナタン著，河合一充譯　《ラビ・ナフマン
　　の瞑想のすすめ》，東京：ミルトス，2016年。

Levin, Meyer, and Nahman. *Classic Chassidic Tales*. Northvale, N.J: J.
　　Aronson, 1996.

Nahman, and Aryeh Kaplan. *The Seven Beggars & Other Kabbalistic Tales
　　of Rebbe Nachman of Breslov*. Woodstock, Vt: Jewish Lights Pub,
　　2005.

Nahman, and Martin Buber. *The Tales of Rabbi Nachman*. A Condor Book.
　　London: Souvenir Press, 1974.

拾貳　雙重的世界：選自《我與你》(*I and Thou*)

解題

　　馬丁·布伯（Martin Buber, 1878-1965）生於維也納，一九三八年移居巴勒斯坦，是猶太教的著名思想家和宗教哲學家。布伯曾在法蘭克福大學（Frankfurt University）和希伯來大學（Hebrew University）等高校講授神學、社會哲學與倫理學，並將希伯來文的《聖經》譯成奧博艱深的德文。布伯在書齋生涯之外，還積極參與猶太複國主義運動（Zionism），並致力於通過對話和「相遇」來緩解以色列和阿拉伯人之間的緊張關係。布伯的畢生之作是宗教存在主義的經典《我與你》（德：*Ich und Du*, 1923）。受到哈西德派神秘主義和丹麥哲學家索倫·克爾愷郭爾（Soren Kierkegaard, 1813-1855）思想的啟迪，布伯指出人在與神聖和宇宙的相遇之中，可以消除我、你（他人或神性）、乃至和它（動物或自然）之間的差別，繼而達到一種「超我」（神我一體）的靈境，因此《我與你》的主題是以「我—你」關係為樞機的對話原則和相遇哲學。在《我與你》之後，布伯還著有續篇《人與人》（英：*Between Man and Man*, 1947）。[5]以下的選段來自《我與你》的第一章，布伯在開篇之中闡述了世界的二重性與人類生存境遇中不同的對立關係。

5　布伯在《我與你》中提出的對話原則在後來出版的《人與人》一書中得以延續。該書由五個部分組成，這五篇文章都曾經入選其他的文集，它們分別是：對話（英：Dialogue，德：Zwiesprache, 1929）；對單獨者的追詢（英：The Question to the Single One，德：Die Frage an den Einzelnen, 1936）；創造力的培養（英：Education，德：Rede uber das Erzieherische, 1926）；性格教育（英：The Education of Character，德：Uber Charaktererziehung, 1939）；人是什麼（英：What is Man?，德：Was ist der Mensch?, 1938）。

原文

　　人執持雙重的態度，因之世界於他呈現為雙重世界。

　　人言說雙重的原初詞，因之他必持雙重態度。

　　原初詞是雙字而非單字。

　　其一是「我—你」。

　　其二是「我—它」。[6]

　　在後者中，無需改變此原初詞本身，便可用「他」和「她」這兩者之一來替換「它」。

　　由此，人之「我」也是雙重性的。

　　因為，原初詞「我—你」中之「我」與原初詞「我—它」中之「我」迥乎不同。

　　這並不是說：在原初詞之外有獨立存在物，前者只是指云後者；原初詞一旦流溢而出便玉成一種存在。

　　誦出原初詞也就誦出了在。

　　一旦講出了「你」，「我—你」中之「我」也就隨之溢出。

　　一旦講出了「它」，「我—它」中之「我」也就隨之溢出。

　　原初詞「我—你」只可能隨純全之在而說出。

　　原初詞「我—它」絕不能隨純全之在而說出。

　　沒有孑然獨存的「我」，僅有原初詞「我—你」中之「我」以及原初詞「我—它」中之「我」。

　　當人言及「我」時，他必定意指二者之一。「我」一經道出，他所意指的那個「我」便即刻顯現。同樣，當他述及「你」或「它」時，也就講出了這個或那個原初詞中的「我」。

6　所謂「我與你」的關係，是指人與人以及人與神聖性（上帝）之間的內在統一的關聯。「我與它」的關係，是指人與動物或自然之間主客分離的「非本真」的關係。

「我」存在即言及「我」。言及「我」即誦出這一或那一原初詞。

稱述一原初詞之時，人便步入它且駐足於其間。

人生不是及物動詞的囚徒。那總需事物為對象的活動並非人生之全部內容。我感覺某物，我知覺某物，我想像某物，我意欲某物，我體味某物，我思想某物——凡此種種絕對構不成人生。

凡此種種皆是「它」之國度的根基。

然則「你」之國度卻有迥異的根基。

凡稱述「你」的人都不以事物為對象。因為，有一物則必有他物，「它」與其他的「它」相待，「它」之存在必仰仗他物。而誦出「你」之時，事物、對象皆不復存在。「你」無待無限。言及「你」之人不據有物。他一無所持。然他處於關係之中。

據說，人感覺到他的世界。此之何謂？人流連於事物之表面而感知它們，他由此抽取出關於它們之性狀的消息，獲致經驗知識。他經驗到事物之性質。

但經驗不足以向人展示世界。

因為它們向他展現的只是由「它」、「它」、「它」，由「他」、「他」和「她」、「她」以及「它」、「它」拼湊成的世界。

我經驗某物。

即使人在「外在」經驗上再添加「內在」經驗，一切也無所改變。人希求遮掩死之奧賾，故爾對經驗作出此種一瞬即逝的劃分。但內在之物何異於外在之物？除了物仍是物！

我經驗某物。

即使人在「公開」經驗上再添加「神秘」經驗，一切也無所改變。驕矜的理智自以為在事物中瞥見了專為洞燭玄機的它而設的寶庫，而它正執有打開這華府的鑰匙。啊，沒有秘密的秘密！啊，知識的堆砌！它，總是它，它！

　　經驗者滯留在世界之外。經驗「在他之中」，而非位於他和世界之間。

　　世界超然於經驗之上。它容忍人對它產生經驗，然則卻與其毫無牽連。因為，它絕不染指經驗，而經驗根本無從企達它。

　　經驗世界屈從於原初詞「我—它」。

　　原初詞「我—你」則創造出關係世界。

　　關係世界呈現為三種境界。

　　　　——與自然相關聯的人生。此關係飄浮在幽冥中，居於語言無法降臨的莫測深壑。眾多生靈在我們四周遊動孳生，但它們無力接近我們，而當我們向其稱述「你」時，吐出的語詞卻被囚禁在語言的門限內。

　　　　——與人相關聯的人生。這是公開敞亮，具語言之形的關係，在此間我們奉獻並領承「你」。

　　　　——與精神實體相關聯的人生。此為朦朧玄奧但昭彰明朗之關係；此為無可言喻但創生語言之關係。在這裡，我們無從聆聽到「你」，但可聞聽遙遠的召喚，我們因此而回答、構建、思慮、行動。我們用全部身心傾述原初詞，儘管不能以口舌吐出「你」。

　　然而我們如何能將不可言傳者與原初詞「我—你」之世界相溝通？

　　在每一境界，以不同方式，我們通過浮現於眼前的流變不居者而窺見永恆之「你」的身影；在每一境界，我們皆承吸永恆之「你」的氣息；在每一境界，我們都向永恆之「你」稱述「你」。[7]

　　我凝視著一株樹。

7　在布伯看來，人如果想要在日常生活中克服疏離並得到解脫，就需要具備時刻與「你」的世界（永恆世界）相會的能力，也就是具備使此世的生活神聖化的能力。

　　我可以把它看作為一幅圖像：一束沉滯的光波或是襯有湛藍、銀白色調之背景的點點綠斑。

　　我可以把它視之為運動：密實膠結之木髓上奔流的脈動，根鬚的吸吮，枝葉的呼吸，與大地天穹的不息交流或者微妙生成本身。

　　我可以把它當作實例而劃歸某一類屬，以研究它的特殊構造與生命形式。

出處

馬丁・布伯（Martin Buber）著，陳維綱譯　《我與你》，北京：生活・讀書・新知三聯書店，1986年，頁17-21。

延伸閱讀書目

陳彥旭　《「我─它」與「我─你」：馬丁・布伯理論視角下的浪漫主義詩人東方書寫研究》，長春：東北師範大學出版社，2014年。

馬丁・布伯著，徐胤譯　《我與你》，天津：天津人民出版社，2018年。

馬丁・布伯著，楊俊傑譯　《我與你》，杭州：浙江人民出版社，2017年。

マルティン・ブーバー（Martin Buber）著，田口義弘譯　《我と汝・対話》，東京：みすず書房，1978年。

マルティン・ブーバー著，野口啟佑訳　《孤獨と愛：我と汝の問題》，東京：創文社，1983年。

Buber, Martin, and Walter Arnold Kaufmann. *I and Thou*. New York: Scribner, 1970.

Buber, Martin. *I and Thou*. Edinburgh: T. & T. Clark,1937.

Wood, Robert E. *Martin Buber's Ontology: An Analysis of I and Thou.* Northwestern University Studies in Phenomenology & Existential Philosophy. Evanston: Northwestern University Press, 1969.

基督教

拾參　登山寶訓：選自《新約》〈馬太福音〉 （New Testament: Gospel of Matthew）

解題

　　《登山寶訓》（Sermon on the Mount，又名《山上寶訓》）選自聖經《新約》（New Testament）的首卷《馬太福音》（又稱《瑪竇福音》），基督教會認為這一篇的作者是十二使徒之一的馬太（Matthew），全書以阿拉米語寫成，成書時間約為西元一世紀，但目前只以希臘文抄本存世。這部訓道集記錄了耶穌在巴勒斯坦公開傳道、受難和復活的神學故事。和其他的三部福音書相比，《登山寶訓》是《馬太福音》中特有的德行教導，也是《新約》中膾炙人口的章節。故事的背景是耶穌在約旦河（Jordan River）受洗之後，登上加利利湖（Lake of Galilee）邊的小山訓誡門徒，解答有關天國的問題，並提出「天國八福」（beatitudes）和「盡心、盡性、盡意」的思想。這段登山訓眾的章節強調了博愛和謙恭的美德，對基督徒的品質提出了要求，被普遍認為代表了基督教倫理觀的精髓。

原文

天國八福

[5:1]耶穌看見這許多的人，就上了山，既已坐下，門徒到他跟前來。[2]他就開口教訓他們，說：

[3]虛心的人有福了，因為天國是他們的。

[4]哀慟的人有福了，因為他們必得安慰。

[5]溫柔的人有福了，因為他們必承受地土。

[6]饑渴慕義的人有福了，因為他們必得飽足。

[7]憐恤人的人有福了，因為他們必蒙憐恤。

[8]清心的人有福了，因為他們必得見神。

[9]使人和睦的人有福了，因為他們必稱為神的兒子。

[10]為義受逼迫的人有福了，因為天國是他們的。

[11]人若因我辱罵你們，逼迫你們，捏造各樣壞話毀謗你們，你們就有福了。[12]應當歡喜快樂，因為你們在天上的賞賜是大的。在你們以前的先知，人也是這樣逼迫他們。[1]

鹽和光

[13]你們是世上的鹽。鹽若失了味，怎能叫他再鹹呢，以後無用，不過丟在外面，被人踐踏了。

[14]你們是世上的光，城造在山上，是不能隱藏的。[15]人點燈，不

---

1 「天國八福」（又名「真福八端」）中的「福」（希：makarios）被特別用來描述神。天國八福分別代表了至上的福分、貧乏者的福分、傷心者的福分、心靈饑渴者的福分、完全同情的福分、清心的福分、使人和睦的福分、為基督受苦的福分，以及流血的福分。

放在斗底下，是放在燈檯上，就照亮一家的人。[16]你們的光也當這樣照在人前，叫他們看見你們的好行為，便將榮耀歸給你們在天上的父。[2]

成全律法

[17]莫想我來要廢掉律法和先知；我來不是要廢掉，乃是要成全。[18]我實在告訴你們：就是到天地都廢去了，律法的一點一畫也不能廢去，都要成全。[19]所以，無論何人廢掉這誡命中最小的一條，又教訓人這樣做，他在天國要稱為最小的；但無論何人遵行這誡命，又教訓人遵行，他在天國要稱為大的。[20]我告訴你們：你們的義若不勝於文士和法利賽人的義，斷不能進天國。

論殺人

[21]你們聽見有吩咐古人的話，說，「不可殺人」，又說，「凡殺人的，難免受審判。」[22]只是我告訴你們：凡向弟兄動怒的，難免受審判。（注：有古卷在「凡」字下添「無緣無故地」五字）。凡罵弟兄是拉加的，難免公會的審斷；凡罵弟兄是魔利的，難免地獄的火。

[23]所以你在祭壇上獻禮物的時候，若想起弟兄向你懷怨，[24]就把禮物留在壇前，先去同弟兄和好，然後來獻禮物。

[25]你同告你的對頭還在路上，就趕緊與他和息，恐怕他把你送給審判官，審判官交付衙役，你就下在監裡了。[26]我實在告訴你：若有一文錢沒有還清，你斷不能從那裡出來。

---

2 鹽（希：theio）在古代的地中海世界具有極高的價值，而耶穌也自稱是「世上的光」（《約翰福音》Gospel of John 9:5），因此鹽和光（Salt and Light）在基督教的語境中，是對於基督徒的最好的讚譽。

論起誓

[33]你們又聽見有吩咐古人的話，說：「不可背誓，所起的誓，總要向主謹守。」[34]只是我告訴你們：什麼誓都不可起。不可指著天起誓，因為天是神的座位；[35]不可指著地起誓，因為地是他的腳凳；也不可指著耶路撒冷起誓，因為耶路撒冷是大君的京城；[36]又不可指著你的頭起誓，因為你不能使一根頭髮變黑變白了。[37]你們的話，是，就說是；不是，就說不是，若再多說，就是出於那惡者。（注：或作「是從惡裡出來的」）。

論以眼還眼

[38]你們聽見有話說：「以眼還眼，以牙還牙。」[39]只是我告訴你們：不要與惡人作對，有人打你的右臉，連左臉也轉過來由他打；[40]有人想要告你，要拿你的裡衣，連外衣也由他拿去；[41]有人強逼你走一里路，你就同他走二里；[42]有求你的，就給他；有向你借貸的，不可推辭。

論愛仇敵

[43]你們聽見有話說：「當愛你的鄰舍，恨你的仇敵。」[44]只是我告訴你們：要愛你們的仇敵，為那逼迫你們的禱告。[45]這樣，就可以作你們天父的兒子，因為他叫日頭照好人，也照歹人；降雨給義人，也給不義的人。[46]你們若單愛那愛你們的人，有什麼賞賜呢？就是稅吏不也是這樣行嗎？[47]你們若單請你弟兄的安，比人有什麼長處呢？就是外邦人不也是這樣行嗎？[48]所以你們要完全，像你們的天父完全一樣。

出處

中國基督教三自愛國運動委員會編　《聖經‧中英對照》，上海：中國
　　　基督教協會，2007年，頁7-9。

延伸閱讀書目目錄

巴克萊（Barclay）著，方大林、馬明初譯　《馬太福音注釋》，臺灣：
　　　基督教文藝出版社，1972年。

坎伯‧摩根（Campbell Morgan）著，張竹君譯　《馬太福音》，上海：
　　　上海三聯書店，2011年。

萊爾著，梁曙東譯　《〈馬太福音〉釋經默想》，北京：生活‧讀書‧
　　　新知三聯書店，2015年。

盧俊義　《細讀馬太福音》，臺北：信福出版社，2011年。

趙紫宸　《登山寶訓新解》，上海：中華基督教文社，1926年。

Barclay, William. *The Gospel of Matthew*. The New Daily Study Bible.
　　　Louisville: Westminster John Knox Press, 2001.

Kissinger, Warren S. *The Sermon on the Mount: A History of Interpretation
　　　and Bibliography*. Atla Bibliography Series No 3. Metuchen,
　　　N.J.: Scarecrow Press, 1975.

Talbert, Charles H. *Reading the Sermon on the Mount: Character Form-
　　　ation and Decision Making in Matthew 5-7*. Columbia, S.C.:
　　　University of South Carolina Press, 2004.

Turner, Matthew Paul. *Beatitude: Relearning Jesus through Truth,
　　　Contradiction, and a Folded Dollar Bill*. Grand Rapids, Mich.:
　　　Fleming H. Revell, 2006.

拾肆　基督之愛：選自《新約》〈哥林多前書〉
（New Testament: I Corinthians）

解題

　　在新約聖經之中，《哥林多前書》（又稱《格林多前書》）屬於保羅書信（Pauline Epistles）之一，大約成書於西元五十六年，顧名思義，作者是使徒聖保羅（Paul the Apostle，即聖保羅[St. Paul]）。哥林多書信的緣由來自於保羅在貿易重鎮哥林多（Corinth）的事工。哥林多位於希臘南部，是羅馬帝國亞該亞省（Achaea）的首府，這裡雖然經濟發達但普遍道德淪喪，是一個名副其實的罪惡之城。為了改變這一現狀，保羅在此停留了十八個月並初步建立了教會，然後才前往敘利亞。身為最勤勉的使徒，保羅在持續宣教的行程中來到小亞細亞（Asian Minor）的以弗所（Ephesus），這時有哥林多的信徒前來向他求教，於是保羅就寫下了這篇著名的訓言以奉勸他們持守真道。以下的選段來自《哥林多前書》中著名的愛（希：agape）之篇章（第13章），保羅運用了排比、反襯和層層遞進的手法，講述了基督之愛的內涵和重要性。這一章節是如此的膾炙人口，以至於在西方的婚禮、葬禮和文學中也常常被人引用。

原文

愛

　　我現今把最妙的道指示你們。

[13:1]我若能說萬人的方言，並天使的話語，卻沒有愛，我就成了鳴的鑼、響的鈸一般。[2]我若有先知講道之能，也明白各樣的奧秘、各樣的知識，而且有全備的信，叫我能夠移山，卻沒有愛，我就算不得什麼。[3]我若將所有的賙濟窮人，又捨己身叫人焚燒，卻沒有愛，仍然與我無益。

[4]愛是恆久忍耐，又有恩慈；愛是不嫉妒，愛是不自誇，不張狂，[5]不做害羞的事，不求自己的益處，不輕易發怒，不計算人的惡，[6]不喜歡不義，只喜歡真理；[7]凡事包容，凡事相信，凡事盼望，凡事忍耐。

[8]愛是永不止息。先知講道之能，終必歸於無有；說方言之能，終必停止；知識也終必歸於無有。[9]我們現在所知道的有限，先知所講的也有限，[10]等那完全的來到，這有限的必歸於無有了。[11]我做孩子的時候，話語像孩子，心思像孩子，意念像孩子；既成了人，就把孩子的事丟棄了。[12]我們如今彷彿對著鏡子觀看，模糊不清（注：「模糊不清」原文作「如同猜謎」），到那時，就要面對面了。我如今所知道的有限，到那時就全知道，如同主知道我一樣。

[13]如今常存的有信，有望，有愛；這三樣，其中最大的是愛。[3]

先知講道與說方言的恩賜

[14:1]你們要追求愛，也要切慕屬靈的恩賜，其中更要羨慕的，是作先知講道。（注：原文作「是說預言」。下同。）[2]那說方言的，原不是對人說，乃是對神說，因為沒有人聽出來。然而他在心靈裡，卻

3　信望愛（希：Pistis, Elpis, and Agape；英：Faith, Hope and Love）是基督教中的「三主德」，也就是信德、望德和愛德。信德和望德是指對於天主的堅定信仰和依賴、愛德的具體表現是「上愛天主，下愛眾人」（《五傷經》[Prayer of Five Holy Wounds]）。教會一貫將此超性的三德作為基督徒信仰生活的準則。

是講說各樣的奧秘。[3]但作先知講道的，是對人說，要造就、安慰、勸勉人。[4]說方言的，是造就自己；作先知講道的，乃是造就教會。[5]我願意你們都說方言，更願意你們作先知講道，因為說方言的，若不翻出來，使教會被造就，那作先知講道的，就比他強了。

[6]弟兄們，我到你們那裡去，若只說方言，不用啟示、或知識、或預言、或教訓，給你們講解，我與你們有甚麼益處呢？[7]就是那有聲無氣的物，或簫、或琴，若發出來的聲音，沒有分別，怎能知道所吹、所彈的是什麼呢？[8]若吹無定的號聲，誰能預備打仗呢？[9]你們也是如此，舌頭若不說容易明白的話，怎能知道所說的是什麼呢？這就是向空說話了。[10]世上的聲音或者甚多，卻沒有一樣是無意思的。[11]我若不明白那聲音的意思，這說話的人必以我為化外之人，我也以他為化外之人。[12]你們也是如此，既是切慕屬靈的恩賜，就當求多得造就教會的恩賜。

[13]所以那說方言的，就當求著能翻出來。[14]我若用方言禱告，是我的靈禱告，但我的悟性沒有果效。[15]這卻怎麼樣呢？我要用靈禱告，也要用悟性禱告；我要用靈歌唱，也要用悟性歌唱。[16]不然，你用靈祝謝，那在座不通方言的人，既然不明白你的話，怎能在你感謝的時候說「阿們」呢？[17]你感謝的固然是好，無奈不能造就別人。

出處

中國基督教三自愛國運動委員會編　《聖經：中英對照》，上海：中國基督教協會，2007年，頁307-308（《新約》部分）。

延伸閱讀書目

奧古斯丁（Augustine）著，許一新譯　《論信望愛》，北京：生活・讀書・新知三聯書店，2009年。

陳終道　《哥林多前書》，臺北：校園書房出版社，1982年。

黃六點（L. D. Huang），李元樞（Yen Su Lee）收集　《哥林多前書》，臺北：大光傳播有限公司，2006年。

莫理斯（Leon Morris）著，蔣黃心湄譯　《哥林多前書》，臺北：校園書房出版社，1992年。

田中剛二　《第一コリント書》，東京：すぐ書房，1999年。

織田昭　《第一コリント書の福音：新約聖書講解集》，習志野：教友社，2007年。

Andrews McMeel Publishing. *Love Is Patient and Kind: I Corinthians 13*. Kansas City: Andrews McMeel Pub., 2000.

Boyer, James L. *For a World Like Ours: Studies in I Corinthians*. New Testament Studies. Grand Rapids, Mich.: Baker Book House, 1971.

Scroggie, W. Graham. *The Love Life, a Study of I Corinthians Xiii*. The World Wide Library of Sterling Gospel Books. London: Pickering and Inglis, 1935.

Vaughan, Curtis, and Thomas D. Lea. *I Corinthians, Bible Study Commentary*. Grand Rapids, Mich.: Zondervan Pub. House, 1983.

拾伍　浪子回頭：選自《懺悔錄》
（*The Confessions of St. Augustine*）

解題

在基督教的文學長河之中，古羅馬神學家奧里利烏斯・奧古斯丁（拉：Aurelius Augustinus），又名希波的聖奧古斯丁（Saint Augustine of Hippo, 354-430）所著的《懺悔錄》（*St. Augustine's Confessions*）是一部傳承至今的名作。這部拉丁文的自傳共有十三卷，按其內容可以分為兩個部分。第一部分是一到九卷，記述和剖析了作者從出生到母親病逝的一段生活歷程。從中我們可以得知，奧古斯丁早年曾經信仰摩尼教（Manichaeism）並教授修辭學，一度過著放蕩縱欲，貪求名利的生活，後來因為受到主教安布羅西烏斯（Ambrosius 或 St. Ambrose, 339-397）的影響而在西元三八七年皈依了基督教。該書從第二部分（第十到第十三卷）開始，轉為對《聖經》的注釋，帶有神學的性質。教會文學認為 confession 這個詞有承認神的偉大，讚頌神恩的意思，但是一般讀者都注重該書中「直白和認罪」的部分，而忽略了作者的神學意圖。西元三九五年，奧古斯丁受命擔任阿爾及利亞希波城（Hippo）的主教，據學者考證該書就是奧氏在升任為主教之後寫成的。奧古斯丁一生著述多達九十三種，被譽為基督教會史上最偉大的教父（church father）。奧氏的這部自傳體著作文字優美生動，別具風格，不失為西方文學的經典名作。在奧古斯丁之後，「懺悔錄」進而成為一種自傳體的文學題材，後世的效仿之作也不絕於史。法國思想家讓・雅克・盧梭（Jean-Jacques Rousseau, 1712-1778）和俄羅斯文豪列夫・托爾斯泰（Leo Tolstoy, 1828-1910）等人都出版過自己

的懺悔錄。以下的章節選自《懺悔錄》第一部分的第六卷（拉：Liber
Sextvs）和第八卷（拉：Liber Octavvs），第六卷的內容是奧古斯丁懺
悔自己敗壞而罪惡的行為，在第八卷中他又記述了在信奉基督教之前
的一次激烈的思想鬥爭。

原文

卷六

十五

　　我的罪惡正在不斷增長。經常和我同居的那個女子，視為我結婚
的障礙，竟被迫和我分離了。我的心本來為她所占有，因此如受刀
割。這創傷的血痕很久還存在著。她回到非洲，向你主立誓不再和任
何男子交往。她把我們兩人的私生子留在我身邊。

　　但是不幸的我，還比不上一個女子，不能等待兩年後才能娶妻，
我何嘗愛婚姻，不過是受肉情的驅使，我又去找尋另一個對象，一個
情婦，好像在習慣的包庇下，繼續保持、延長或增加我靈魂的疾疢，
直至正式結婚。第一個女子和我分離時所留下的創傷尚未痊癒，在劇
痛之後，繼以潰爛，疼痛似乎稍減，可是創傷卻更深陷了。

十六

　　讚美歸於你，光榮歸於你，慈愛的泉源！我的處境越是可憐，你
越接近我，你的手已伸到我頭上，就要把我從泥坑中拔出來，就要洗
濯我，而我還不知不覺。

　　能阻止我更進一步陷入肉慾的深淵的，只有對死亡與死後審判的
恐懼，這種恐懼在種種思想的波動中，始終沒有退出我的心。

我和阿利比烏斯、內布利提烏斯兩人討論過善惡問題。倘若我也相信伊壁鳩魯所不信的靈魂不死和人死後按功過受賞罰之說，則伊壁鳩魯一定在我思想上可占優勝。我提出這一問題：如果我們常生不死，永久生活於肉體的佚樂中絲毫沒有喪失的恐懼，如何還不能算幸福？我們還要求什麼？我不懂得我已如此深入迷途，如此盲目，以致不能想像德行與美善本身的光明應該用無私的心情去懷抱的，這光明肉眼看不見，只能在心靈深處看到，這種昏昧正是我的重大不幸。這個可憐的我並不考慮到我能和知己們暢談，即使談的是可恥的事物，這種樂趣從何處得來；如果我沒有這些朋友，即使我盡情享受著肉體的淫樂，在官感方面我也不會感到幸福。我知道我的愛這些朋友，並不雜有自私之心，而他們的愛我也是如此。

卷八

十二

我靈魂深處，我的思想把我的全部罪狀羅列於我心目之前。巨大的風暴起來了，帶著傾盆的淚雨。為了使我能嚎啕大哭，便起身離開了阿利比烏斯，──我覺得我獨自一人更適宜於盡情痛哭──我走向較遠的地方，避開了阿利比烏斯，不要因他在場而有所拘束。

我當時的情況，他完全看出，因為我不知道說了什麼話，說時已是不勝嗚咽。我起身後，他非常詫異，留在我們並坐的地方。我不知道怎樣去躺在一棵無花果樹下，盡讓淚水奪眶而出。這是我向你奉上的，你理應哂納的祭獻。我向你說了許多話，字句已記不起，意思是如此：「主啊，你的發怒到何時為止？請你不要記著我過去的罪惡。我覺得我的罪惡還抓住我不放。我嗚咽著喊道：還要多少時候？還要多少時候？明天嗎？又是明天！為何不是現在？為何不是此時此刻結束我的罪惡史？」

　　我說著，我帶著滿腹辛酸痛哭不止。突然我聽見從鄰近一所屋中傳來一個孩子的聲音——我分不清是男孩子或女孩子的聲音——反覆唱著：「拿著，讀吧！拿著，讀吧！」立刻我的面色變了，我集中注意力回想是否聽見過孩子們遊戲時有這樣幾句山歌；我完全想不起來。我壓制了眼淚的攻勢，站起身來。我找不到其他解釋，這一定是神的命令，叫我翻開書來，看到哪一章就讀哪一章。我曾聽說安東尼也偶爾讀福音，讀到下面一段，似乎是對他說的：「去變賣你所有的，分給窮人；你積財於天，然後來跟隨我」。[1]這句話使他立即歸向你。

　　我急忙回到到阿利比烏斯坐的地方，因為我起身時，把使徒的書信集留在那裡。我抓到手中，翻開來，默默讀著我最先看到的一章：「不可耽於酒食，不可溺於淫蕩，不可趨於競爭嫉妒，應披服主耶穌基督，勿使縱恣於肉體的嗜欲。」[2]我不想再讀下去，也不需要再讀下去了。我讀完這一節，頓覺有一道恬靜的光射到心中，潰散了陰霾籠罩的疑陣。

　　我用手或其他方法在書上作一標記，合上書本，滿面春風地把一切經過告訴阿利比烏斯。他也把他的感覺——我也不知道——告訴我。他要求看我所讀的一節。我指給他看。他接著再讀下去，我並不知下文如何。接下去的一句是：「信心軟弱的人，你們要接納他。」他向我說，這是指他本人而言的。這忠告使他堅定於善願。也正是符合他的優良品性，我早已望塵莫及的品性。他毫不猶豫，一無紛擾地和我採取同一行止。

　　我們便到母親那裡，把這事報告她。她聽了喜形於色，我們敘述

1　聖安東尼（Saint Anthony, 251-356）是埃及的隱修士，基督教修道院制度的創始人。此處的引文，參看新約《馬太福音》（Gospel of Matthew）第十九章第二十一節（Matthew 19: 21）。

2　參看《新約》〈羅馬書〉（Romans）第十三章第十三節（Romans 13:13）。

了詳情細節，她更是手舞足蹈，一如凱旋而歸，便向你歌頌，「你所能成全於我們的，超越我們的意想，」[3]因為她看到你所賜與我的遠遠超過她長時期來哀傷痛哭而祝禱的。你使我轉變而歸向你，甚至不再追求室家之好，不再找尋塵世的前途，而一心站定在信仰的金科玉律之中，一如多少年前，你啟示她我昂然特立的情景。她的哀傷一反而成為無比的喜樂，這喜樂的真純可愛遠過於她所想望的含飴弄孫之樂。

出處

奧古斯丁（Augustine）著，周士良譯　《懺悔錄》，北京：商務印書
　　館，1996年，頁111-112、15-159。

延伸閱讀書目

宮崎八百吉　《アウガスチン懺悔錄》，東京：警醒社，1907年。

聖奧古斯丁（St Augustine）著，徐蕾譯　《懺悔錄》，北京：中國社
　　會科學出版社，2007年。

聖奧古斯丁著，許麗華譯　《懺悔錄》，合肥：安徽人民出版社，2012
　　年。

Augustine, and Hal McElwaine Helms. *The Confessions of Saint Augustine*.
　　Paraclete Essentials. Brewster, Mass: Paraclete Press, 2010.

Augustine, and Maria Boulding. *The Confessions*. Vintage Spiritual Classics.
　　1st ed. New York: Vintage Books, 1998.

Augustine, and Rex Warner. *The Confessions of St. Augustine*. New York:
　　Signet Classic, 2001.

3　同上注，第十四章第一節（Romans 14:1）。

Augustine, and Robert Arnauldd'Andilly. *Les Confessions De Saint Augustin.* Paris: Chez Guillaume Desprez. 1740.

Augustine, David Vincent Meconi, and Maria Boulding. *The Confessions: With an Introduction and Contemporary Criticism.* Ignatius Critical Editions. San Francisco: Ignatius Press, 2012.

Augustine, F. J. Sheed, and Michael P. Foley. *Confessions.* 2nd ed. Indianapolis: Hackett Pub. Co., 2006.

Augustine, John Gibb, and W. Montgomery. *The Confessions of Augustine.* Ancient Philosophy. New York: Garland Pub., 1980.

拾陸　修道生活：選自《本尼迪克特清規》
（*The Rule of Saint Benedict*）

解題

　　聖本篤（St. Benedict 或 Benedict of Nursia, 480-543），又稱聖本尼狄克特，是天主教歷史上著名的聖人和修士，也是聖本篤修會（Order of Saint Benedict）的創始人。西元五二九年，本尼迪克特在意大利的中部創建了卡西諾山修道院（Monastery at Monte Cassino），用作聖本篤教團的總部。到了八世紀後半葉卡西諾山修道院一舉躍升為天主教的學術中心，聚集了諸多珍貴的抄本。二戰期間，盟軍因懷疑修道院被德軍所利用而將其炸毀，戰後修道院又得以重建。下列選文來自《本尼迪克特清規》（拉：*Regula Benedicti*，英：*Rule of Saint Benedict*，又稱《本篤會規》）的開篇序言（拉：Prologus）和第一章〈論各類修士〉（拉：Caput I: De generibus Monachorum）。會規共分為七十三章，本來是為了那些想加入本篤修會的人準備的規約，但後來也日漸成為歐洲各地修道生活的指南。聖本篤關於基督教靈修的解釋，不僅清晰地展現了早期基督徒的虔誠，而且還深刻影響了中世紀的基督教思想。

原文

　　我兒，洗耳恭聽師傅之教，用你的心來傾聽：心甘情願接受並忠誠履行慈父的告誡，這樣，你當初因怠惰、違抗而離開我主，現在就

可以在順從、勤勉中重歸於他。⁴所以，我在對你說話，無論你是何人，只要你（斷絕一己私欲）拿起強大而又智慧的順從之武器，為我主耶穌，我們真正的王者而戰。首先，無論你開始從事何種善舉，都要用最真誠的禱告祈求他佑助你完成；他既已仁慈地把我們算在他的兒女之列，那我們就不要讓他在任何時候因我們的惡行而悲傷。我們必須始終運用他賜予我們的天賦服務於他，使他不會變成盛怒的父親，剝奪其兒女對這種天賦的繼承權，也不會為我們的罪孽所激怒，變成可怕的主人，把我們當做不願追隨他走向榮耀的罪惡奴僕，使我們遭受永久的懲罰。

那就讓我們最終起來吧，因為聖經鼓勵我們說：該從睡夢中醒來了。讓我們睜開眼睛注視神聖之光，側耳傾聽每天都大聲告誡我們的神聖之音：你今天就要傾聽他的聲音！不要變得冷酷無情。還有：凡有耳朵可以聽得見的人，讓他聽到聖靈對各基督教團體所說的話吧！他說什麼？來吧，我的孩子們（他說），聽我說；我要教你們成為敬畏我主之人。趁你們還有生命之光時，趕緊跑，免得死亡的黑暗籠罩你們。

我主在他對其呼喊的茫茫人海中尋找自己的勞工，他又說道：誰需要生命、想望成功呢？若你聽到此話，回答說你需要、你想望，那麼我主就對你說：你若想獲得真正的永生，就不要口出惡言，滿嘴欺騙之辭；要棄惡從善；要不斷尋求和平。你若做了這些事情，我的眼睛會垂青於你，我的耳朵會聽到你的禱告；在你祈求我之前，我就會對你說：看，我在此也。最親愛的兄弟們，有什麼能比我主鼓勵我們的聲音更甜美呢？看一看我主如何仁慈地指給我們生命之路吧！

有了信仰和善行，那就讓我們在福音引導下走在我主的路上，這

4　入會的人聆聽「師傅之教」，是指準備領洗的基督徒才有資格聆聽福音（天主的訓言），也就是導師（基督）的教誨（拉：praecepta magistri）。

樣我們才配見到召喚我們入他王國的我主。如欲住在他王國的住所，
我們一定要通過善行到達那裡。但讓我們用先知之言詢問我主：我
主，誰將住在你的住所？誰將在你的聖山上得到安息？問了這些問題
後，兄弟們，就讓我們傾聽我主的回答，聽他用這些話指引我們去他
住所的途徑：生而純潔，多行善德，心地誠實，口中無欺，不欺詐詆
毀鄰人。使撒旦及其惡意失敗，將撒旦及其全部提議從心中逐出，拿
起他的新舊誘惑砸向基督這塊磐石，讓其粉碎。這些敬畏我主之人不
因自己的善行而自得：深知他們心中之善並非來自他們自己，而是來
自我主，他們讚美我主成就於他們心中的功德，和先知一起說：主
啊，榮耀不歸於我們，它歸於您的名。正如使徒保羅不將他的布道歸
功於自己，而是說：蒙主之恩，我才是我。他還在別處說：如若誇
耀，應誇耀我主。

　　主在福音書中也說：聽到我的教導並身體力行之人，就像把房屋
建在磐石上的聰明人；就因房屋建在磐石上，所以洪水沖不走，大風
刮不倒。主履行他的諾言時，天天等待我們以行動對他的訓誡做出應
有的回答。這樣，由於修正了我們的邪惡做法，我們的有生之年得以
延長，正如使徒所說：你不知道主的耐心是要引導你悔改嗎？因為仁
慈的主說：我不願意罪人死去，而是希望他皈依，生存。

　　……因此，我們必須建立一個上帝之僕的學校，我們希望在學校
的籌備中，不要求任何嚴厲或累贅的東西。但是，如果結果證明，為
修正惡行或捍衛慈善，公正本身專橫地把某些嚴厲因素強加於人，不
要因此屈服於畏懼，偏離開端必然艱難的拯救之路。但是當我們在生
活之路上、在信仰之中取得進步時，我們的心就更加大膽，懷著因愛
而無以名狀的甜美之感，按主的戒律行事；從而，絕不偏離他的指
引，至死都在修道院裡堅定不移地聆聽他的教誨，我們可以耐心分擔
基督的苦難，以便配得上與我主同治於天堂。

第一章　論各類修士

　　修士顯然可分為四類。第一類為住院修士：他們在修道院中服務，在院長之下受共同的法則的約束。第二類為獨居隱修士，也稱隱居修道士：他們已沒有宗教生活的最初狂熱，但經過修道院中的長期修煉，他們借助於他人的幫助和經驗，已經學會同魔鬼作戰，從兄弟隊伍的良好配備走向荒漠中的獨自奮戰，現在沒有他人的支持也不焦慮，在主的幫助下，獨自對抗肉或靈的墮落。

　　第三類為倔強隱修士，是可憎的一類。[5]他們沒有像金子在爐火中受過鍛煉一樣，經受過同一法則下生活經驗的鍛煉或教訓；而是像鉛一樣軟，仍然忠實於實踐世界，雖然他們剃髮為修士，但顯然是妄稱對主的忠誠。他們三三兩兩，甚至獨自一人，沒有牧者，不是圈在主的羊圈裡，而是在他們自己的羊圈裡，他們為自己的快樂和欲望制定法則：凡是他們認為合適的，他們高興做的事情，他們便稱之為神聖；他們不想要的，他們便認為不合法。

　　第四類為游方修士，他們一生周遊四方，每逢一修道院便小住三四天，終身漂泊，居無定所，隨心所欲，陷於口腹之欲不能自拔，比倔強隱修士更為糟糕。對於他們惡劣骯髒的生活，最好擱置不論。讓我們仰仗主的佑助，為堅強的住院修士制定法則吧。

出處

奧立弗・約翰遜（Oliver Johnson）、詹姆斯・霍爾沃森（James Halverson）編，馬婷、王維民等譯，楊恆達校　《世界文明

5　第三類倔強隱修士（拉：Sarabaiten，又譯放蕩隱修士）和第四類游方修士（拉：Gyrovagen，又譯漂泊隱修士），是用來和真正的隱修士對比的不合格的基督徒。他們或者拒絕接受會規的約束，或者四處遊蕩，心神不寧，無法專注於靈修生活。

的源泉上》第三版（北京：北京大學出版社，2010年），頁
259-261。

延伸閱讀書目

杜立言（Demetrius Dumm）著，本篤會修女（Benedictine Sisters）譯
　　《〈聖本篤會規〉中的聖經》，臺北：光啟文化事業，2003年。

米歇爾・普契卡（Michaela Puzicha）評注，杜海龍譯　《本篤會規評
　　注》上下，上海：上海三聯書店，2015年。

聖ベネディクト（St Benedict）著，古田曉譯　《聖ベネディクトの
　　戒律》，東京：ドン・ボスコ社，2006年。

エスター・デュ・ワール（Esther De Waal）著，シトー會西宮の聖
　　母修道院譯　《神を探し求める：聖ベネディクトの『戒
　　律』を生きる》，東京：聖文舍，1991年。

Benedict, and Francis Aidan Gasquet. *The Rule of Saint Benedict*. London:
　　Chatto &Windus, 1909.

Benedict, and Leonard J. Doyle. *The Rule of Saint Benedict*. Collegeville,
　　Minn.: Liturgical Press, 2001.

Benedict, and Luke Dysinger. *The Rule of St. Benedict: Latin & English*.
　　Trabuco Canyon, Calif.: Source Books, 1997.

Chittister, Joan. *The Rule of Benedict: A Spirituality for the 21st Century*.
　　New York: Crossroad, 2010.

De Waal, Esther, and Benedict. *A Life-Giving Way: A Commentary on the
　　Rule of St. Benedict*. Collegeville, Minn.: Liturgical Press, 1995.

Dreuille, Mayeul de, and Benedict. *The Rule of Saint Benedict: A
　　Commentary in Light of World Ascetic Traditions*. New York:

Newman Press, 2002.

Kleiner, Sighard. *In the Unity of the Holy Spirit: Spiritual Talks on the Rule of Saint Benedict.* Kalamazoo, Mich.: Cistercian Publications, 1989.

Vogüé, Adalbert de, Benedict, and Benedict. *The Rule of Saint Benedict, a Doctrinal and Spiritual Commentary.* Cistercian Studies Series. Kalamazoo, Mich.: Cistercian Publications, 1983.

拾柒　教會的東傳：選自《大秦景教流行中國碑頌》（*The Nestorian Stele*）[6]

解題

　　景教，又稱聶斯托利教派（Nestorianism）或也里可溫教，是沿著絲綢之路傳入唐朝的基督教支派，原為敘利亞人聶斯托利（Nestorius,？-451）所創立，西元四三一年被教會宣布為異端。景教教士在貞觀九年（635）時來唐傳教，並在各州府建立波斯寺（大秦寺）。建中二年（781），唐德宗（779-805年在位）推崇景教，繼而在長安義寧坊大秦寺內刻立《大秦景教流行中國碑》，碑文包括中文和敘利亞文，正文共一六九五字，為波斯僧景淨所撰寫，主要敘述了聶斯托利派的教義以及景教傳入中國之後的情況。唐代的景教在會昌五年（845）時遭禁斷，大秦景教碑被埋於地下，直到明代天啟三年（1623）才在陝西盩厔（周至）出土。碑文旋即被耶穌會士（Jesuit）金尼閣（Nicolas Trigault, 1577-1629）譯成拉丁文，之後更有法、德、葡、英、日等外文譯本行世，碑文也至此被視為中國最早的基督教文獻。大秦景教流行中國碑曾先後輾轉保存於陝西金勝寺和西安碑林，目前藏於陝西省博物館。

原文

　　粵若常然真寂，先先而無元，窅然靈虛，後後而妙有，惣玄樞而

6　筆者將選文標題：「大秦景教流行中國碑頌」翻譯如下：Inscription of the Monument Commemorating the Propagation of the Daqin Luminous Religion in China。

造化，妙眾聖以元尊者，其唯我三一妙身、無元真主阿羅訶歟！[7]判十字以定四方，鼓元風而生二氣，暗空易而天地開，日月運而晝夜作，匠成萬物，然立初人，別賜良和，令鎮化海，渾元之性，虛而不盈，素蕩之心，本無希嗜。洎乎娑殫施妄，鈿飾純精，閑平大於此是之中，隟冥同於彼非之內。是以三百六十五種，肩隨結轍，競織法羅；或指物以托宗，或空有以淪二，或禱祝以邀福，或伐善以矯人，智慮營營，思情役役，茫然無得，煎迫轉燒，積昧亡途，久迷休復。於是我三一分身景尊彌施訶，戢隱真威，同人出代。神天宣慶，室女誕聖於大秦，景宿告祥，波斯睹耀以來貢。圓二十四聖有說之舊法，理家國於大猷；設三一淨風無言之新教，陶良用於正信。制八境之度，煉塵成真；啟三常之門，開生滅死。懸景日以破暗府，魔妄於是乎悉摧，棹慈航以登明宮，含靈於是乎既濟。能事斯畢，亭午升真。經留二十七部，張元化以發靈關。[8]法浴水風，滌浮華而潔虛白，印持十字，融四照以合無拘。擊木震仁惠之音，東禮趣生榮之路。存須所以有外行，削頂所以無內情。不畜臧獲，均貴賤於人，不聚貨財，示罄遺於我。齋以伏識而成，戒以靜慎為固。七時禮贊，大庇存亡，七日一薦，洗心反素。真常之道，妙而難名，功用昭彰，強稱景教。惟道非聖不弘，聖非道不大，道聖符契，天下文明。太宗文皇帝光華啟運，明聖臨人。大秦國有上德曰阿羅本，占青雲而載真經，望風律以馳艱險，貞觀九祀，至於長安。帝使宰臣房公玄齡，惣仗西郊，賓

---

7 「三一妙身」是指景教中「三位一體」（trinity）的概念中的的第一位格（hypost-asis）「妙身」（其他的兩個位格是「應身」和「證身」）。阿羅訶（敘：Aloho，梵：Arhat）是佛教術語，原指南傳佛教中證得涅槃（nirvana）境界的阿羅漢，在景教文獻中代指舊約中的主神耶和華（Jehovah，希伯來：Elohim）。

8 四聖：《舊約》中的二十四位先知（prophet）；八境：《新約》〈馬太福音〉中的「天國八福」；三常：《新約》〈哥林多前書〉中基督徒的「信、望、愛」三德；廿七部：指的是《新約》由二十七部書組成。

迎入內，翻經書殿，問道禁闈，深知正真，特令傳授。貞觀十有二年
秋七月，詔曰：道無常名，聖無常體，隨方設教，密濟群生。大秦國
大德阿羅本，遠將經像，來獻上京，詳其教旨，玄妙無為，觀其元
宗，生成立要。詞無繁說，理有忘筌，濟物利人，宜行天下。所司即
於京義寧坊造大秦寺一所，度僧二十一人。宗周德喪，青駕西升，巨
唐道光，景風東扇。旋令有司將，帝寫真，轉摸寺壁，天姿泛彩，英
朗景門，聖跡騰祥，永輝法界。按西域圖記及漢魏史策，大秦國南統
珊瑚之海，北極眾寶之山，西望仙境花林，東接長風弱水。其土出火
綄布、返魂香、明月珠、夜光璧。俗無寇盜，人有樂康。法非景不
行，主非德不立，土宇廣闊，文物昌明。高宗大帝、克恭纘祖，潤色
真宗，而於諸州，各置景寺，仍崇阿羅本為鎮國大法主，法流十道，
國富無休；寺滿百城，家殷景福。聖歷年、釋子用壯，騰口於東周，
先天末、下士大笑、訕謗於西鎬。有若僧首羅含、大德及烈，並金方
貴緒，物外高僧，共振玄綱，俱維絕紐。玄宗至道皇帝令甯國等五王
親臨福宇，建立壇場，法棟暫橈而更崇，道石時傾而復正。天寶初、
令大將軍高力士送五聖寫真，寺內安置，賜絹百匹，奉慶睿圖，龍髯
雖遠，弓劍可攀，日角舒光，天顏咫尺。三載、大秦國有僧佶和，瞻
星向化，望日朝尊。詔僧羅含、僧普論等十七人，與大德佶和於興慶
宮修功德。於是天題寺榜，額戴龍書，寶裝璀翠，灼爍丹霞，睿札宏
空，騰淩激日，寵賚比南山峻極，沛澤與東海齊深。道無不可，所可
可名，聖無不作，所作可述。肅宗文明皇帝于靈武等五郡重立景寺，
元善資而福祚開，大慶臨而皇業建。代宗文武皇帝、恢張聖運，從事
無為，每於降誕之辰，錫天香以告成功，頒御饌以光景眾。且干以美
利，故能廣生，聖以體元，故能亭毒。我建中聖神文武皇帝、披八政
以黜陟幽明，闡九疇以惟新景命，化通玄理，祝無愧心。至於方大而
虛，專靜而恕，廣慈救眾苦，善貸被群生者，我修行之大猷，汲引之

階漸也。若使風雨時，天下靜，人能理，物能清，存能昌，歿能樂，念生響應，情發自誠者，我景力能事之功用也。大施主金紫光祿大夫同朔方節度副使試殿中監賜紫袈裟僧伊斯，和而好惠，聞道勤行，遠自王舍之城，聿來中夏，術高三代，藝博十全，始效節於丹庭，乃策名於王帳。中書令汾陽郡王郭公子儀，初惣戎於朔方也，肅宗俾之從邁，雖見親於臥內，不自異於行間，為公爪牙，作軍耳目。能散祿賜，不積於家，獻臨恩之頗黎，布辭憩之金罽，或仍其舊寺，或重廣法堂，崇飾廊宇，如翬斯飛，更效景門，依仁施利。每歲集四寺僧徒、虔事精供、備諸五旬。餒者來而飯之，寒者來而衣之，病者療而起之，死者葬而安之。清節達娑、未聞斯美，白衣景士，今見其人。願刻洪碑，以揚休烈。詞曰：真主無元，湛寂常然，權輿匠化，起地立天，分身出代，救度無邊，日升暗滅，咸證真玄。赫赫文皇，道冠前王，乘時撥亂，干廓坤張，明明景教，言歸我唐，翻經建寺，存歿舟航，百福偕作，萬邦之康，高宗纂祖，更築精宇，和宮敞朗，遍滿中土，真道宣明，式封法主，人有樂康，物無災苦。玄宗啟聖，克修真正，御榜揚輝，天書蔚映，皇圖璀燦，率土高敬，庶績咸熙，人賴其慶。肅宗來復，天威引駕，聖日舒昌，祥風掃夜，祚歸皇室，祆氛永謝，止沸定塵，造我區夏。代宗孝義，德合天地，開貸生成，物資美利，香以報功，仁以作施，暘谷來威，月窟畢萃。建中登極，聿修明德，武肅四溟，文清萬域，燭臨人隱，鏡觀物色，六合昭蘇，百蠻取則。道惟廣兮應惟密，強名言兮演三一，主能作兮臣能述，建豐碑兮頌元吉。

　　大唐建中二年歲在作噩太簇月七日大耀森文日建立，時法主僧寧恕知東方之景眾也。

出處

朱謙之　《中國景教：中國古代基督教研究》（上海：東方出版社，
　　　　1993年），頁223-226。[9]

延伸閱讀書目

馮承鈞　《景教碑考》，臺北：臺灣商務印書館，1970年。

貴田晃、山口謠司編集　《大秦景教流行中國碑翻訳資料》，東京：
　　　　大東文化大學人文科學研究所，2007年。

景淨著，吳昶興編注　《大秦景教流行中國碑：大秦景教文獻釋義》，
　　　　新北：橄欖出版公司，2015年。

翁紹軍　《漢語景教文典詮釋》，北京：生活・讀書・新知三聯書
　　　　店，1996年。

陽瑪諾（Emmanuel Diaz）注　《景教流行中國碑頌正詮》，上海：土
　　　　山灣慈母堂，1927年。

趙力光編　《大秦景教流行中國碑》，上海：上海古籍出版社，2012
　　　　年。

Havret, Henri. *La Stèle Chrétienne De Si-Ngan-Fou.* Variétés Sinologiques.
　　　　3 vols. Chang-Hai: Imprimerie De La Mission Catholique, 1895.

Keevak, Michael. *The Story of a Stele: China's Nestorian Monument and Its
　　　　Reception in the West, 1625-1916.* Hong Kong: Hong Kong
　　　　University Press, 2008.

9　此處錄入的原文為碑文的中文正文，有部分疑難的字詞參考了《大正新修大藏經》
　　（日：大正新修大蔵経*Taishō shinshū daizōkyō*，英：*Taishō Revised Tripiṭaka*）第五
　　十四冊《外教部》（日：Gekyōbu）中的《大秦景教流行中國碑頌》（T. no. 2144）。

拾捌　理性與天啟：選自《反異教大全》
（*Summa Contra Gentiles*）

解題

　　在歐洲的中世紀時期（約1000-1450），以思辨見長的經院哲學
（Scholasticism）主導了基督教教會學院的課程，同時也奠定了現代大
學的基礎。經院哲學最傑出的代表人物是天主教的神學家托馬斯・阿
奎那（Thomas Aquinas, 1224-1274）。阿奎那生於意大利南部的那不勒
斯王國（Kingdom of Naples），一二四四年加入多明我會（Dominican
Order），一二五七年獲得巴黎大學神學博士學位並開始用拉丁文出版
一系列重要的神學和哲學著作，一三二三年阿奎那被教皇謚封為聖徒。
作為「教會導師」（Doctor of the Church），他認為古典哲學的理性與
基督教的信仰同樣來自於天主，可以並行不悖，這種神學的唯心主義
體系被稱作托馬斯主義（Thomism），至今依然被當作天主教的官方
哲學。以下選段來自阿奎那的主要著作《反異教大全》（拉：*Summa
Contra Gentiles*），全名為《論公教信仰真理駁異教徒大全》，拉：*Liber
de Veritate Catholicae Fidei Contra Errores Infidelium*，英：*Book on the
Truth of the Catholic Faith Against the Errors of the Unbelievers* 或 *On the
Truth of Catholic Faith*），因為全書側重於從理性和哲學的角度來論證
信仰，並批駁猶太教和伊斯蘭的異教思想，因此又被稱為《哲學大
全》（拉：*Summa Philosophica*）。

原文

第三章　用何種方式才可能理解神聖真理

　　然而，由於不是每個真理都以用同樣的方式被人理解，正如波伊提烏引用的那位哲學家十分正確地指出的那樣，一個受教育者的本分是要在每個課題中尋求信心，這必須首先說明以什麼方式才可能使上述真理為人所知。[10]

　　在我們所把握的關於上帝的東西中存在兩方面的真理。因為某些有關上帝的真理完全超出了人類理性的理解能力範圍，例如上帝是三位一體的；同時，存在著某些甚至自然理性也可以夠得著的事物，例如上帝存在，上帝為一，以及諸如此類的事情，這些事情甚至哲學家也已在自然理性之光的引導下為上帝做了確切的證明。

　　顯而易見，某些神聖真理完全超出了人類理性所能理解的範圍。由於理性獲取有關某事的全部知識的原則是對該事物本質的理解，因為根據哲學家的教導，論證的原則是一事物是什麼，於是推導出，我們的關於一事物的知識將對應於我們對其本質的理解。因此，如果人類智慧理解一具體事物的本質，如一塊石頭或一個三角形，那麼關於那事物的真理就不會超出人類理性的能力。但是涉及上帝時，我們的情況就不一樣了，因為人類智慧就其天生能力而言，無法理解他的本質；因為根據目前的生活方式，我們智慧的知識都來自感覺；因此不是感覺對象的事物就不能為人類智慧所理解，除非關於它們的知識都

---

10 波愛修斯（Boethius，又譯波伊提烏，480-524），古羅馬哲學家、翻譯家和政治家，代表作是入獄之後寫成的《哲學的慰藉》（拉：*De Consolatione Philosophiae*，英：*Consolation of Philosophy*）。這裡引用的哲學家是亞里士多德（Aristotle，前384-前322），波愛修斯曾經將他和柏拉圖（Plato，前427-前347）的作品一起由希臘文翻譯成拉丁文。

是從可感覺的事物那裡收集來的。而可感覺的事物不可能引導我們的智慧在它們之中看到何為上帝,因為它們是果,無法和它們強大的因相比。而我們的智慧由可感覺的事物引向神聖知識,從而瞭解到上帝的存在及其他諸如此類需要歸因於第一原則的真理。因此,有些神聖真理是可以由人類理性獲得的,然而其他一些則完全超出了人類理性的能力。

還有,同樣的情況也可以從不同等級的智慧中看到。因為如果兩個人中的一位以其智慧更精細地領會一件事,那麼智慧高人一籌的那個人就能理解另一個人全然無法理解的許多事情;正如一個鄉下人就完全無法領會哲學的奧妙。天使超越人類智慧的程度要比最睿智的哲學家超越最沒教養的人的程度高得多。因為天使比人類更能通過一種優越的方式認識上帝,因為天使是通過其本質而被本然知識引導著去認識上帝的,其本質遠比可感覺的事物優越,甚至比人類智慧藉以認識上帝的靈魂本身更優越。而神的智慧超越天使智慧的程度要比天使超越人類智慧高得多。因為神的智慧就其能力而言等同於神的本質,因此上帝完全懂得何為他自己,他懂得與他有關的所有可以被理解的事情:而天使通過其本然知識並不知道何為上帝,因為天使的本質——他被引導去認識上帝——是一種果,無法和其強大的因相比。因此,天使無法靠其本然知識把握上帝關於他自己所理解的一切:人類理性也不能把握天使靠其自然力量所理解的一切。因而正如一個人如果因為無法理解一個哲學家的主張而宣布這些主張為謬誤,就會表明自己是一個最愚蠢的傻瓜一樣,一個人如果因為上帝借助於天使所啟示的事物無法成為理性調查的對象而懷疑它們是謬誤,那麼他就是極大的愚蠢。

此外,同樣的情況也已由我們日常經歷到的我們對萬物認識的不足所充分表明。因為我們對許多可感覺事物的特性一無所知,在許多

情況下，我們無法發現我們憑感官感知的那些特性的實質。

那位哲學家的話與此相一致，他說：我們的智慧同那些自然中最明顯的主要事物的關係就像蝙蝠的眼睛同太陽的關係一樣。

《聖經》也可證實這一真理。上面寫道：你考察就能參透上帝嗎？你豈能盡情測透全能者呢？（《約伯記》，第11章第7節）還有上帝為大，我們不能全知（第36章第26節），以及我們現在所知道的有限（《哥林多前書》，第13章第9節）。[11]

因此，關於上帝所說的一切，儘管不可能被理性調查，卻絕不可立即斥為謬誤，如摩尼教徒和很多不信奉上帝的人所認為的那樣。

第七章　理性的真理並不對立於基督教信仰的真理

現在，儘管前述基督教信仰的真理超出了人類理性的理解能力，然而那些自然地注入人類理性的事物並不對立於這種真理。因為很清楚，那些天然地植於人類理性之中的事物都是極其真實的，同樣不可能認為它們是謬誤的。把信仰所持有的東西視為謬誤也是不合法的，因為它如此顯然地受到上帝的確認。那麼由於只有謬誤對立於真理——如果我們審視它們各自的定義，這是顯而易見的——所以前述信仰的真理就不可能對立於理性天然知道的那些原則。

同樣，使徒的心智從其教導者那裡接受的事物是包含在教導者的知識中的同樣事物，除非教導者不誠心教導，這樣來說上帝是邪惡的。現在，對天然所知的原則的知識是上帝給我們注入的，因為上帝本人是我們本性的作者。因此神的智慧也包含這些原則。因而對立於

---

11 此處的翻譯和中文和合本略有出入，以下引用來自中文和合本的聖經。1.《約伯記》第11章第7節（Job 11:7）：「你考察，就能測透神嗎？你豈能盡情測透全能者嗎？」2.《約伯記》第36章第26節（Job 36:26）：「神為大，我們不能全知；他的歲數不能測度。」3.《哥林多前書》第13章第9節（1 Corinthians 13:9）：「我們現在所知道的有限，先知所講的也有限。」

這些原則的任何東西，都對立於神的智慧；因此不可能來自上帝。所以，信仰從神啟接受的東西不可能對立於我們天賦的知識。

此外，我們的智力受相反論點的抑制，乃至於不可能走向真理的知識。因而如果上帝向我們注入有衝突的知識，我們的智力就會被阻隔，不能認識真理。而這不能歸因於上帝。

另外，只要自然存在，自然事物就不可改變。現在，相反的觀念不可能單獨在一起存在於同一主體中。因此上帝不給人類注入任何對立於天賦知識的觀念或信仰。

因此使徒說：「這道離你不遠，正在你口裡，在你心裡。」就是我們所傳信主的道。（羅馬人書，第10章第8節）然而因為它超越了理性，所以有些人這樣來看待它，好像它對立於理性；那是不可能的。[12]

這也由奧古斯丁的權威作了認證，他說，真理將使人知道的東西絕不可能對立於《舊約》、《新約》這樣的聖書。

由此，我們可以顯而易見地得出結論，無論什麼樣的論點被用來反對信仰的教導，它們都不可能真正出自本性注入的第一自明原則。因此它們缺乏證明之功效，不是帶或然性的就是詭辯的論點，因而闡明它們是有可能的。

出處

奧立弗・A・約翰遜、詹姆斯・L・霍爾沃森編，馬婷、王維民等譯，楊恆達校 《世界文明的源泉上》第三版（北京：北京大學出版社，2010年），頁304-305、309。

---

12 參看聖經中文和合本的翻譯。《羅馬書》第十章第八節：「他到底怎麼說呢？他說：『這道離你不遠，正在你口裡，在你心裡。』就是我們所傳信主的道。」

延伸閱讀書目

北京大學哲學系外國哲學史教研室　《西方哲學原著選讀》，北京：商務印書館，1981年。

聖トーマス・アクィナス（St Thomas Aquinas）著，酒井瞭吉譯　《神在す：異教徒に與ふる大要》第1卷，東京：中央出版社，1944年。

托馬斯・阿奎那（Thomas Aquinas）著，段德智、翟志宏、吳廣成譯《反異教大全》，北京：商務印書館，2017年。

トマス・アクィナス（Thomas Aquinas）著，川添信介譯注　《トマス・アクィナスの心身問題：〈対異教徒大全〉第2卷より》，東京：知泉書館，2009年。

Hoping, Helmut. *Weisheit Als Wissen Des Ursprungs: Philosophie Und Theologie in Der "Summa Contra Gentiles" Des Thomas Von Aquin.* Freiburg: Herder, 1997.

Schönberger, Rolf. *Thomas Von Aquins "Summa Contra Gentiles".* Darmstadt: Wissenschaftliche Buchgesellschaft, 2001.

Thomas, Aquinas. *Summa Contra Gentiles.* Notre Dame: University of Notre Dame Press, 1975.

Thomas, Aquinas and Helmut Fahsel. *Summa Contra Gentiles.* Zürich: Fraumünster Verlag, 1942.

拾玖　因信稱義：選自《馬丁・路德文選》
(*The Selected Works of Martin Luther*)

解題

德國神學家馬丁・路德（Martin Luther, 1483-1546）是歐洲宗教改革運動的旗手，也是基督教新教路德宗（Lutheranism）的創始人，他於一五一二年獲得神學博士學位，並擔任維登堡大學（Wittenberg University）的神學教授。馬丁・路德因為反對天主教教會兜售贖罪券（Indulgence）而張貼了著名的《九十五條論綱》（拉：*Disputatio pro declaratione virtutis indulgentiarum*，英：*Ninety Five Theses*）。同時，他還將《聖經・新約》由拉丁文譯成通俗的德文並主張神恩以及人對神的篤誠信仰才是信、望、愛三德的基礎。

以下的選段來自路德宗的救贖論思想，馬丁・路德針對羅馬教會認同的「因行稱義」（拉：Justificatio[ex]operibus，英：Justification by works），認為要獲得上帝的拯救不在於人的善行功德或遵守教會的規條，而在於個人的信仰和上帝的恩典。這一神學思想的主要依據是聖保羅（St. Paul）在《羅馬書》（Romans）中所宣說的「因信稱義」（拉：Justificatio sola fide，英：Justification by faith alone）。[13]「義」原是法律用語，即「宣告無罪」，用指人能夠脫離罪惡（不義）的束縛而進入恩典（義）並與基督結為一體。路德認為這才是基督教最重要的學說，另一位宗教改革家約翰・加爾文（John Calvin, 1509-1564）也強調「因信稱義」的觀點，並將它列為新教的信綱之一。

---

13 使徒保羅在《羅馬書》（Romans）的第一章十七節（1:17）、第三章二十一節（3:21）和第五章第一節（5:1）等處都多次闡發了「因信稱義」的思想。

原文

因信稱義

因此，這個信既然只能在裡面的人之內作主，如同《羅馬書》十章所說：「心裡相信就可以稱義」；而且又只有信可使人稱義，這一個裡面的人就顯然不能因什麼外表的行為或其他方法得稱為義，得自由，得救。行為，不論其性質如何，與裡面的人沒有關係。反之，只有心裡的不敬虔與不信才叫人有罪，叫人成為可咒可詛的罪的奴僕；並不關係外表的行為。因此，每一個基督徒所應該留心的第一件事，是丟棄依靠行為的心，單單多求信的堅固，借著信不在行為的知識上生長，要在為他受死而且復活的基督耶穌的知識上生長，如同彼得在他的前書末章所說的；因為沒有別事可使人成為基督徒。所以如《約翰福音》六章所記，猶太人問基督他們當作什麼，才算是上帝的工，他就摒除他所見到的他們那些無數的工，只吩咐他們一件，就是：「信上帝所差來的，這就是作上帝的工。因為父上帝印證了他。」

因此真信基督就是一個無可比擬的寶庫，貯藏一切救贖，救人脫離一切惡事，如同基督在《馬可福音》末章所說：「信而受洗的必然得救，不信的必被定罪。」這一個寶庫，以賽亞已經看見，而且在十章十節預言上帝要怎樣在地上定規必成的結局，有公義施行，如水漲溢，他彷彿說：「信是律法簡約而完備的實行。這信使信徒有充充滿滿的義，就不必另要什麼得他們的義。」保羅在《羅馬書》也如此說：「心裡相信，就可稱義」。

信與行為

你如果問，既然只是因信稱義，沒有行為，就可以使人得這麼大有福氣的寶庫，那麼，《聖經》又怎麼規定這麼多行為、禮儀、律法

呢？我就回答說：第一，你須記得那已經說過的只是信，不是行為，使人稱義，使人自由，使人得救，這個我們以後說得更清楚。現在我們只要指出上帝的全部《聖經》總分為兩部——誡命與應許。[14]

信使人稱義

照以上所說，就容易明白信如何有這等大能力，如何不是善行，也不是總合一切善行所能比擬的；沒有什麼行為附著上帝的道，也沒有什麼行為能在心靈裡面；在心靈裡面的只是信，心靈只被道左右。道是怎樣，就使心靈怎樣，如同炙熱的烙鐵因與火聯合便熊熊發光如火一樣。這樣，基督徒在信裡就有了一切，再不需什麼行為使他稱義。他若不需行為，也就不需律法；若不需律法，就一定脫離了律法，「因律法不是為義人設立的」這話也就是真的了。這就是基督徒的自由，也就是我們的信；這個自由並不是叫我們過懶惰、邪惡的生活，乃是不需以律法與行為稱義來得救。

信成全誡命

前面是信的第一個能力。現在我們要看第二個。因為信另有一個功用，就是凡信所靠的，那信也最尊敬地重看他，因為信看他是真實可靠的。我們尊敬人，最重要的是我們所信靠的人是真實的、是義人的。我們看重人還能比看人是真實的，是義人，是盡美盡善更可貴？反之我們輕看人，又沒有比看人是假的，是惡的，疑惑他，看他為不可信任，還重的。所以心靈堅定不移信靠上帝的應許，看他是真實公義，就再也沒有高過這種看法的了。我們看他是真實公義，並用我們所信的無論誰所應得的看他，這就是敬拜上帝的極點。到了這個時

---

14 誡命是神與以色列民眾約定的律法基石和道德的基本原則，應許指的是神給予信眾的拯救的承諾。

候，心靈就全然聽從上帝的旨意，既然聽從，就尊他的名為聖，甘心情願照上帝的喜悅的待他，因為心靈既堅持上帝的應許，就不會疑惑那真實、公義、智慧的上帝，不為他盡心盡意辦理一切，處置一切，安排一切。一個這樣的心靈在一切事上還不會借著信順從上帝至於極處麼？還有什麼誡命不能為這種順從豐豐富富的成就呢？還有什麼成全比這在一切事上都唯命是聽更完美呢？但這種順從非由行為而來，乃單由信而來。反之，有什麼事比不信上帝的應許更屬違背上帝，更屬邪惡，更屬藐視上帝的呢？因為這不就是以上帝為說謊的，或疑惑他不真實，卻以自己是真實的，以上帝為說謊，為虛妄麼？凡這樣的人，不是棄絕上帝，在自己心裡立起了自己的偶像麼？這樣，從這種邪惡中生出來的行為，縱使是天使與使徒的行為，又有什麼益處呢？所以上帝不將眾人圈在忿怒或情欲之中，但圈在不信之中，圈得實在不錯；好叫凡自以為借著遵行律法（民事與人道的德行）所規定貞潔與憐憫人之事而成全律法的，得以明白他們不會得救，他們是在不信的罪下，如不尋求恩典，就要按公義被定罪（參《羅馬書》十一：32）。

但上帝既見我們看他是真實的，因我們的信照他所應得的尊敬他，他就因我們信的緣故，也尊敬我們，看我們是真實的，是義人，因為信把上帝所應得的歸給上帝，所以就生出真實與義來；因這緣故，上帝也把榮耀還給我們的義。看上帝是真實是公義，原就是真實公義的看法，這樣看他，這樣認他，原就是真實公義的，所以他在《撒母耳記上》二章卅節說：「尊重我的我必重看他，藐視我的，他必被輕視。」保羅在《羅馬書》四章說，亞伯拉罕的信算為他的義，因為他借信，就將最全備的榮耀歸給上帝，我們若信，因同樣的緣故我們的信也要算為我們的義。

信與基督聯合

　　信的第三個無可比擬的好處就是：信將心靈與基督聯合，有如新婦與新郎聯合。像使徒所說，因這一個奧秘的聯合，基督與人的心靈成了一體。若是一體，若是成了真正婚姻的聯合，不但如此，更是一切婚姻中最美滿的，因為人的婚姻不過是真正婚姻殘缺不全的一個預表：他們就不分善惡凡事都公有了。所以凡信的人就可以拿基督所有的自矜、誇口，彷彿就是他的；凡他心靈所有的，基督也認為是他的。我們只要將這兩樣比較，就要看出貴重無比的事來。基督滿有恩典、生命、救贖；人的心靈卻滿有罪惡、死亡、咒詛。於是讓信來到他們中間，罪惡、死亡、地獄就屬了基督，恩典、生命救贖卻屬了人的心靈……

　　看哪！在這裡我們不但有一聯合的愉快異象，也是有一有福的戰爭、勝利、拯救、得贖的異象。因為基督是上帝與人聯合在一個位格裡，這一位沒有犯過罪，沒有死過，沒有被定罪，也不能犯罪，不能死，不能被定罪；他的義、生命、救贖是不能勝過的，永遠的，無所不能的；他因信的結合，在他新婦所有罪惡、死亡與地獄的痛苦上就有了分，不但有分，也將這些歸於自己，當作是他自己作的，當作是他自己犯的罪；他受苦、受死、下到地獄，為的就是要勝過這一切。這樣，行這一切事的既是這樣的一位，死亡與地獄不能吞滅他，他就必能得與他們大大決鬥，將他們吞滅。因為他的義大於一切人的罪，他的生命強於死亡，他的拯救較之地獄更屬無敵。如此那相信的心靈，因信的保證，在她新郎的基督裡面就脫離了一切的罪，再不怕死亡地獄的攻擊，具有她新郎基督永遠的義、生命與拯救。

出處

馬丁・路德（Martin Luther）著，馬丁・路德著作翻譯小組譯　《馬丁・路德文選》（北京：中國社會科學出版社，2003年），頁5-10。

延伸閱讀書目

德善義和　《マルティン・ルター：ことばに生きた改革者》，東京：岩波書店，2012年。

格拉漢姆・湯姆淩（Graham Tomlin）著，張之璐譯　《真理的教師：馬丁・路德和他的世界》，北京：北京大學出版社，2004年。

馬丁・路德（Martin Luther）著，顧華德譯　《馬丁・路德桌邊談話》，新北：橄欖出版公司，2017年。

楊慶球　《馬丁路德神學研究》，香港：基道出版社，2002年。

張仕穎　《馬丁・路德稱義哲學思想》，北京：人民出版社，2012年。

張雲濤　《馬丁・路德》，西安：陝西師範大學出版總社，2017年。

Lopes Pereira, Jairzinho. *Augustine of Hippo and Martin Luther on Original Sin and Justification of the Sinner*. Göttingen: Vandenhoeck & Ruprecht, 2013.

Shestov, Lev. *Sola Fide: Luther et L'église*. Paris: Presses universitaires de France, 1957.

Whitford, David M. *Luther: A Guide for the Perplexed*. New York: T & T Clark, 2011.

貳拾　合一的禱告：選自《內心的城堡》
（*Interior Castle*）

解題

　　在天主教會的眾多聖徒之中，西班牙的聖女大德蘭，又名亞維拉的德蘭（Teresa of Avila, 1515-1582，西：Teresa Sánchez de Cepeda y Ahumada）是其中最偉大的神秘主義者之一。聖女大德蘭早年喪母，二十一歲立志修道求聖，入天主降生隱修院（Monastery of the Incarnation），經歷重重的考驗和磨難，終於在神視中體會到天主之愛。聖女德蘭在她的自傳中記述了這一非凡的體驗，意大利雕塑家喬凡尼·貝利尼（Giovanni Bernini, 1598-1680）也據此創作了經典之作《聖特麗莎的狂喜》（*Transverberation of Saint Teresa*, 1645）。當時修道院的制度過於鬆弛，早期教會的苦修傳統已經被人淡忘，有鑑於此，德蘭修女和著名的修士聖十字若望（Saint John of the Cross, 1542-1591）一起創立了赤足加爾默羅會（Discalced Carmelite Order），強調教團需要苦行和沉思。亞維拉的德蘭於一六二二年封聖，一九七〇年被教皇保羅六世（Pope Paul VI, 1897-1978）追封為第一位女性的教會聖師（Doctor of the Church）。雖然聖女大德蘭並未接受過系統的教育，但是她出版的多部靈性經典至今仍然暢銷不衰。她的代表作是帶有精神自傳性質的《內心的城堡》（西：*El Castillo Interior*, 1588）。[15]在聖女大德蘭看

---

15 該書的中譯本又名《七寶樓臺》，是聖約翰浸會教團（The Community of St. John Baptist, CSJB）的牧師趙雅博（Rev. Albert Chao）根據原書的法文版（法：*Les Sept Chateaux Interieurs*）翻譯而成。此外，該書又有另一中譯本《靈心城堡》，由加爾默羅聖衣會所翻譯，參看本段節選的原文出處以及書後的參考書目。

來，人的靈魂猶如一座城堡，她在書中使用了「七重樓閣」的隱喻來
暗示靈修生活中蒙召成聖的發展歷程。據說她自己花費了四十年的光
陰，歷經了七種漸進的位階，才完成了從善功到神秘體驗的靈性之
旅。以下的節選是書中所描述的第五重「樓臺」（fifth mansion），也
就是「合一的祈禱」（或「結合的祈禱」：union of prayer）。在這一階
段，大德蘭特別以蠶繭作比，描述了信徒通過祈禱和苦修，開始和天
主合二為一的宗教經驗。[16]

原文

奇特的譬喻

你們聽見說蠶如何作絲的神奇吧！這個只有天主可以作為發明
者。此外，你們也知道，它是如何來自一顆像胡椒子很小很小的子
粒。我從來沒有看見這個子粒，但我要說給你們我聽見的事，如果我
所說的並不恰當，我也不負責任。然而，從桑樹一開始長葉子，這個
種子就要在熱力工作之下，開始取得生命了；在應該支持它的食物還
沒有準備好時，它則如同死物。這樣如蟲子是來自這個種子，它們因
著桑葉而生活。當它們一長大起來，就停放在小枝子上，在那裡它們
用自己的小嘴，從自身之內，紡著絲；它們就這樣的做成了小繭，而
將自己關閉在內，這些蟲子在那裡長大而變蛹，生命就此結束，然後
從這些小繭內生出一隻白而美麗的蝴蝶。

然而如果這事件，不是我們今日所見，人們當過去的事件一樣的

---

16 聖女大德蘭的這種神秘體驗還可以和其他聖徒的冥想狀態相比較，比如，肯‧威爾
伯（Ken Wilber）著，金凡譯：《靈性的覺醒：肯‧威爾伯整合式靈修之道》（北京：
中國文聯出版社，2015年），頁87。

敘述給我們，有誰能夠信它呢？我們如何能相信，一個無靈之物，如同一個地上微蟲，我們對蜜蜂也是同樣的主張，它是如此勤儉的為我們的利益工作；並且勤奮到為這個工作損失生命，亦所不辭！

姐妹們，夠了，這足夠協助我們默想了，我想不必再多說了。在那裡你們能夠端詳天主的神奇與上智。如果我們認得每個事件的固有性，我們更該怎樣呢？我們想想祂手所做的偉大工程，為我們是利益無窮的。我們做這樣一位睿智大能之王的淨配，該多麼快樂呢！現在我們重回原題吧！

譬喻的含義

靈魂也彷彿這個地上微蟲，由於天主聖神的熱力協助，在她開始利用天主賜給我們眾人的援助，即開始使用天主託付給教會的藥，常辦告解，多看聖書並恭聆聖道時，便已開始生活起來了。實在，對那些因疏忽或過失而死亡的靈魂，並對那些死在犯罪中的靈魂，這些也是藥。靈魂利用這些藥，逐漸重獲生命，她是因我們說的這些方法得到支持，並由良好的默想，得到幫助；後來她逐漸長大起來，我們看重的是這個境界，至於以前的境況，我們已不計較了。但是如果我在章首所說的這個蟲子，長大起來，開始吐絲作繭，以便在那裡死亡。現在我也願意給你們指出來，靈魂的這一住所，便是基督。我彷彿是在某處讀過或聽過說：我們的生命是隱藏在基督或天主中，這乃是一回事，或者說基督是我們的生命（《哥》三 3、4）。[17]至論這種引證是否正確，對我所說的目的關係是不大的。

---

17 參看《哥羅西書》第三章三～四節（Colossians 3: 3-4）：「因為你們已經死了，你們的生命與基督一同藏在神裡面。基督是我們的生命，他顯現的時候，你們也要與他一同顯現在榮耀裡。」

我們能做什麼

我的女兒們，從這裡你們看出來，是天主的聖寵，使我們能完成這件事。至尊天主在結合的祈禱中是我們的住所，我們也在準備這個住所。我彷彿願意說，我們能給天主拿去或加上一些什麼似的，因為我說他進我們自己建築的住室。什麼？我們有這個權利嗎？顯然的，我們是一點也不能拿去或加在天主上的；然而我們能夠的，乃是從我們自己去提出些或從我們自己給一點什麼，如同蠶作繭似的。我們只要完滿了屬我們自身的一切，天主則會欣納這本無價值的小工作，加入祂的偉大，並給予他們極大的價值，以自己來作為報酬。是的，乃是祂幾乎付出全部費用，將我們的小工作連結於至尊的大工作，而完成一切。

我的女兒們，勇敢吧！我們趕快完成這個工作，而編織我們神秘的小繭吧！拒絕我們的私愛以及我們個人的意志吧！專心作補贖，作祈禱，作刻苦、服從，以及實行我們所知道的一切德行吧！我們要犧牲世間的一切。願天主使我們的一切行為符合我們所有的光明，符合天主所給予我們的教訓。但願，是的，但願這個小蟲死亡，如同蠶所作，它結束了它生來應做的工作；那時候你們便證實了你們如何看見天主。你們要包在天主的偉大裡，如同小蟲子被包在它的繭內似的。在我說你們要看到天主時，其方式我已講過了，根據我們在結合祈禱感到的。

默觀祈禱中的情調

現在，我們細細看看這個神奇小蟲的變化吧！這樣我好繼續談我們前面要說的一切。當她高舉到這一結合祈禱中時，她實在是死於世俗的，她就變成了一隻白色蝴蝶。啊，偉大的天主！誰能夠說明一個靈魂，在沉浸於天主的偉大，並與祂緊緊結合的剎那以後的境況是如

何呢？這種結合我認為總不超過半小時。我願意真實的告訴你們，這個靈魂已經不認得自己了。她以前和以後的分別，正好似那醜陋的蠶與白色的蝴蝶一樣。她不知為何她能掙得這樣價值連城的財富，她也不曉得從那裡得來這樣的利益，我的意思是說，她其實很清楚的知道，她是不配掙得它的。

她有一個極願光榮天主的熱望，願意為了愛天主的緣故，犧牲自己，千死萬死。她全心全意的願受極粗重的勞苦工作，而不願改做其他事。她最大、最熱切的渴望是要作補贖，尋找緘默。她願意人人認識天主，在看到人們得罪至尊天主時，她便痛苦萬分。我在下一個樓臺中，將更詳細的敘述結合祈禱的效果，因為在那裡經過的事，幾乎與這裡一樣；但是這些效果的能力，則兩者完全不同。我再重複一句，如果靈魂被提升到這個祈禱，而努力前進，她將會看到大事件的。

出處

聖女大德蘭（Ste. Thérèse d'Avila）著，趙雅博（Rev. Albert Chao, CSJB）譯　《七寶樓臺》（臺北：光啟文化出版社，1975年），頁103-107。

延伸閱讀書目

大德蘭　《聖女大德蘭的靈心城堡》，臺北：星火文化公司，2013年。

大德蘭　《聖女大德蘭自傳：信仰的狂喜》，臺北：星火文化公司，2010年。

東京女子カルメル會譯　《靈魂の城》，東京：ドン・ボスコ社，1991年。

田村武子譯　《靈魂の城》，東京：中央出版社，1959年。

ウゴリン・ノル（Ugolinus Noll）編　《〈靈魂の城〉の解說：アビラの聖テレジア》，東京：中央出版社，1964年。

Frohlich, Mary. *The Intersubjectivity of the Mystic: A Study of Teresa of Avila's Interior Castle*. American Academy of Religion Academy Series. Atlanta: Scholars Press, 1993.

Teresa. *El Castillo Interior, Ó, Tratado De Las Moradas*. Sevilla: Litografia de J. Moyano, 1882.

Teresa. *The Interior Castle*. The Classics of Western Spirituality. New York: Paulist Press, 1979.

Teresa. *Teresa of Avila: Selections from the Interior Castle*. San Francisco: HarperSanFranciso, 2004.

Teresa, and Mirabai Starr. *The Interior Castle*. New York: Riverhead Books, 2003.

Teresa, and Stanbrook Abbey. *The Interior Castle*. The Barnes & Noble Library of Essential Reading. New York: Barnes & Noble Books, 2005.

貳壹　基督徒的禮儀：選自《公禱書》
（*Book of Common Prayer*）

解題

　　一五四九年首次出現的《公禱書》（簡稱 BCP）是英國教會（也稱英格蘭聖公會，Church of England）推廣使用的祈禱用書，該書不僅在天主教和新教之間採取了折衷的立場，而且還使用英文來取代拉丁文作為英國國教的正式語言，以確保英國教會的民眾能以一種統一的模式祈禱。[18]一五五二年之後《公禱書》歷經修訂並幾度被廢除，到了一六六二年，英王查理二世（Charles II，1660-1685年在位）復辟教會，正式宣布恢復使用《公禱書》。這一權威的修訂本更加符合基督教新教的教義，該書不僅被欽定為英國國教具有信綱地位的禮儀書，而且也被後來大英帝國的安立甘宗教會（Anglican Communion）所採納。時至今日，使用現代英語加以修訂的《公禱書》已經成為英國教會、美國新教教會（The Protestant Episcopal Church）和英聯邦國家（British Commonwealth）的官方祈禱書。因此，在英文的基督教文獻群中，《公禱書》是僅次於《聖經》的重要文本，而且本書也因其優雅莊嚴的語言而享譽英語世界。這裡節選的《公禱書》來自三段著名的禮儀文，分別是：認罪文（A Penitential Order: Rite One）；婚禮禮文（The Celebration and Blessing of a Marriage）以及安葬用文（The

---

18 一六六二年出版的權威的《公禱書》的英文全稱如下：The Book of Common Prayer and Administration of the Sacraments and other Rites and Ceremonies of the Church according to the use of the Church of England together with the Psalter or Psalms of David.

Committal），這些章節膾炙人口，也經常在文學和電影中被引用。

原文

選文一：認罪文

全能仁慈的天父，我們犯下錯誤，偏離聖道，猶如迷途的羔羊。我們常追隨自己心的志願，違背了您的聖法。我們應該做的事未做，不應該做的事卻做了很多；我們病痛纏身，無力行善。主啊，求您按照我主耶穌基督給人類的應許，憐憫我們這些可憐的罪人；認罪者求主憐憫，悔改者求主赦免。偉大仁慈的天父，讓我們從此尊奉您，公義待人，安分守己，榮耀天父的聖名。阿們。

選文三：婚禮禮文

在約定的結婚日期，新郎新娘及其鄰居好友在教堂聚齊。新郎新娘站在一起，新郎在右，新娘在左，牧師說：

親愛的兄弟姐妹，我們現今在上帝和會眾面前聚集，是為了這二人舉行締結婚姻的聖禮。婚姻是極為莊嚴隆重的事，由上帝設立，向人表示基督與教會奇妙的結合；基督當年親自到加利利迦拿的婚宴上，令它增色生輝；正是在那裡，他創造了第一個奇跡；聖保羅稱讚婚姻是人類的榮耀；因此婚姻不應當被人利用，有所圖謀，或是當成沒有理性的蠻獸，被草率輕浮、不負責任地拿來滿足肉體的欲望；婚姻是虔誠謹慎又深思熟慮的，我們應懷著敬畏上帝之心，深思婚姻為什麼而設立。[19]

---

19 此處的用典是指耶穌基督參加了一個在加納城（Cana）舉行的婚宴並將水變為酒，
耶穌借這個神跡聖化了婚姻。「保羅稱讚婚姻」是指保羅的話：「婚姻，人人都當尊

　　首先，婚姻聖禮是為遵行上帝旨意繁衍人類而設立，是為了教養子女敬愛上帝，讚美上帝的聖名。

　　第二，婚姻聖禮是為補償罪過，避免私通而設立；使經過這神聖結合的夫婦能享受聖潔美滿的生活。

　　第三，婚姻聖禮是為了夫妻能在福樂困苦中，互相親愛，彼此扶助安慰而設立。現在，這二人要在神聖的關係下結合。假如有人能夠提出正當的理由，說明他們的結合是非法的，請現在就說出來，否則他（她）在今後就要永遠保持沉默。

　　牧師對新郎新娘說：

　　我要求並告誡你們，在可怕的審判之日，所有的秘密都會被揭開，假如你們中的某位知道這婚姻存在障礙，不能將你們合法地結合在一起，那麼，現在就懺悔吧。因為你們要清楚地知道，沒有得到上帝認可的婚姻不是上帝的結合，它是不合法的。

　　在婚禮的當天，如果確實有人宣稱婚姻存在障礙，依照上帝的聖諭或國家的法律，新郎新娘便不能結合在一起。這個人有義務向眾人提供充分的證據，或者謹慎地證明他（她）的指控對於雙方婚姻的維繫具有重要的價值。如果這樣的話，婚禮就必須推遲，直到事實完全搞清為止。

　　假如沒有人提出婚姻存在障礙，那麼牧師便對新郎說：

　　某某，你願意與這女人結為夫婦，遵行上帝婚姻聖禮的旨意，彼此共同生活？無論疾病康健，你是否願意時常敬愛她，安慰她，尊重她，扶助她，與她一生共守，決無異心？

　　新郎回答：我願意。

　　重，床也不可污穢；因為苟合行淫的人，神必要審判。」兩處典故，請分別參看《約翰福音》第二章第一到十一節（John 2:1-11），《希伯來書》第十三章第四節（Hebrews 13:4）。

牧師對新娘說：

某某，你願意與這男人結為夫婦，遵行上帝婚姻聖禮的旨意，彼此共同生活？無論疾病康健，你是否願意時常敬愛他，安慰他，尊重他，扶助他，與他一生共守，決無異心？

新娘回答：我願意。

牧師問新娘家長或其代表：

誰將這女子許配給這男子為妻？

新郎新娘以下列方式互相發誓。

新娘的家長或其代表將新娘的右手授予牧師，牧師讓新郎用右手握住新娘的右手，新郎跟著牧師說：

我某某，現遵上帝的聖法，娶你某某為妻，從今往後，無論安樂困苦，富貴貧窮，疾病健康，我必定守助你，愛護你，直至終身，這是我對你所許之誓。

這時二人鬆開手；新娘用右手握住新郎的右手，跟著牧師說：

我某某，現遵上帝的聖法，認你某某為夫，從今往後，無論安樂困苦，富貴貧窮，疾病健康，我必定守助你，愛護你，直至終身，這是我對你所許之誓。

接著新郎新娘鬆開手；新郎將戒指放在牧師手中的公禱書上，牧師拿起戒指，交給新郎，新郎將把它戴在新娘左手的第四指上。新郎手持婚戒隨牧師說：

我用這戒指作憑證，與你結婚，我用我的身心尊敬你，我用我的財物與你分享，奉聖父、聖子、聖靈之名。阿們。[20]

---

20 在基督教的神學體系中，聖父（the Father）、聖子（the Son）和聖靈（the Holy Spirit）代表了一個本體的三個位格，也就是基督教三位一體（拉：trinitas，英：Trinity）的基本信條。阿們（Amen，阿門）意為但願如此（may it be so），常用在祈禱結束時。

新郎將戒指戴在新娘左手的第四指上，他們同時跪下，牧師說：

現在大家一起禱告。

永生的上帝，創造人類，保全萬民的主啊，您是恩典的施予者，永生的根源；我們奉主之名，為這二人祝福，求主賜福他們，使他們忠貞相處，就像以撒和利百加忠實地生活在一起一樣，願這二人能恪守今日以戒指為證許下的諾言，終身親愛和睦，遵行上帝的誡命，一同生活；憑靠耶穌基督的聖諭。阿們。

牧師將新郎新娘的右手相合，說：

上帝結合的人，無人能將他們分開。

牧師對眾人說：

某某與某某同心合意，在上帝和會眾面前，互致誓言，舉行婚姻聖禮，並授受戒指，互相握手，聲明結合；那麼，我現在宣布，他們二人結為夫妻；奉聖父、聖子、聖靈之名。阿們。

選文四：安葬用文

他們來到墓地，遺體準備安放於地下，牧師說：

婦人所生之人日子短少，多有患難。他來如花，又被割下；他去如影，不能存留。

我們雖然活著，卻已離死不遠：您因我們犯下的罪過而發怒，本是理所應當。可是主啊，我們除了您，還能向誰去求助呢？

至聖全能的上帝，仁慈的救世主啊，不要讓我們陷於永遠死亡的苦難之中。

主啊，您知道我們心中的秘密。在我們禱告的時候，請不要捂住您那慈悲的耳朵；請饒恕我們，至聖全能的上帝，仁慈的救世主！您是公義至尊的審判者，請讓我們臨死之時，免受死亡之苦，免遭墮落。

接著，站在旁邊的人將土撒到棺柩之上，牧師說：

　　仁慈萬能的主，您發大慈悲，接收與我們永別的親愛的兄弟姐妹，我們將他（她）的身體交托給大地；土歸於土，灰歸於灰，塵歸於塵；我們這麼做，是因為我們堅信，追隨耶穌基督而死的人，必定復活而獲得永生。到那時，耶穌基督必定用他的神奇之工，改變我們的罪惡之身，征服一切。

出處

麥克拉思（McGrath）編，蘇曉欲等譯　《基督教文學經典選讀（上）》（北京：北京大學出版社，2004年），頁547-553。

延伸閱讀書目

吉田雅人著　《特禱想望：日本聖公會祈禱書特禱、解說と默想》，東京：聖公會出版，2012年。

日本聖公會　《日本聖公會祈禱書》，東京：日本聖公會管區事務所，2013年。

聖公會港澳教區編　《公禱書》，香港：聖公會港澳教區，1992年。

Anglican Church of Canada., and Anglican Church of Canada. *The Book of Common Prayer and Administration of the Sacraments and Other Rites and Ceremonies of the Church.* Toronto: Anglican Book Centre, 1962.

Benton, Josiah H. *The Book of Common Prayer: Its Origin and Growth.* Boston: Priv. print., 1910.

Braddock, Andrew. *The Role of the Book of Common Prayer in the Formation of Modern Anglican Church Identity: A Study of*

English Parochial Worship, 1750-1850. Lewiston: Edwin Mellen Press, 2010.

Brook, Stella. *The Language of the Book of Common Prayer*. The Language Library. New York: Oxford University Press, 1965.

Dailey, Prudence. *The Book of Common Prayer: Past, Present and Future: A 350th Anniversary Celebration*. London; New York: Continuum, 2011.

General Synod. *A Prayer Book for Australia: For Use Together with the Book of Common Prayer (1662) and an Australian Prayer Book (1978)*. Alexandria, N.S.W: Broughton Books, 1995.

Hefling, Charles C., and Cynthia L. Shattuck. *The Oxford Guide to the Book of Common Prayer: A Worldwide Survey*. New York: Oxford University Press, 2006.

伊斯蘭教

貳貳　穆斯林的五功：選自《古蘭經》〈黃牛〉
（Koran: The Cow）

解題

　　伊斯蘭教的根本經典《古蘭經》（Qu'ran 或 Koran，又稱《可蘭經》）規定，全世界的穆斯林，無論教派和種族，都需要修持最基本的五種宗教功課，簡稱「五功」（阿：Arkan-e-Khamsa）。《古蘭經》的原意是「誦讀」（阿：al-qur'ān），舊譯「古爾阿尼」，被認為是伊斯蘭教的真主安拉（Allah）降示給教派創始人穆罕默德（Muhammad, 570-632）的「天啟經典」。和一般的典籍不同，《古蘭經》的章節安排不按類分，內容繁雜，章節的長度也是一反常態，從最長的一直排列到最短的，共分一一四章（阿：sura 或 surah），六二〇〇餘節（阿：āyah）。同時《古蘭經》還可以跨越章節劃分成等分的三十卷（阿：juz），這樣安排的用意是確保穆斯林在齋月（Ramadan）之中可以完整地誦讀一遍《古蘭經》。此外，根據經文「啟示」地點的不同，《古蘭經》可還以分為二十八章的「麥地那篇章」（Medinan Suras）和八十六章的「麥加篇章」（Meccan Suras）兩個部分。以下的段落選自「麥地那篇章」中的一章〈黃牛〉（阿：Al-Baqara）。這是全書最長的章節，正是在這一章之中，穆聖傳喻了穆斯林必須履行的五項神聖的義務和功修，也就是中國穆斯林所稱頌的「天命五功」（又名五常），它

們分別是念功（阿：shahādah，即記主，念誦「清真言」）、禮功（阿：
ṣalāt，即禮拜，也稱拜功）、齋功（阿：ṣawm，即於齋月實行齋戒）、
課功（阿：zakāt，即天課）和朝功（阿：hajj，即朝覲）。

原文

[144]我確已見你反覆地仰視天空，故我必使你轉向你所喜悅的
朝向。你應當把你的臉轉向禁寺。¹你們無論在哪裡，都應當把你們
的臉轉向禁寺。曾受天經者必定知道這是從他們的主降示的真理，真
主絕不忽視他們的行為。[145]即使你以一切跡象昭示曾受天經者，
他們必不順從你的朝向，你也絕不順從他們的朝向；他們各守自己的
朝向，互不相從。在知識降臨你之後，如果你順從他們的私欲，那
麼，你必定是不義者。[146]蒙我賞賜經典的人，認識他，猶如認識
自己的兒女一樣。他們中有一派人，的確明知故犯地隱諱真理。[147]
真理是從你的主降示的，故你絕不要懷疑。[148]各人都有自己所對
的方向，故你們當爭先為善。你們無論在哪裡，真主將要把你們集合
起來，真主對於萬事，確是全能的。[149]你無論從哪裡出去，都應
當把你的臉轉向禁寺，這確是從你的主降示的真理。真主絕不忽視你
們的行為。[150]你無論從哪裡出去，都應當把你的臉轉向禁寺。你
們無論在哪裡，都應當把你們的臉轉向它，以免他人對你們有所藉
口。唯他們中不義的人除外，但你們不要畏懼他們，你們當畏懼我，
以便我成全我所施於你們的恩典，以便你們遵循正道。

1　禁寺（Sacred Mosque）位於沙特阿拉伯的聖城麥加，又稱麥加大清真寺（Great
　　Mosque of Mecca, 阿：Masjid al-Ḥarām），是全世界最大的清真寺，可供五十萬人同
　　時做禮拜，寺內偏南處有伊斯蘭教的聖殿天房克爾白聖石（The Holy Kaaba, 阿：
　　al-Kaʿbah）。本書引用的馬堅《古蘭經》的原文，在經文之前保留了標準的小節的
　　阿拉伯數字編號。

[183]信道的人們啊！齋戒已成為你們的定制，猶如它曾為前人的定制一樣，以便你們敬畏。[184]故你們當齋戒有數的若干日。你們中有害病或旅行的人，當依所缺的日數補齋。難以齋戒者，當納罰贖，即以一餐飯，施給一個貧民。自願行善者，必獲更多的善報。齋戒對於你們是更好的，如果你們知道。[185]賴買丹月中，開始降示《古蘭經》，指導世人，昭示明證，以便遵循正道，分別真偽，故在此月中，你們應當齋戒，害病或旅行的人，當依所缺的日數補齋。[2]真主要你們便利，不要你們困難，以便你們補足所缺的日數，以便你們讚頌真主引導你們的恩德，以便你們感謝他。[186]如果我的僕人詢問我的情狀，你就告訴他們：我確是臨近的，確是答應祈禱者的祈禱的。當他祈禱我的時候，教他們答應我，信仰我，以便他們遵循正道。[187]齋戒的夜間，准你們和妻室交接。她們是你們的衣服，你們是她們的衣服。真主已知道你們自欺，而饒恕你們，赦免你們。現在，你們可以和她們交接，可以求真主為你們注定的〔子女〕，可以吃，可以飲，至黎明時天邊的黑線和白線對你們截然劃分。然後整日齋戒，至於夜間。你們在清真寺裡幽居的時候，不要和她們交接。這是真主的法度，你們不要臨近它。真主這樣為世人闡明他的跡象，以便他們敬畏。

[195]你們當為主道而施捨，你們不要自投於滅亡。你們應當行善，真主的確喜愛行善的人。[196]你們當為真主而完成大朝和小朝。如果你們被困於中途，那麼，應當獻一只易得的犧牲。你們不要剃髮，直到犧牲到達其定所。你們當中誰為生病或頭部有疾而剃髮，誰當以齋戒，或施捨，或獻牲，作為罰贖。當你們平安的時候，凡在

---

2 齋月（Ramadan），又名「拉瑪丹月」，也就是回曆的九月。伊斯蘭教規定，穆斯林必須在見到新月時封齋一個月，在齋戒期間，白天要停止飲食和性事活動，日落之後才可恢復正常作息。

小朝後享受到大朝的人，都應當獻一只易得的犧牲：凡不能獻牲的，都應當在大朝期間齋戒三日，歸家後齋戒七日，共計十日。這是家眷不在禁寺區域內的人所應盡的義務。你們當敬畏真主，你們當知道真主的刑罰是嚴厲的。[197]朝覲的月份，是幾個可知的月份。凡在這幾個月內決計朝覲的人，在朝覲中當戒除淫辭、惡言和爭辯。凡你們所行的善功，真主都是知道的。你們當以敬畏做旅費，因為最好的旅費是敬畏。有理智的人啊！你們當敬畏我。[198]尋求主的恩惠，對於你們是無罪的。你們從阿拉法特結隊而行的時候，當在禁標附近記念真主，你們當紀念他，因為他曾教導你們，從前你們確是迷誤的。[199]然後，你們從眾人結隊而行的地方結隊而行，你們當向真主求饒。真主確是至赦的，確是至慈的。[200]你們在舉行朝覲的典禮之後，當紀念真主，猶如紀念你們的祖先一樣，或紀念得更多些。有人說：「我們的主啊！求你在今世賞賜我們。」他在後世，絕無福分。

出處

馬堅譯　《古蘭經》（北京：中國社會科學出版社，2013年），頁11-15。

延伸閱讀書目

大川周明譯注　《古蘭》，東京：岩崎書店，1950年。

林　松　《〈古蘭經〉在中國》，銀川：寧夏人民出版社，2007年。

劉介廉　《五功釋義》，北平：清真書報社，1931年。

王靜齋　《古蘭經譯解》，北京：東方出版社，2006年。

楊振業　《古蘭經韻譯注釋薈萃》，北京：宗教文化出版社，2008年。

Barnes, Trevor. *Islam: Worship, Festivals, and Ceremonies from around the World.* World Faiths. New York: Kingfisher, 2005.

Bhala, Raj. *Understanding Islamic Law: Sharī'a.* North Carolina: Carolina Academic Press, 2016.

貳參　麥加的布道：選自《古蘭經》〈阿瑪〉
（Koran: The Amma）

解題

　　伊斯蘭教的核心經典《古蘭經》是六一〇至六三二年期間由先知穆罕默德以「奉安拉頒降的名義」陸續在麥加（Mecca）和麥地那（Medina）兩地經由口述公佈的。穆聖去世之後，《古蘭經》曾經出現過版本繁多的手抄本，直至西元六五一年的正統哈里發時期（Rashidun Caliphate），這部經典終於在穆聖的第三位繼承人奧斯曼・伊本・阿凡（阿：Uthmān ibn ʿAffān，波：Osman, 644-656年在位）的手中劃定了章節，並抄錄出所謂的「奧斯曼定本」（阿：Mushaf ʾUthmān，英：Uthmanic codex）。《古蘭經》不僅是伊斯蘭教的根本經典，也同樣是第一部散文體的阿拉伯語文獻，在阿拉伯思想史、文化史以及世俗生活中都占有極其重要的地位。自從唐代傳入中國以來，《古蘭經》前後出現了多個中文譯本，其中王靜齋阿訇（1879-1949）的《古蘭經譯解》和楊仲明阿訇（1870-1952）的《古蘭經大義》都是可以傳世的版本，不過目前最為流行的是北京大學前東語系教授馬堅（1906-1978）的譯本。以下的選段來自《古蘭經》中最有名的一卷，名為「阿瑪」（阿：juzʺamma），包括了第七十八章到第一一四章的經文，該卷常常被用來當做伊斯蘭社群的童蒙教材，因此許多穆斯林都能背誦「阿瑪」中的一些章節。儘管這些經文是西元六二二年之前穆聖在麥加獲得的啟示，屬「麥加篇章」，但是在三十卷的《古蘭經》中卻被列為最後一卷，其內容主要是警示末日審判、提供道德倫理的教導以及肯定一神教的信仰，據說穆聖曾經建議他的追隨

者背誦這一卷的最後三章以便用於日常的驅魔和護佑。³

原文

第七八章　消息（奈白易）

這章是麥加的，全章共計四〇節。

奉至仁至慈的真主之名

[1]他們互相詢問，詢問什麼？⁴[2]詢問那重大的消息，[3]就是他們所爭論的消息。[4]絕不然！他們將來就知道了。[5]絕不然，他們將來就知道了。[6]難道我沒有使大地如搖籃，[7]使山巒如木樁嗎？[8]我曾把你們造成配偶，[9]我曾使你們從睡眠中得到休息，[10]我曾以黑夜為帷幕，[11]我以白晝供謀生，[12]我曾在你們上面建造了七層堅固的天，[13]我創造一盞明燈，[14]我從含水的雲裡，降下滂沱大雨，[15]以便我借它而生出百穀和草木，[16]以及茂密的園圃。[17]判決之日，確是指定的日期，[18]在那日，號角將被吹響，你們就成群而來。[19]天將被開闢，有許多門戶；[20]山巒將被移動，而變成幻影；[21]火獄確是伺候著，[22]它是悖逆者的歸宿，[23]他們將在其中居留長久的時期。[24]他們在其中不能睡眠，不得飲料，[25]只飲沸水和膿汁，[26]那是一個很適當的報酬。[27]他們的確不怕清算，[28]他們曾否認我的跡象，[29]我曾將萬事記錄在一本天經裡。[30]將

3　這一卷的最後三章是：第一一二章〈忠誠〉（Purity of Faith, 阿：Al-Ikhlas），第一一三章〈曙光〉（Daybreak, 阿：Al-Falaq）以及第一一四章〈世人〉（People, 阿：Al-Nas）

4　此處選文採用了《古蘭經》通用的標準引用格式，也就是在每小節之前保留了數字和括號，以表明經文的節數。

對他們說：「你們嘗試吧！我只增加你們所受的刑罰。」[31]敬畏的人們必有一種收穫，[32]許多園圃和葡萄，[33]和兩乳圓潤，年齡劃一的少女，[34]和滿杯的醴泉。[35]他們在那裡面聽不到惡言和謊話。[36]那是從你的主發出的報酬——充足的賞賜。[37]他是天地萬物的主，是至仁的主，他們不敢向他陳說。[38]在精神和眾天使排班肅立之日，他們不得說話，唯至仁主所特許而且能說正話的，才敢發言。[39]那是必有的日子，誰意欲，誰就擇取一個向他的主的歸宿。[40]我的確警告你們一種臨近的刑罰，在那日，各人將要看見自己所已做的工作，不信道的人們將要說：「啊！但願我原是塵土。」

第八一章　黯腿（太克威爾）

這章是麥加的，全章共計二九節。

奉至仁至慈的真主之名

[1]當太陽黯黮的時候，[2]當星宿零落的時候，[3]當山巒崩潰的時候，[4]當孕駝被拋棄的時候，[5]當野獸被集合的時候，[6]當海洋澎湃的時候，[7]當靈魂被配合的時候，[8]當被活埋的女孩被詢問的時候：[9]「你為什麼罪過而遭殺害呢？」[10]當功過簿被展開的時候，[11]當天皮被揭去的時候，[12]當火獄被燃著的時候，[13]當樂園被送近的時候，[14]每個人都知道他所作過的善惡。[15]我誓以運行的眾星——[16]沒落的行星，[17]和逝去時的黑夜，[18]照耀時的早晨，[19]這確是一個尊貴的使者的言辭，[20]他在阿爾史〔寶座〕的主那裡，是有權力的，是有地位的，[21]是眾望所歸，而且忠於職守的。[5]

5　「尊貴的使者」（noble messenger）指的是啟示穆罕默德的天使加百利（Gabriel）。西方的傳統認為加百利是七位大天使（Seven Archangels）之一，在猶太教、基督教和伊斯蘭教中都享有崇高的地位。後一句中的「阿爾史〔寶座〕的主」（Lord of the

[22]你們的朋友，不是一個瘋人，[23]他確已看見那個天使在明顯的天邊，[24]他對幽玄不是吝教的。[25]這不是被放逐的惡魔的言辭，[26]然則，你們將往哪裡去呢？[27]這只是對於眾世界的教誨——[28]對於你們中欲循規蹈矩者的教誨，[29]你們不欲循規蹈矩，除非真主——眾世界的主——意欲的時候。

第一一二章　忠誠（以赫拉斯）

這章是麥加的，全章共計四節。
奉至仁至慈的真主之名

[1]你說：他是真主，是獨一的主；[2]真主是萬物所仰賴的；[3]他沒有生產，也沒有被生產；[4]沒有任何物可以做他的匹敵。

第一一三章　曙光（法賴格）

這章是麥加的，全章共計五節。
奉至仁至慈的真主之名

[1]你說：我求庇於曙光的主，[2]免遭他所創造者的毒害；[3]免遭黑夜籠罩時的毒害；[4]免遭吹破堅決的主意者的毒害；[5]免遭嫉妒者嫉妒時的毒害。

第一一四章　世人（拿斯）

這章是麥加的，全章共計六節。
奉至仁至慈的真主之名

Throne）指的是真主安拉。

[1]你說：我求庇於世人的主宰，[2]世人的君王，[3]世人的神明，[4]免遭潛伏的教唆者的毒害，[5]他在世人的胸中教唆，[6]他是屬精靈和人類的。

出處

馬堅譯　《古蘭經》（北京：中國社會科學出版社，2013年），頁306-307、309、325-326。

延伸閱讀書目

馬堅、王靜齋　《古蘭經漢譯注釋彙集》，香港：香港天馬出社，2006年。

馬振武　《古蘭經：經堂語漢文，阿拉伯文，小兒錦對照本》，北京：宗教文化出版社，1995年。

井筒俊彥譯　《コーラン》，東京：岩波書店，1964年。

林　松　《古蘭經韻譯》，北京：中央民族學院，1988年。

Alam, Irshad. *Last Part of the Quran: A Spiritual Translation and Short Commentary*. Dhaka: Sufi Peace Mission, 2010.

Ayoub, Mahmoud. *The Great Tiding: Interpretation of Juz' 'ammā, the Last Part of the Qur'ān*. Toronto: Centre for Religious Studies University of Toronto, 1983.

'Azzūz, Ibrahim. *Juz' 'amma Wa-Tafsīruh, Min Al-Qur'ān Al-Karīm*. al-Qāhirah: Maktabat Miṣr, 1966.

Ibn Kathīr, Ismā'īl ibn 'Umar, and Sameh Strauch. *Tafseer Ibn Katheer: Juz' 'amma*. Riyadh: International Islamic Publishing House, 2008.

Qutb, Sayyid and Adil Salahi. *In the Shade of the Qur'an Vol. 18 (Fi Zilal Al-Qur'an): Surahs 78-114 (Juz' 'Amma).* Markfield: Kube Publishing Ltd, 2018.

Sa'dī, 'Abd al-Raḥmān ibn Nāṣir. *Tafseer as-Sa'di: Juz' 'ammâ: The Thirtieth Part of the Qur'an.* Riyadh: International Islamic Publishing House, 2014.

貳肆　飲食之道：選自《布哈里聖訓》
(*Hadith of Sahih al-Bukhari*)

解題

　　穆罕默德・伊本・易司馬儀・布哈里（Muhammad ibn Ismail al-Bukhari, 810-870）生於中亞名城布哈拉（Bukhara，今屬烏茲別克斯坦），是波斯著名的聖訓學家。所謂「聖訓」（Hadith 或 Sunna）是指先知穆罕默德的言行輯錄，在中國也被稱作「至聖寶訓」或「聖諭」。《布哈里聖訓實錄》（原名 *Jami'al-Sahih*）排在遜尼派（Sunni）的「六大聖訓集」之首，享有極高的權威性。為了選編這部聖訓集，布哈里歷時十六年尋訪了一千零八十名穆斯林長老，全面搜集了六十萬條聖訓的素材和轉述的系統，他考證出七三九七條可靠的聖訓正文並為之分門別類。全書共九十七卷，分為三四五〇章，歷代學者對《布哈里聖訓》的注釋層出不窮，多達百餘種，其中以埃及學者坎斯坦勒拉尼（Qastallani，卒於西元923年或1517年）的《夜行者的指南》（又名《求知者指南》，阿：*Irshad al Sari Sharh Sahih Bukhari*，英：*al-Sari's Guidance to Explain Sahih Al-Bukhari*）最富盛名。以下節選主要來自聖訓實錄的第七十章〈食物章〉（The Book of Foods），是研究伊斯蘭飲食習俗的重要資料。

原文

論飯前誦念奉真主之名

　　烏買爾・本・艾比賽乃曼說，當我受教於聖人時，還是個孩子，

吃飯時，我常常亂抓亂撒。聖人對我說：「孩子呀！吃飯時你當先念『奉真主之名』（畢斯彌拉），用右手吃，吃你跟前的。」自此以後，我吃飯的方法一直是聖人所教之法。

論餐食之豐盛

阿布胡賴勒傳，聖人說：「兩人的食物夠三人吃，三人的食物夠四人吃。」

阿布胡賴勒傳，有個人原先吃得多，他歸信伊斯蘭教之後便吃得少了。當這一情況傳至聖人時，他說：「為穆民者吃在一根腸子裡，異教徒吃在七根腸子裡。」[6]

論就餐

伊本・烏買爾的釋奴納裴傳，他說，伊本・烏買爾進餐時，常叫一窮人同他一起進餐，他不獨自進餐。我請來一人與伊本・烏買爾共同進餐，那人吃了很多。伊本・烏買爾對我說：「納裴啊！你再勿叫這人與我一起進餐了，因為我曾聽到聖人說：『為穆民之人吃在一根腸子裡，異教徒吃在七根腸子裡』」。

艾布・朱海派・賽瓦依傳，他說，他曾聽聖人講：「吃飯時我從不靠著吃。」

論聖人不褒貶食物

阿布胡賴勒傳，他說：「聖人從不褒貶食物，如稱心則吃，如不稱心則不吃。」

---

6 吃在一根腸子裡（eat in one intestine）是暗指穆斯林飲食有節制，並不貪戀飯食，這樣做有利於健康。

論吃大蒜和洋蔥

加比爾・本・阿布都拉傳，據他說，聖人曾講：「誰若吃了大蒜和洋蔥，則勿來我們跟前和進禮拜寺。」[7]

論飯後應作的祈禱

艾布烏馬買傳，他說，聖人在吃完飯後念：「眾多的、潔淨的、感歎的、不被拒絕的、不能拋棄的和不會不需要的讚美屬我們的養主安拉。」聖人有一次曾這樣祈禱：「我以不可翻臉不認的和對真主的恩賜不可否定的讚美來感贊讓我們飽食，使我們止渴的真主。」

論艾克坎

沙依曼・本・阿米爾宰比傳，他說，他曾聽聖人講：「要給男孩做艾克坎，你們要給男孩宰牲，然後再給他剃髮。」[8]

論食用宰牲節之肉

賽乃曼・本・艾克外傳，聖人說：「你們當中誰若宰牲，其肉勿保存三天以上。」第二年，人們問道：「使者啊！宰牲之肉仍像去年那樣處理嗎？」聖人說：「你們吃，你們送人，你們留著吃。去年，人們有困難所以那年我才讓你們用宰牲之肉周濟窮人。」

7　《布哈里聖訓》中也有數次談到大蒜、洋蔥和韭菜等的食用禁忌（四八五和四八六條），這一點和佛教類似，《梵網經》（巴：*Brahmajāla sutta*，梵：*Brahmajāla Sūtra*，英：*Sutra of Brahma's Net*）等佛經中指出，出家人和居士不可食用帶有刺激性的五辛（梵：pancaparivyaya，一般是指大蒜、茖蔥、慈蔥、蘭蔥和興渠）。

8　艾克坎（阿：Aqiqah 或 Aqeeqa）是指當嬰兒出生之時宰殺一到兩頭羊，作為對安拉的感激。此處的「剃髮」其實是指為新生兒剃胎毛。

論喝酒

阿布杜拉・本・烏爾買傳，聖人說：「在今世飲酒，而不對其懺悔者將失去後世的美酒。」

出處

坎斯坦勒拉尼（Qastallani）注釋，穆斯塔發・本・穆罕默德艾瑪熱編，穆薩・寶文安哈吉、買買提・賽來哈吉譯　《布哈里聖訓實錄精華》（北京：中國社會科學出版社，2003年），頁215-224。

延伸閱讀書目

布哈里（Bukhari）輯錄，祁學義譯　《布哈里聖訓實錄全集》，北京：商務印書館，2018年。

布哈里輯錄，祁學義譯，朱威烈、丁俊校　《布哈里聖訓實錄全集》，北京：宗教文化出版社，2008年。

牧野信也譯　《ハディース：イスラーム伝承集成》，東京：中央公論新社，2001年。

マグフール・アハマド・ムニーブ（Maghfoor Ahmad Muneeb）編，中村真子譯　《ハディース選文集：モハンマド預言者の言葉》，名古屋：イスラム・インターナショナル・パブリケーションズ，1988年。

小杉泰編譯　《ムハンマドのことば：ハディース》，東京：岩波書店，2019年。

Alfahim, Abdul Rahim. *The 200 Hadith: 200 Sayings and Doings of the Prophet Muhammad (May Peace Be Upon Him)*. Abu Dhabi: A.I. Alfahim, 1988.

Ali, Muhummad. *A Manual of Hadith*. New York: Olive Branch Press, 1988.

Jonathan A.C. Brown. *The Canonization of al-Bukhari and Muslim*. Leiden: Brill, 2007.

Zabīdī, Aḥmad Ibn Aḥmad, and Muhammad Muhsin. Khan. *The Translation of the Meanings of Summarized Ṣaḥīḥ Al-Bukhārī: Arabic-English*. Riyadh: Maktaba Dar Us-Salam, 1997.

貳伍 蘇菲之道：選自《迷途指津》
（*Deliverer from Error*）

解題

　　伊斯蘭教最引人入勝的元素可能是蘇菲神秘主義（sufism，或蘇菲派）。在伊斯蘭教法（sharia）占統治地位的早期，宣稱能夠與神合一的蘇菲修士（Sufi）不僅無法得到官方的認可，還常常因其異端的思想而遭受迫害。到了十一世紀，伊斯蘭哲學家安薩里（Ghazali 或 Algazel, 1058-1111）的出現，成功地改變了這一局面，使得蘇菲派在他之後能夠大行其道。安薩里生於呼羅珊（Khorasan）的圖斯（Tus，今屬伊朗），早年生活在塞爾柱突厥人（Seljuk Turks）統治的波斯世界，後受教於文化中心內沙布爾（Nishapur，又稱納霞堡）的學者，並前往巴格達的伊斯蘭最高學府尼查姆學院（Nizamiyya）擔任教授。一〇九五年，功成名就的安薩里卻陷入了一場精神危機，在意識到書本知識和宗教實踐之間的差距之後，他最終選擇了蘇菲之道並認為只有通過啟示和精神的修持才能領悟絕對的真理。之後他在大馬士革和麥地那等地遊學了十一年並修習苦行。安薩里將伊斯蘭哲學和蘇菲神秘主義融為一體，被尊稱為「伊斯蘭教權威」（阿：Hujjat al-Islam），他的主要著作有《聖學復蘇精意》（阿：*Ihya' Ulum al-Din or Ihya'u Ulumiddin*，英：*The Revival of Religious Sciences*）、《科學之標準》（阿：*Mi'yar al-'Ilm*，英：*Standard of Knowledge*）、《哲學的宗旨》（阿：*Maqasid al-Falasifah*，英：*The Aims of the Philosophers*）、《光龕》（阿：*Mishkat al-Anwar*，英：*The Niche of Lights*）、《幸福煉金術》（波：*Kīmyāyé Sa'ādat*，英：*The Alchemy of Happiness*）等。以下的選段來自

於他的自傳體名作《迷途指津》（阿：*Al-Munqidhmin al-Dalal*，英：*Deliverer from Error*），這一選文再現了他放棄大學教職而成為蘇菲修士的抉擇過程。

原文

在介紹過其他學派之後，現在來談談蘇菲派。我知道蘇菲派的道路是知與行結合起來才能完成的。所謂知就是去除心靈上的一切障礙，拋棄各種惡劣的品性，從而達到淨心，亦即心靈中除了對於安拉的紀念以外，再沒有其他的雜念了。對於我來說，瞭解這些遠要比做到這些容易。

為了瞭解蘇菲派，我開始閱讀相關的書籍，比如艾布·塔里卜的《心靈的食糧》一書，還有哈里斯·穆哈西畢、巴士塔米和朱奈德等蘇菲派長老的著作，直到我明白了他們追求知識的實質。[9]

通過學習和聽講，我從蘇菲的道路中，力所能及地掌握了能夠得到的知識。我發現他們最大的特點，就是不能通過學習知識而達到這一實質，而只能通過「澡格」（品嘗領受和體驗）、設身處地和改變品性來達到。

知道什麼是健康的標準，什麼是吃飽的標準，以及兩者的原因和條件，與真正健康的人和吃飽的人是兩回事兒；同樣，在知道醉狀——即它是胃中產生的一種氣體，能麻醉人的思維神經——與醉鬼

---

9 艾布·塔里卜（全名 Abu Talib al-Makki, ?-996），蘇菲神秘主義者，著有《心靈的食糧》（阿：*Qūt al-qulūb*，英：*Nourishment of Hearts*）。哈里斯·穆哈西畢（Harith al-Muhasibi, 781-857）是伊斯蘭哲學巴格達學派（Baghdad School）的創始人和蘇菲大師。巴士塔米（全名 Abu Yazid Bestami, ?-870）生於波斯，是蘇菲狂喜派（ecstatic school）的創始人。

之間的區別又是多麼大啊！醉鬼在醉酒後什麼都不知道了，更談不上知道什麼是醉狀了！反倒是健康的人才瞭解醉酒的標準、導致醉態的要素和醉態的表現；醫生在生病時，更能瞭解健康的狀態、致病的原因以及該用什麼藥物來治療；同樣，知道苦修的實質、所需要的條件及其原因，與真正的苦修和棄絕紅塵也是不可同日而語的。

我深信蘇菲們是言行一致的，並非是些誇誇其談的人。通過書籍，我學到了該掌握的；剩下的知識是無法從書本中得到的，而只能通過親自體驗才能獲得。還在我研究「沙里亞」知識和理性知識的時候，就產生了堅定的信仰，即信仰安拉、信仰穆罕默德是安拉的使者和信仰後世。[10]這三條基本信仰不是出於純粹的例證，而是隨著數不清的緣由、事件和經歷而深深札根於我的心靈。我已意識到，只有憑敬畏和擺脫各種欲望才能夠追求到後世的幸福，但首先要做的則是斷絕心對塵世的依戀和放棄虛幻的宅院，去追求永久的宅院，全身心地迎向安拉。要想達到這一目的，就必須拋棄功名利祿，放棄所有的瑣事和關係。

環顧一下我曾深深沉溺於其中的各種環境，我突然發現自己原來已被各種塵世的關係包圍住了；再看看我曾做過的所有工作，只有教書算是最好的工作了，可是我同樣發現這在走向後世的路上既不重要，也無裨益。

我再反省自己在教書時的真正舉意，卻發現自己的舉意並不是為了取得安拉的悅納，而是追求地位和揚名四海。我深信自己已經處於危險的邊緣，如果不盡快改變這種狀態，就會引火燒身！

我反思這個問題已有一段時間了，但一直猶豫不決。我第一天下決心離開巴格達，放棄自己的現狀，可是到了第二天又改變了這個決

---

10 沙里亞（Sharia或Shariah），意為伊斯蘭的教法，也就是穆斯林在宗教和世俗生活中都需要遵守的聖法。

定。我的一隻腳向前邁著，可是另一隻腳卻向後退著；我早上決心追求後世，可是到了晚上又被欲網籠罩住了！就這樣，我的決心又被沖淡了，我被現世中各種欲望的鎖鏈緊緊捆住了。信仰召喚我道：啟程！啟程！你的壽限無幾，而你所走的路卻很長，你所擁有的知識和功勞都是虛幻的，現在不為後世做好準備，要到何時呢？現在不斷絕這些關係，更等何時呢？

這種召喚一直縈繞不散，逃離的決心再次決定了！可是惡魔又來教唆說：這只是偶然的一種狀態，只要你不再理它，它就會很快消失的；如果你順應了它，而放棄了高官厚祿、舒適安逸和遠離紛擾的生活，待你再想恢復，可就沒那麼容易了！

從伊曆四八八年七月起，我陷於紅塵的吸引和後世的召喚這一矛盾之中，差不多有六個月的時間了。到現在，事情的發展則超出了可供選擇的範圍。我的口腔生病了，以至於不能再繼續給學生授課了。為了滿足大家的要求，哪怕講一天課也可以。但我的這種掙扎是徒勞的，由於病得厲害，我連一句話都說不出來。我的心因病情而愁苦不堪，消化功能也減弱了，飲而不下嚥，食而不消化，體力也大大地下降了。就連醫生對於治療都不抱什麼希望了，他們斷言：這種病與心理和性情有關，普通的治療是無效的，只有使得心病從不安和狂亂的狀態中有所解脫，病情方有好轉。

現在我深深地意識到了自己的無能，我不再選擇了！我把一切都交付給了安拉，安拉應答了我！「當無能者呼告安拉時，他的呼告受到安拉的應答。」我對於名譽地位和親友財帛也看得淡了。我決定到麥加去朝覲。我也想到敘利亞，但又不想讓哈里發和其他人對我的行蹤有所懷疑，於是採取了離開巴格達不再回來的脫身之計。我成為了伊拉克學界所非議的對象，這主要是由於他們中從沒有人曾因為宗教的原因而離開我已達到的。我已經得到宗教上的最高榮譽，這正是他們追求的目標。

對於我離開巴格達一事，人們有過很多猜測。離巴格達較遠的人認為這是出於對官方的覺察；而離官方較近的人則猜測官方極力地加強和我的關係，對我甚是關心，可我還是離開了他們。看看他們所說的：「這是天大的事件，沒有什麼原因，唯一的原因就是使得穆斯林和學者們遭到傷害。」

我離開巴格達時，除了帶有一些夠自己和孩子吃飯的錢外，其餘的都留了下來。因為在伊拉克得到的這些錢財，是一筆有意義的款子，是為穆斯林大眾服務的永遠管業。當然我也認為學者把這筆款項中的一些用在家屬身上是合適的。我到敘利亞後，大約住了兩年多時間。我像蘇菲派的書裡所說的那樣，徹底地靜下心來閉門苦修。我專注於淨心、修性和清心。為了紀念安拉，我在大馬士革清真寺裡住了一段時間，每天登上清真寺的宣禮塔，關起門來在裡面坐靜（伊爾提卡夫）。[11]

出處

安薩里（Al-Ghazālī）編著　《迷途指津、致孩子、箴言錄》（北京：宗教文化出版社，2012年），頁38-41。

延伸閱讀書目

安薩里（Al-Ghazālī）著，康有璽譯　《知識之書》，銀川：寧夏人民出版社，2017年。

---

11 宣禮塔（Minaret）意為尖塔或高塔，中國穆斯林稱之為邦克樓或望月樓，是清真寺群體建築的組成部分之一。坐靜（阿：i'tikaf，伊爾提卡夫），是心神專注的一種穆斯林功修，常常意味著摒棄世俗的糾纏並住在清真寺中專心致志地崇拜安拉。

安薩里（Al-Ghazālī）、賈米（Jami）、魯米（Rumi）　《蘇菲四書》，
　　　香港：香港基石出版公司，2007年。

安薩里（Al-Ghazālī）著、薩里赫・艾哈邁德・沙米（Salih Ahmad
　　　Sami）編　《聖學復蘇精義》，北京：商務印書館，2001年。

青柳かおる著　《ガザーリー：古典スンナ派思想の完成者》，東
　　　京：山川出版社，2014年。

薩利赫・艾哈邁德・沙米（Salih Ahmad Sami）著，張維真譯　《安
　　　薩里傳》，北京：華文出版社，2017年。

王　希　《安薩里思想研究》，北京：宗教文化出版社，2016年。

ガザーリー（Ghazzālī）著，中村廣治郎譯　《誤りから救うもの》，
　　　東京：築摩書房，2003年。

Ghazālī, and Richard Joseph McCarthy. *Al-Ghazālī's Path to Sufism and
　　　His Deliverance from Error: An Annotated Translation of Al-
　　　Munqidh Min Al-Dalal*. Louisville, KY: Fons Vitae, 2000.

Ghazālī, and W. Montgomery Watt. *The Faith and Practice of Al-Ghazālī*.
　　　Ethical and Religious Classics of East and West. London: G.
　　　Allen and Unwin, 1953.

Ghazālī, Nūrshīf Abdal-RaḥīmRifat, and George F. McLean. *Deliverance
　　　from Error and Mystical Union with the Almighty*. Washington,
　　　DC: Council for Research in Values and Philosophy, 2001.

貳陸　蘆笛之歌：選自《瑪斯納維》(*Masnavi*)

解題

　　札拉丁·魯米（Rumi，波：Jalāl al-DīnRūmī, 1207-1273），又名莫拉維（Maulavi），是波斯最著名的蘇菲派詩人和神秘學家。魯米少年時生活在呼羅珊境內的巴拉赫（Balkh，今阿富汗和塔吉克斯坦交界地區）。一二一八年，為了逃避即將到來的蒙古鐵騎，魯米一家輾轉來到塞爾柱突厥統治下的安納托利亞（Anatolia，當時又稱 Rum），魯米在科尼亞（Konya，今土耳其）定居並開始了他的蘇菲學者生涯。魯米不僅出生於宗教世家，而且還不斷地結交蘇菲詩人和神秘主義修士，這些交遊和唱酬都激發了他的文學熱情。魯米最著名的傳世之作──長篇敘事詩集《瑪斯納維》(*Masnavi*，波：*Masnavī-yi Maʿnavī*)──就是受到他敬愛的友人哈薩姆·丁（Hosamoddin，波：Ḥusām al-Dīn）的啟發而創作的。「瑪斯納維」又名「訓言詩」，本來是指一種中世紀波斯的雙行詩體，後來被專門用於指代魯米創作的這一經典詩篇。這部巨作分為六卷，一共包含了二五六二三聯詩句，詩篇將阿拉伯的箴言與歌謠、幽微玄奧的蘇菲主義體驗、《古蘭經》和《聖訓》的經文、波斯的寓言傳說，以及優美絢麗的語言融為一體，被奉為蘇菲文學的經典之作。以下所選的是《瑪斯納維》開卷的序詩（Exordium），名為〈蘆笛之歌〉(The Song of the Reed)。蘇菲主義追求的是與真主合一的神秘體驗，因此在這首哲理詩中，從蘆葦叢中分離出來的「蘆笛」象徵著人類失落的「靈魂」。人們因為脫離了本真的狀態而感到迷茫，而〈蘆笛之歌〉所吟唱的正是蘇菲行者經受神聖的「愛的火焰」的洗禮來回歸這種本真的渴望。魯米同時用波斯文和阿拉伯文寫作，有時

也會間雜以土耳其語和希臘語，他不僅在波斯文學和土耳其文學史上占有一席之地，更是至今都享有盛譽的世界文壇巨擘。除了大詩人的身份，魯米還是著名的莫拉維蘇菲教團（Maulaviyya Order of Dervishes）的奠基人，這一教團以旋轉的舞蹈和靈性的吟誦而著稱，至今依然影響著土耳其的文化。

原文

序　詩

奉至仁至慈的真主之名

1 請聽這蘆笛講述些什麼，它在把離愁和別恨訴說：
2 自從人們把我斷離葦叢，男男女女訴怨於我笛孔。
3 我渴求因離別碎裂的胸，好讓我傾訴相思的苦痛。
4 任何人一旦遠離其故土，會日夜尋覓自己的歸宿。
5 我向每一人群長吁短歎，與快樂者或悲傷者為伴。
6 人若帶著猜疑與我為友，對我心中隱秘並未視透。
7 我的隱秘緊隨我的吟唱，而俗耳凡目缺少那亮光。
8 靈魂肉體相依互無遮掩，靈魂卻是沒有人能看見。
9 這笛聲是火焰不是妄念，泯滅吧人若沒有這火焰。
10 傾注蘆笛的是愛的火焰，注入美酒的是愛的沸騰。
11 蘆笛只與斬情之人相匹，其聲聲旋律把帷幕揭啟。
12 誰似笛兼嘗毒藥與解劑？誰似笛相聚相思皆經歷？
13 蘆笛講述著殉情熱血錄，蘆笛吟誦著愛情瘋癲賦。
14 親近理智惟有喪失理智，舌頭的顧客惟有這聰耳。

15 在我們痛苦中光陰流逝，歲月總與悲愁相隨相依。

16 時光雖逝說去吧不可怕，只要純潔無比的你留下。

17 除了魚任何人都厭惡水，人沒有生計則日子難維。

18 得道滋味生手很難領悟，話語應當簡短這就結束。

19 你應當解脫束縛得自由，孩子你身陷金銀幾時休？

20 若把浩瀚大海盛入缽盂，你勞碌一天能夠裝幾許？

21 貪婪者的眼缽永難盛足，蚌不知足不會生出珍珠。

22 誰的外衣因愛情而碎裂，他就會免於貪婪和病缺。

23 歡樂吧我們的悲喜愛情，是我們各種病痛的醫生，

24 是我們妄自尊大的藥汁，你是柏拉圖是伽里努斯。[1]

25 泥身因愛情升上了天空，山峰跳起舞來迅速塌崩。

26 戀人啊愛使圖爾獲生命，雷電啊圖爾穆薩皆酩酊。[2]

27 如若我與知音芳唇緊吻，便似蘆笛一般訴說心魂；

28 誰如若與知音無緣相逢，縱有百種音調也不成聲。

29 待到花兒凋謝花園零落，你將無從聞得夜鶯啼說。[3]

30 戀人是面紗情人是全體，情人是永生戀人是死屍。

31 如果愛情不將他來照應，他就似無羽鳥般真不幸。

32 理智於我怎能前後皆有，若友人之光不在我前後？

1　希臘哲學家柏拉圖因為後來盛行的「新柏拉圖主義」（Neo-Platonism）而為中世紀的穆斯林所熟知，在他們的眼裡，柏拉圖變成了一位神秘主義者。伽里努斯（Galen，希：Galēnos, 129-216或130-201），又名「帕加馬的蓋倫」（Galen of Pergamum），是希臘的名醫，在拜占庭和穆斯林世界都具有影響力，代表了希臘的醫學。

2　《古蘭經》中的「圖爾」和「穆薩」，相當於《聖經・舊約》中西奈山（Mountain Sinai）和希伯來人的領袖摩西（Moses）。這裡的上下文暗指《古蘭經》第七章第一四三節（Quran 7:143）中的典故：真主因為顯露了自己的光華而讓山峰粉碎，目睹了這一切的穆薩暈倒在地上。

3　在古典的波斯詩歌之中，夜鶯和玫瑰的組合象徵著愛人與被愛的人。

33 愛情需要將這心聲吐露，明鏡豈能不現所映美目？

34 可知你鏡為何沒有美目？只因鏡面綠鏽不曾擦拂。

35 朋友啊請聽聽這個故事，個中真理直述我的胸臆。

出處

莫拉維（魯米，Rumi）著，穆宏燕譯　《瑪斯納維全集》第一卷（長沙：湖南文藝出版社，2002年），頁1-4。

延伸閱讀書目

安薩里（Al-Ghazālī）、賈米（Jami）、魯米（Rumi）著，康有璽譯《光龕、蘇萊曼和艾卜斯、春園（節譯）、愛的火焰》，北京：宗教文化出版社，2013年。

奧斯曼・努日・托普巴希（Osman Nuri Topbas）著，楊穎、康有璽譯　《蘆笛：來自心靈的樂章》，銀川：寧夏人民出版社，2016年。

魯米（Rumi）著，沙赫拉姆・希瓦（Shahram Shiva），白藍譯《偷走睡眠的人》，北京：華夏出版社，2016年。

井筒俊彥　《訳・解說ルーミー語録》，東京：中央公論社，1993年。

重城通子　《日本語訳あらかみさんぞう：ルーミー愛の詩》，東京：ナチュラルスピリット，2014年。

Jalāl al-Dīn, Rūmī, and J. A. Mojaddedi. *The Masnavi, Book One*. Oxford World's Classics. New York: Oxford University Press, 2004.

Palmer, Edward Henry. *The Song of the Reed and Other Pieces*. London: Trübner & co., 1877.

貳柒　東南亞的穆斯林：選自《伊本・白圖泰遊記》（*The Rihlah of Ibn Battutah*）

解題

　　穆罕默德・伊本・白圖泰（Muhammad Ibn Battutah, 1304-1377）是中世紀摩洛哥的知名旅行家和學者。白圖泰在其一生之中曾三次出遊列國，從一三二五年開始，他的遠遊斷斷續續歷時二十八年，旅程前後長達十二萬公里，足跡遍及亞、非、歐的許多區域，包括了阿拉伯半島、敘利亞、伊拉克、波斯、黑海地區、布哈拉、撒馬耳罕（Samarkand）、阿富汗、印度、錫蘭、東南亞等地。元至正六年（1346），伊本・白圖泰抵達中國，他曾經到過剌桐（泉州）、行在（杭州）、汗八里（大都）等地，考察民情風俗。一三五三年回到非斯（Fez）之後，白圖泰把自己的旅途見聞通過口述，由摩洛哥蘇丹的書記官伊本・朱澤依（Ibn Juzayy, 1321-1356）筆錄成書，名為《旅途列國奇觀錄》（阿：*Tuḥfat al-nuẓẓār fi gharāʾib al-amṣārwaʿajāʾib al-asfār*，英：*A Masterpiece to Those Who Contemplate the Wonders of Cities and the Marvels of Travelling*），俗稱《伊本・白圖泰遊記》（*The Rihla*）。該書文筆優美，覽勝搜奇，詳細記述了歐亞大陸中世紀諸國的政經社會、宗教人文、風俗地理，城廓建築、間雜以各地的人物行曆和奇聞逸事，是阿拉伯遊記文學的傑出代表。到了十九世紀中葉（1853-1858），《伊本・白圖泰遊記》的阿拉伯文手稿配以法文翻譯（法：*Voyages d'Ibn Batoutah*）在巴黎被分為四卷出版，目前此書已經被譯成十五種文字，這其中也包括了馬金鵬（1913-2001）和李光斌的兩個中文譯本。白圖泰幾乎走遍了當時所有的穆斯林國家，其中

也包括十三世紀之後才伊斯蘭化的東南亞地區。以下選段來自於這本
旅行見聞錄的第十五章（在部分英譯本中為第十章），敘述的是白圖
泰在離開印度之後作為蘇丹的使者前往緬甸和蘇門答臘（Sumatra）的
旅行。

原文

我們登上艟船，十五天後，到了巴拉赫乃卡爾國。[1]那裡的居民
是些野蠻人。他們既不信奉印度教，也不信奉其他宗教。

他們的居室極其簡陋，四周以葦箔為牆，頂上覆以乾草。這種草
生長在海岸邊，曬乾了用來覆蓋屋頂。

那裡樹木茂密，種類很多，有香蕉、檳榔、蔞葉等等。

……

船隊靠岸時，除原先曾在這裡的居住過的人可以上岸外，所有船
客一律不許登陸到人們家中去做客或住宿。他們與外地人做買賣，只
限在岸邊進行。他們也給外來船隻供應淡水，運輸工具是大象。那是
因為路遠，又不敢讓船客自己來運水，唯恐他們的妻子們會傾心於俊
美的外來男人。他們那裡象很多，但是只有一人可以騎用，那就是他
們的素丹。素丹購買商人們的布匹。

他們的語言很怪，一般人聽不懂，只有那些常和他們打交道，與
他們共住過一段時間，以後又不斷去拜訪他們的人才懂得。

當我們的船靠岸時，當地土人也駕著一隻只小舟向我們駛來。
這些小舟都是用獨木鑿成的，舟中裝有香蕉、大米、檳榔、蔞葉和鮮
魚等。

---

1 巴拉赫乃卡爾國（Barah Nakar），一般認為這是一個位於緬甸若開海（Rakhine Sea）
中的島嶼國家。

他們的素丹騎著大象來了，象背上安放著皮製的駄鞍。素丹穿的是山羊皮衣，毛朝外，頭上披著三條彩色絲質頭巾，手中握著竹矛。隨他而來的有二十餘人，都是他的親戚。他們與素丹同騎一象。我們向素丹進獻了禮物，有胡椒、鮮薑、桂皮、宰依白馬赫勒島特產鮭魚、孟加拉布等。他們自己不穿衣服，但在節日裡卻把成匹的布做成衣服給大象穿上。

……

廿五天後，我們的航船駛進了闍婆國海域。[2]闍婆乳香就是本地產品。我們發現闍婆島離我們只剩半天的路程了，遠遠望去，整個海島已被綠樹覆蓋，一片蒼翠。樹林中居多的是高大挺拔的椰子、檳榔、丁香、印度沉香、荒菱子、芒果、柘檬、甜橙和樟腦樹。與當地人交易要用錫塊和沒有鑄成錠的中國沙金。當地的香料大多出在異教徒地區，穆斯林地區很少。

當我們的航船駛進碼頭時，當地人駕著小船向我們駛來，小船上載有椰子、香蕉、芒果和鮮魚。

按照他們的習慣，小船上的東西是他們送給外來客商的見面禮，收到禮物的人則可根據自己的能力給他們一些酬謝。海主的代表博賀路茲也登上我們的航船，親自查問過與我們同船的商人之後才允許我們上岸。

上岸後，我們在班德爾下榻。這是個坐落在海岸邊的大村莊。村中有一些住宅，他們叫賽樂哈。班德爾與市鎮相距四阿拉伯里。後來，博賀路茲為我寫了一封給素丹的信，告訴他我已經到了。

埃米爾下令讓刀萊賽出面接見我。陪同他一起來的還有高貴的推事埃米爾賽伊德·設拉子和台給優丁·伊斯白哈尼和其他教法學家。

2　闍婆國（Java或Jawa），舊稱爪窪，也就是今天蘇門答臘。

他們一起出城，還帶了素丹儀仗中的一匹馬及其他馬匹來迎接我和我的夥伴們。我們騎上他們帶來的馬，由他們引領著一起前往該國的首都蘇門答臘。蘇門答臘是一座美麗的大城市，城垣是木頭的，城頭的瞭望塔也是木質結構的。

闍婆的素丹札希爾王是一位賢明的君主。他慷慨仁義、信奉沙斐儀學派的主張、寵愛教法學者。[3]教法學者們常到他的議事室為他誦讀《古蘭經》和頌揚真主。這位素丹崇尚武功，同時又很謙恭，每逢星期五聚禮時，他總是步行前往清真寺。他的子民們也都信奉沙斐儀學派的主張，都和他一樣崇尚武功。凡有征剿，他們都自願追隨其左右，和周圍的異教徒戰鬥。他們征服了周圍的異教徒，異教徒們為了求得和解，只好向他們交納貢品。

當我們來到素丹府附近時，見通道兩旁插著許多長矛。這是他們的一種標記，示意騎馬者到此務必下馬。誰要是仍然騎在馬上，那是絕對不許從此通過的。我們在此下了馬，進入宮中，首先見到了素丹的代表，人稱「國王的股肱之臣」。他一見我們便站起身來向我們致意。他們的見面禮是和來賓一一握手。見禮畢，大家坐下。

他隨即在一張稟條上寫明我們一行到來的消息，蓋印後派遣一名菲特彥逕直送往素丹處。待這位菲特彥返回來時，把素丹的答覆也帶回來了。素丹的答覆就在那張稟條的背面。

接著有人給送來了布格舍——黑絲面紗巾包。素丹的代表接過後，拉著我的手把我們幾個引進了一間小屋，他們稱之為單間，是他白天休息的地方。

他們那裡有個規矩，晨禮後，素丹的代表要到宮中主事，直到宵禮的最後一次禮拜結束後才可以離開。因此，這裡為他安排了小憩的

3　這裡的札希爾王（Ahmad al-Malik az-Zahir, ?-1404）是統治蘇門答臘的蘇丹。

單間。其他宰相和各位親王也都如此，各有單間以備白天休息之用。

素丹的代表從黑絲面紗巾包中取出三塊圍裙，一塊是純絲的，一塊是絲棉混織的，另一塊是絲麻混織的。他又取出三塊毛巾布，他們稱之為內衣。隨後他又取出三塊不同種類的布，他們稱之為中衣。接著，又取出三塊亞麻布，其中一塊是白色的。最後他又取出三條纏頭巾。按照他們的規矩，我取了一塊圍裙裹起來，代替人們通常穿的褲子，並把每種布披上一塊當衣服穿。我的朋友們將餘下的布一一披上。

待我們個個穿戴齊整後，飯菜已安排就緒，主要是米飯。接著送上來的是大麥酒，最後是蔞葉，這意味著我們該告辭了。我們拿了蔞葉後就起身了。素丹的代表見我們起身也就起身相送。我們一起出了宮門。

我們上馬，他也隨我們上了馬。他把我們帶進一座四周築有木頭圍牆的果園。園中夾有一幢木頭房子。室內鋪設著各色天鵝絨，還有好幾張竹床。床上鋪著絲綢褥墊，綢緞薄被和枕頭。他們稱枕頭為巴勒什特。

我們在素丹的代表陪同下，剛在房內坐定，埃米爾刀萊賽帶來兩名女侍、兩名男僕。他對我說：「素丹說：『這是我們的一點小意思，與穆罕默德素丹的相比，就太不成敬意了。』」

然後，素丹的代表就出去後，埃米爾刀萊賽就進來了。埃米爾刀萊賽留下來陪著我。我和他是老相識了，因為他曾作為素丹的使者出使德裡。我問他：「我何時可見素丹？」

他答道：「按照我們的慣例，來訪者要在三天以後才能拜見素丹。這是為了讓我們的貴賓消除旅途的勞頓，恢復體力，清醒頭腦。」

無奈，我們也只得客隨主便住下來。三天內，一日三餐都有人送上門來，一早一晚還有各色水果和禮物。第四天，適逢星期五，埃米爾刀萊賽來了，他對我說：

「做完聚禮，請你到清真寺的貴賓室去拜見素丹。」

我到清真寺和素丹的侍從蓋葉蘭一起參加了星期五的聚禮。然後晉見素丹，只見推事埃米爾賽伊德及其弟子們相隨在素丹左右。素丹和我握手歡迎，我也向他行禮致意。他讓我坐在他左邊。他先詢問了穆罕默德素丹的近況，又詳細地問及我旅途中的趣聞逸事，我一一作了回答。

接著，他又研討起沙斐儀學派的教法學來，一直到做晡禮時才結束。做完晡禮，他起身走進那裡的一間小屋，脫下那套教法學家的衣服。那件衣服是他星期五步行去清真大寺時穿的教法學者服。然後，他又換上國王的服飾——絲棉混紡的皇袍。

當他從清真大寺出來時，象和馬匹都已牽在寺門外恭候他了。他們那裡有個習慣，如果素丹上了象背，隨行人員就得騎馬；如果素丹騎馬了，那隨行人員就得乘象，學者們則在其右側相伴。那天，素丹出寺門就乘了象，我們大家便上了馬，隨他一起前往王宮。

待到宮門口時，按規矩我們都下馬步行，只有素丹一人騎象入宮。宰相、親王、書記官、國家要員、軍界領袖等等均已在宮中列隊靜候了。

站在第一排的是素丹的四位宰相和書記官們。當素丹進來時，四位宰相和書記官們出列向他致敬，禮畢就退入隊中，站在他們應站的地方。

接著，親王們出列向素丹致敬，禮畢，退入隊列。其他人也都按官爵的大小、地位的高低一隊隊、一列列地向素丹行禮。然後是貴族和教法學家的行列，繼之是素丹的酒友、哲人和詩人們，再者是軍界的頭面人物，最後則是菲特彥和麥馬立克的隊伍。

素丹在圓頂議事宮對面騎在大象背上接受大家的敬意。他的頭頂上方高高地張著一把鑲飾寶石的華蓋。他的左右兩面各排列著五十隻

披紅掛彩的大象和一百匹駿馬。那些駿馬是值班的馬匹。幾位內侍長官畢恭畢敬地站在素丹的面前。

不久，一隊男歌手進來為素丹演唱。歌罷，一隊披著彩綢、四腿帶著金鐲、馬嚼環上繫著繡花綢韁的馬匹被牽了進來。這些打扮得花團錦簇的馬兒便在素丹面前舞蹈起來。這可使我讚歎不已。這種場面我曾在印度國王那裡見到過。直到夕陽西下，素丹才進入室內，人們也才緩緩離去。

出處

伊本‧白圖泰（Ibn Batuta）口述，伊本‧朱笛（Ibn Juzayy）筆錄，李光斌譯　《異境奇觀：伊本‧白圖泰遊記》（北京：海洋出版社，2008年），頁527-530。

延伸閱讀書目

馬金鵬譯　《伊本‧白圖泰遊記》，銀川：寧夏人民出版社，1985年。

家島彥一　《イブン・ジュバイルとイブン・バットゥータ：イスラーム世界の交通と旅》，東京：山川出版社，2013年。

Dimeo, David, and Inas Hassan. *Travels of Ibn Battuta: A Guided Arabic Reader*. Cairo: The American University in Cairo Press, 2016.

Ibn, Batuta. *Riḥlat Ibn Baṭṭūtah*. Bayrūt: Dārsādir, 1964.

Ibn, Batuta, and Tim Mackintosh-Smith. *The Travels of Ibn Battutah*. London: Picador, 2002.

Mackintosh-Smith, Tim, and Martin Yeoman. *The Hall of a Thousand Columns: Hindustan to Malabar with Ibn Battutah*. London: John

Murray, 2005.

Mackintosh-Smith, Tim, and Martin Yeoman. *Landfalls: On the Edge of Islam with Ibn Battutah*. London: John Murray, 2010.

貳捌　論靈魂：選自伊本・西那《治療論》（*The Book of Healing*）

解題

　　伊本・西納（Ibn Sina），又名阿維森納（Avicenna, 980-1037）生於中亞名城布哈拉（Bhuhara）附近的阿福沙納（Afshana），是中世紀波斯的傑出醫師和哲學家，同時也是享譽世界的伊斯蘭文化名人。伊本・西納的一生雖然顛沛流離，輾轉於中亞和伊朗的各地，但是他一直筆耕不輟，留下了大批影響力深遠的作品，這其中的代表作包括《藥典》（阿：*Al-Qānūnfī al-ṭibb*，英：*The Canon of Medicine*）、《治療論》（阿：*Kitāb al-shifā*，英：*Book of Healing*），以及《指導與評論》（阿：*Kitāb al-ishārāt wa al-tanbīhāt*，英：*Book of Directives and Remarks*）。以下的選段來自他的百科全書式的巨作《治療論》。薩曼王朝（Samanid Dynasty, 874-999）覆亡之後，伊本・西納來到花剌子模（Khorazm 或 Khwarism）躲避戰亂，在此期間他完成了十七卷的哲學論著《治療論》。據說伊本・西納寫作該書的目的是為了治癒人類的心靈，因此本書的第六卷集中探討了心理學和靈魂的問題，這一章節因為其重要性而常常被抽出來單獨出版。有關靈魂的哲學討論，伊本・西納參考了亞里士多德（Aristotle，前384-前322）的二元論，認為靈魂同形體可以和諧共存，但是同時伊本・西納也指出靈魂是不朽的，它的來源是真主的神聖的「溢出」。

原文

　　至於那些曾經把有生命的東西看成不用解釋的人，其中有一些人說過靈魂是天然的熱，因為生命是憑這種熱而存在的。其中又有一些人的說法相反，認為靈魂是冷，因為「靈魂」由「噓氣」而來，而噓氣是清涼的東西；因為這個緣故，靈魂是為了保持靈魂的實體而由呼吸吹涼了的東西。其中有些人曾經說，靈魂大約是血液，因為當血液流盡的時候，生命就消失了。其中又有些人曾經說：正好相反，靈魂是混合物，因為只要混合保持穩定，健康就不會變壞。其中有些人曾經說：靈魂大約是各種元素之間的組合與關係，這是因為我們知道，必須有一定的組合，一個動物才能從元素產生出來；同時也是因為靈魂是一種組合，所以它傾向於由一些快意的質料如香氣和味道組成的東西，並且在其中得到快樂。

　　在人們中間，有一些人曾經認為靈魂是真主（高於異教徒們所說的東西之上），並且認為真主之在萬物之中，是按照著萬物的位分的。所以真主在一種事物中是本性，在另一種事物中是靈魂，而在另一種事物中則是理智——理智乃是事物的榮譽。但是，真主是超乎人們加給他的東西之上的。[1]

　　這些就是最古的哲學家們關於靈魂問題的學說，但是都是錯誤的。
　　……

　　靈魂之所以不與形體一同死亡，是因為一切事物之由另一件事物的毀滅而毀滅，乃是就其以一種依存關係依存於另一件事物來說的。

1　儘管伊本・西納的大部分作品秉承了理性和唯物主義的觀點，但是他在著作的某些章節中也會表露出神秘主義和唯心主義的傾向。在《論靈魂》一書中，伊本・西納將世界的存在歸結為真主的神聖性，因此他認為真主是超越靈魂和其他一切事物的第一因。

而一切事物對另一事物的依存，或者是在存在方面後於這另一事物的東西的依存；或者是在存在方面先於它的東西的依存，而所謂在先，是就本質而言，不是就時間而言，或者是在存在方面與另一事物相等的東西的依存。

如果靈魂對形體的依存是作為在存在上與另一事物相等的東西的依存，那麼，這種依存對於它既是本質性的而非偶性的，這兩件東西就會在本質上與它的伴侶相關，而無論靈魂或形體就會都不是實體；然而靈魂和形體都是實體。

如果這種依存是與偶性有關的，並不是本質性的，如果二者之一毀滅了，另一個（偶性的方面）就會從關係中請失，但是隨著它的毀滅，本質並不會在這個依存關係的涉及者中間毀滅。

如果一物對另一物的依存是在存在方面後於這另一物的東西的依存，形體就會在存在方面是靈魂的原因。而原因一共有四種。或者是，形體對於靈魂乃是作用因，給予靈魂以存在；或者是，形體對於靈魂乃是採取組合方式的接受因，如各種元素之於形體，或者是採取單純方式的接受因，如青銅之於雕像，或者是形式因；或者是成就因。

……

前面的是一種向上的觀看，而這裡的則是一種向下的觀看。因此如果靈魂擺脫了形體和形體的偶然品質，它就會能夠憑著一種完滿的結合與活動理智相結合，在那裡遇到理智的美和永恆的歡樂，這一點我們將在適當的地方講。

要知道，不管學習是來自並未知道的東西的，還是來自已經知道的東西的，在學習這件事上面，是有一些不同的等級的。因為在學生中間，有一些人是直接去理解的，因為他們的能力在我們所講過的那種能力之上，是比較活躍的。因此，如果人在他和他的靈魂之間的東西方面具有這種能力，這種活躍的能力就稱為理智直覺。但是這種能

力有時候在一定的人身上增長，因而他為了與活動理智相結合，並不需要多數的東西，也不需要教育和教導；相反地，他在能力方面是很強的。因為這個緣故，有第二種能力在他身上達到現實，說得更明白一點，就好像他是由自己認識所有的東西似的。這是這種能力的最高等級。

質料理智的這種性態應當稱為神聖理智；但是這種性態屬裝備理智這個「種」，除非神聖理智是最高的。它並不屬人人共同具有的東西……但是這屬那種在量上和質上包含著不同等級的東西。在量的方面，這是因為某些人具有著數目上最為繁多的理智直覺，以便發現中項；在質的方面，這是因為某些人具有著在時間上最為敏捷的理智直覺；這種不均等是不能歸結到一個限度的，它經常接受增長和減縮，減縮到極度，這種不均等就最後達到一個毫無理智直覺的人。增長到極度，它也就最後達到一個在一切或大部分待解決的問題上具有一種理智直覺的人，達到一個在最快最短的時間內具有一種理智直覺的人。

因此，在人們中間，有可能有一個個人，他的靈魂由於極度純淨、由於與各種理智本原密切結合而堅強有力，直到激起一種理智的直覺，我的意思是說，他從對一切事物進行活動的理智接受各種理智本原，在他心中印著活動理智中的形式，可能是一下印上的，可能是幾乎一下印上的，並非以一種摹仿的方式，而毋寧是依照著一種包含若干中項的次序。因為在那些僅僅通過原因而被認識的東西方面，摹仿的材料並沒有充分的確定性，並不是可理解的。這就是一種預見，或者說得更明白一點，乃是預見的最高機能，這種機能最值得稱為神聖的機能，乃是人的各種機能中最高級的機能。[2]

2　在理性認識上，伊本・西那從唯物主義轉向了唯心主義和泛神論。他認為理性認識

出處

伊本・西那（阿維森納 Avicenna）著，王太慶譯 《論靈魂──〈治療論〉第六卷》，（北京：商務印書館，2009年），頁21、233-234、256-258。

延伸閱讀書目

丁士仁譯著 《阿拉伯哲學名著譯介》，北京：中國社會科學出版社，2014年。

イブン・シーナー（Ibn Sīnā）著，木下雄介譯 《魂について：治癒の書自然學第六篇》，東京：知泉書館，2012年。

Avicenna, and JánBakoš. *Psychologie D'ibn Sina (Avicenne) D'après Son Oeuvre aš-Šifā'*. Prague: Editions de L'Académie Tchécoslovaque des Sciences, 1956.

Avicenna, and Fazlur Rahman. *Avicenna's Psychology: An English Translation of Kitābal-Najāt, Book II, Chapter VI, with Historico-Philosophical Notes and Textual Improvements on the Cairo Edition*. Westport, Conn.: Hyperion Press, 1981.

Avicenna, and Michael E. Marmura. *The Metaphysics of the Healing: A Parallel English-Arabic Text.* Provo, UT: Brigham Young University Press, 2004.

'Alī ibn Muḥammad ibn, al-Walīd, Wilferd Madelung, Toby Mayer, al-Walīd'Alī ibn Muḥammad ibn, and Institute of Ismaili Studies.

和外界的客觀條件無關，但卻和靈魂有關，他將最高級的理智活動定義為「神聖理智」，而且他認為這一特質是極為罕見的，只有少數人才擁有這種稟賦。

Avicenna's Allegory on the Soul: An Ismaili Interpretation. London: I. B. Tauris Publishers, in association with The Institute of Ismaili Studies, 2016.

Callus, D. A., Richard William Hunt, Michael Dunne, John Blund, and British Academy. *Treatise on the Soul.* Oxford: Published for the British Academy by Oxford University Press, 2013.

貳玖　漢人的天方學：選自《五更月》
(*The Moon Before Dawn*)

解題

　　隨著伊斯蘭在歐亞大陸的傳播，穆斯林的經典語言也從單一的阿拉伯文擴展到波斯文、突厥語和中文，中國的回教也由此催生了一種特殊的文獻類型：穆斯林漢文經典（漢克塔卜 Han Kitab）。在使用漢文闡發伊斯蘭教義的學者之中，清代的著名哲學家劉智（字介廉，1660-1739）因為會通了儒釋道而折衷於天方之學而受到伊斯蘭教道堂的推崇，被尊為「大伊瑪目」和「聖教功臣」。劉智生於回教的經師世家，幼習《古蘭經》等天方經典、青年時期博覽諸子百家和西洋雜書，又學阿拉伯文和波斯文，之後他「以儒銓經」，翻譯和著述了包括《天方性理》、《真鏡昭微》和《天方至聖實錄》在內的數百卷作品。以下的選文是劉智模仿傳統中國詩詞的比擬手法而創作的一首帶有神秘主義色彩的性理哲言詩，名為《五更月》（又名《五更經》或《清真五更月》）。這一作品按照月夜五更的時序，通過月亮的陰晴圓缺等十五種動態來概括劉智在《天方典禮》中提出的天道觀並借機闡發蘇菲派的教義。《五更月》因其獨特的譬喻和詩詞比興手法的運用，歷來深受穆斯林民眾的讚賞，在西北廣為流傳。[1]

1　《五更月》將五個更次的月光分成初、中、末三個階段（每段五十三字），分別是
　　一更時的生、新、高；二更時的嬌、圓、輝；三更時的清、朗、端；四更時的偏、
　　西、盈，以及五更時的缺、淹、落。劉智通過簡潔但又寓意深遠的文字表達了伊斯
　　蘭教參悟真宰、思忖人生、求真訪道、以及歸真覆命的蘇菲主義思想。

原文

一更初，月正生，參悟真宰無影形。妙難喻，無所稱，不落方所乃實真。永活亙古無終始，獨一無偶唯至尊。開造化，理象成，大命立開眾妙門。

一更中，月正新，參慧無極性理根。元氣剖，陰陽分，萬物全備人極生。無極是種太極樹，樹藏果內果即根。慎分明，須認真，莫把種作種根人。

一更末，月正高，定信吾教異諸教。修後世，望恕饒，遵行天命與聖條。順享天堂無限福，逆罰地獄受刑牢。勸童稚，莫逍遙，免得此後哭嚎啕。

二更初，月正嬌，人生世上命不牢。貪榮華，終日勞，身入苦海受煎熬。百年三萬六千日，人生七十古來少。勸童稚，細推敲，瞥眼一時無常到。

二更中，月正圓，呼吸二氣莫放閑。減飲食，聊睡眠，常把真言記心間。青銅寶劍休離手，斬斷恩愛除妄緣。從此間，步步前，得登道岸見真元。

二更末，月正輝，人心唯危道心微。轅馬劣，龍虎威，關口重迭山崔巍。雖有青鋒難敵鬥，怎能砍開出重圍。訪名師，求護衛，透過玄關得真機。

三更初，月正清，大道不離本身尋。乾坤大，物難名，盡向微軀方寸臨。道包天地人包道，貫徹表裡與粗精。知的確，好登程，認已明時認主明。

三更中，月正朗，一顆明珠海底藏。忙登程，駕輕航，翻入龍窩層層浪。受盡千般無限苦，撈得明珠無價償。緊護持，莫放蕩，富貴好回原家鄉。

三更末，月正端，一心要從玉院看。登九霄，叩玉環，仙童把盞赴宴歡。采得幾般靈妙藥，製成濟世妙金丹。遇病夫，贈一丸，醫得疲癃壽南山。

四更初，月正偏，嫦娥梳妝玉樓前。體似酥，麵粉團，蹁躚嫋娜賽天仙。抖擻精神凝魂魄，謫下凡塵配姻緣。男女歡，陰陽聯，相親相愛無限年。

四更中，月正西，濁體怎能歸真一？爐裡鍛，火中燒，銷盡鉛華存精汁。不經千錘百煉功，怎能寶鼎金甌匹。主命喚，莫敢違，全體歸真上太虛。

四更末，月正盈，克己復禮至性存。踐三乘，過五行，成全四藏是真人。昆侖寶鏡原屬我，萬物之中我為尊。掌慈航，渡迷人，便寓真誠惻隱心。[2]

五更初，月正缺，胸藏一壺真日月。天已卷，地已裂，萬物相朽理弗滅。一障一消真容現，色妙二世俱透徹。雖有口，卻無舌，難與凡人說妙訣。

五更中，月正淹，清心顯性道大全。升降合，循環完，一歸本然渾人天。更超明象真諦現，三忘盡時本然燦。形體化，兩弧圓，盡終返始歸自然。

五更末，月正落，覆命歸真上的羅。無色府，無相所，無聲無臭真寂寞。一塵一粟全體大，一呼一吸終古多。渾世象，全種果，依然最初獨自樂！

---

2 劉智博通百家並折中於天方的特點在這一段中顯露無遺。「三乘」指的是蘇菲的功修道路，也就是禮乘、道乘和真乘的精神修煉過程。「五行」借用了中國傳統的金、木、水、火、土五種元素，暗指後天的萬象世界，劉智的「過五行」是鼓勵行者棄絕世間的種種誘惑，專注於修行。和五行學說一樣，「四藏」表面上是指身體中的四臟（肝、腎、脾、肺），但是在劉智的學說體系中（如《天方性理》卷三），四臟象徵著先天的無形世界，因此「成全四藏」也就代表了行者返樸歸真並和神秘的真宰合二為一的終極目標。

出處

余振貴　《中國伊斯蘭教歷史文選》下冊（北京：宗教文化出版社，2009年），頁468-469。

延伸閱讀書目

金宜久著　《中國伊斯蘭探秘：劉智研究》，北京：中國人民大學出版社，2010年。

孫振玉　《王岱輿、劉智評傳》，南京：南京大學出版社，2011年。

佐藤実著　《劉智の自然學：中國イスラーム思想研究序說》，東京：汲古書院，2008年。

Ben-Dor Benite, Zvi. *The Dao of Muhammad: A Cultural History of Muslims in Late Imperial China.* Harvard East Asian Monographs 248. Cambridge: Harvard University Press, 2005.

Frankel, James D. *Rectifying God's Name: Liu Zhi's Confucian Translation of Monotheism and Islamic Law.* Honolulu: University of Hawai'i Press, 2011.

Petersen, Kristian. *Interpreting Islam in China: Pilgrimage, Scripture, and Language in the Han Kitab.* American Academy of Religion Academy Series. New York: Oxford University Press, 2018.

印度教

參拾　創世之歌：選自《梨俱吠陀》（*Rg Veda*）

解題

　　印度教是印度最古老的宗教，早期的印度教又被稱作吠陀教（Vedism 或 Vedaism），這是一種雅利安人（Aryan）從伊朗高原和中亞遷居印度時帶來的原始宗教。顧名思義，吠陀教的主要教義和儀式都包含在一組名為「吠陀」（Veda，意為「知識」或「明論」）的梵文經典之中。印度教認為吠陀是由古代的仙人（梵：rishi）受到神的啟示而誦出的根本經典（天啟經典），這批歷史文獻一般被分為四個部分，即《梨俱吠陀》（*Rg Veda*）、《娑摩吠陀》（*Yajur Veda*）、《夜柔吠陀》（*Sama Veda*）、《阿達婆吠陀》（*Atharva Veda*）四部本集。《梨俱吠陀》是最古老的一部吠陀，收有祭祀眾神的讚歌和禱詞一〇二八首，共分為十卷（梵：mandala），大約成書於西元前一五〇〇到前一〇〇〇年之間。《梨俱吠陀》讚頌的主要是雷神因陀羅（Indra）、火神阿耆尼（Agni）、酒神蘇摩（Soma）以及水神伐樓拿（Varuna）等早期的雅利安主神。以下這首選自《梨俱吠陀》的小詩名為《創世之歌》（梵：Prajapati Paramesthin，英：The Hymn of Creation），在詩中不知名的作者通過提問的方式來探尋宇宙的存在本源，這一作品也常常被其他的各類文選所引用，可以說是《梨俱吠陀》的代表作之一。

原文

那時候無所謂存在與不存在
既無大氣，亦無大氣之上的天空。
何物遮蔽一切？在何處？受何物之保護？
那可是深不可測的水之深淵？[1]

那時候既無死亡亦無永生；
日與夜尚無區分。
那「唯一」獨自平靜生息，
除此之外一無所有。[2]

那黑暗起初在黑暗中躲藏，
這宇宙是混沌之水。
獨自藏於虛無之中者
為熱烈之力所開發。

隨後首次產生最初之欲望，
其中包含最初的精神萌芽。
心中不斷索求的聖人
於虛無中發現存在之紐帶。[3]

---

1 這一頌以否定的陳述開始，提出了宇宙進化論（cosmogony）的問題，並提到了「水之深淵」。《聖經》〈創世紀〉的開篇（創1:1-2）寫道：「神的靈運行在水面上（the Spirit of God was hovering over the waters）」，可以用來和這一段比較。
第二頌認為超越生死的狀態是「唯一」（the One），這也是創造的源頭。從比較宗教學的視角來看，佛教也指出涅槃的實相是無生（梵：anutpanna）和不造作，並將其引申為一種能夠拔除生死流轉之煩惱的狀態。

然後他們的紐帶逕直伸展：
然後上面是什麼？下面又是什麼？
存在的是給予原則和權力的生命；
在初始之下——向上之努力。

有誰知道？誰在這裡能確切告訴我們
這個宇宙由何而來？如何而來？
是否先有宇宙後有神？
誰能知道宇宙由何而來？

這個宇宙的緣由何在，
它是否創造之對象，
只有他知道法則，這天上最高
無所不見的主——抑或他也不知？

出處

奧立弗・約翰遜（Oliver Johnson）、詹姆斯・霍爾沃森（James Halverson）編，馬婷、王維民等譯，楊恆達校 《世界文明的源泉上》第三版（北京：北京大學出版社，2010年），頁61-62。

3　在這一段頌詩中，詩人終於發現了連接存在（being）與非存在（non-being）之間的紐帶（梵：bandhu）：思想（梵：manisa），也就是詩中提到的欲望（desire），印度的宗教認為正是這些起心動念的欲望或者期望開啟了後天的二元世界（dualistic world）之門。

延伸閱讀書目

金克木　《印度古詩選》，長沙：湖南人民出版社，1984年。

辻直四郎訳　《リグ・ヴェーダ讚歌》，東京：岩波書店，1978。

林　太　《〈梨俱吠陀〉精讀》，上海：復旦大學出版社，2008年。

山尾三省　《リグ・ヴェーダの智慧：アニミズムの深化のため
　　　　に》，東京：野草社，2001年。

巫白慧　《〈梨俱吠陀〉神曲選》，北京：商務印書館，2010年。

Doniger, Wendy. *The Rig Veda: An Anthology: One Hundred and Eight Hymns, Selected, Translated and Annotated.* New York: Penguin Books, 1981.

Geldner, Karl F., Charles Rockwell Lanman, and Johannes Nobel. *Der Rig-Veda.* 4 vols. Cambridge: Harvard University Press, 1951.

Guérinot, Armand Albert, 1872. *Recherches Sur L'origine De L'idée De Dieu D'après Le Rig-Véda.* Paris: Librairie E. Leroux; A. Rey, Imprimeur-éditeur, 1900.

Hooven, Herbert Nelson. *Rig Veda.* Athens, Ohio: The Lawhead Press, 1933.

Jamison, Stephanie W., and Joel P. Brereton. *The Rigveda: The Earliest Religious Poetry of India.* New York: Oxford University Press, 2014.

Müller, F. Max, and Sāyaṇa. *Rig-Veda-Sanhita: The Sacred Hymns of the Brahmans: Together with the Commentary of Sayanacharya.* 6 vols. London: W. H. Allen, 1849.

參壹　死亡的秘密：選自《伽陀奧義書》
（*Katha Upanishad*）

解題

　　《奧義書》（Upanishad 或 Upanisad）是印度教中組成吠陀經典的四種文獻之一，一般附在各派的《森林書》（Aranyaka）之後，屬吠陀文獻的最後部分。比如屬《梨俱吠陀》的有《他氏奧義書》（梵：*Kena Upanishad*）和《唱贊奧義書》（梵：*Changogya Upanishad*），屬《白夜柔吠陀》（*White Yajurveda*）的是《大森林奧義書》（梵：*Brhadaranyaka Upanishad*）和《伊莎奧義書》（梵：*Isa Upanishad*），因此《奧義書》也被稱作「吠檀多」（Vedanta），也就是「吠陀的終結」。在梵語之中，Upanishad 的意思是通過坐在老師的身邊聽講而獲得真知和玄奧的教義。奧義書是吠陀經中最具哲學色彩的部分，其內容涉及了人類和宇宙之間的本體論問題，如幻（Maya）與解脫、二元論（dualism）和梵我一如等。印度的傳統認為有一○八種奧義書，其中最古老的有十三種左右，其創作的年限在西元前五世紀到西元二世紀之間，但是直到中世紀依然有模仿古老奧義書的文獻問世，比如講述伊斯蘭教理的《安拉奧義書》（*Allah Upanishad*）等。《奧義書》不僅是印度教和印度哲學的基礎文獻，同時也深刻地影響了佛教的思想和伊斯蘭的蘇菲教派。到了近代，歐美的哲學家和文豪，如叔本華（Arthur Schopenhauer, 1788-1860）、愛默生（Ralph Emerson 1803-1882）等人也從《奧義書》的譯本中找到了靈感。以下的選段來自《黑夜柔吠陀》（*Black Yajurveda*）所附的《伽陀奧義書》。故事通過死神閻魔（Yama）和被獻祭的那吉蓋多（Naciketas）之間的對話，揭示了印度思想中死亡和永生的奧秘。

原文

一

「你選擇子子孫孫長命百歲，
大量的牲口、象、馬和金子！
你選擇廣闊的領地，而你
自己活多少年，隨你的心願！　　（23）
「如果你認為這恩惠相等，
那就選擇財富和長壽吧！
那吉蓋多啊，你統治大地，
我讓你滿足所有的願望。　　（24）
「人間難以實現的任何願望，
隨你的心意，提出請求吧！
這些美女，連同車輛和樂器，
都是塵世凡人難以獲得的，
由我贈送，讓她們侍奉你吧！
那吉蓋多，別問我死亡問題。」　　（25）
「凡人的生存結束就在明天，
死神啊，一切感官活力衰竭；
所有的生命無不轉瞬即逝，
留著你的車輛，你的歌舞！　　（26）
「凡人無法靠財富得到滿足，
而看到你，我們怎能獲得財富？
我們的生命全在你的掌控中！
因而，我仍然選擇這個恩惠。　　（27）
「在下界衰老的凡人，若知道

和看透美色、愛欲和歡悅，
他已走近不老和不死世界，
怎麼還會熱衷過長的壽命？　　（28）
「這是人們的困惑，請你說明
浩茫未來這個問題，死神啊！
這個問題涉及深藏的奧秘，
那吉蓋多不選擇別的恩惠。」　（29）

二

「至善一回事，歡樂另一回事，
兩者束縛人，而目標不相同；
選取其中至善者，達到圓滿，
選取其中歡樂者，失去目的。　（1）
「至善和歡樂，同時走近人，
智者仔細觀察，認真辨別，
因而智者選至善，不選歡樂，
愚者則選歡樂，不選至善。[1]　（2）
「你經過深思熟慮，拋棄
形態可愛的欲望和歡樂，
遠離財富之路，那吉蓋多啊！
儘管眾多凡人沉溺其中。　　（3）
「智者們明白無知和知識，
這兩者的指向迥然有別；
我認為那吉蓋多渴求知識，

1　和「至善」（梵：sreyas，英：the good）有關的是真理和永恆，和「歡樂」（梵：preyas，英：the pleasant）相聯繫的是欲望和錢財等速朽的世間執著。

眾多的欲望不能動搖你。　　　　　（4）
　「始終生活在無知之中，
卻自認是智者和學者，
愚人們徘徊在歧路，
猶如盲人引導盲人。　　　　　　　（5）
　「癡迷財富，幼稚，任性，
未來不向這些愚人顯示；
認為只有這世，別無其他，
這樣的人一再受我控制。　　　　　（6）
　「許多人甚至不能聽到他，
而即使聽到，也不知道他；
聽到而善於說出者是奇跡，
知道而善於教誨者是奇跡。　　　　（7）
　「平庸之人講述他，設想他
多種多樣，也就變得不可理解；
而不依靠他人講述，也沒有出路，
因為他不可思辨，比微妙更微妙。　（8）
　　「依靠思辨不能獲得這信念，
依靠他人講述，則容易理解；
最可愛的人啊，你堅持真理，
已經獲得它，那吉蓋多啊！
願我們有你這樣的提問者。　　　　（9）
　「我知道財富無常，不可能
依靠無常者獲得永恆者；
因此，我用無常的物質集成

那吉蓋多火，而獲得永恆者。　　　（10）

　「看到欲望的滿足，世界的根基，

祭祀的無窮果報，無懼的彼岸，

偉大的歌頌讚美，那吉蓋多啊！

你聰明睿智，堅定地拋棄一切。　　（11）

「那位古老的天神難以目睹，

深藏在洞穴之中，隱而不露；

智者依靠自我瑜伽，沉思

這位天神，擺脫快樂和憂愁。　　　（12）

注：「洞穴」喻指心。「自我瑜伽」指沉思自我。

　「聽到他，把握他，看清本質，

獲得這個微妙者，凡人喜悅，

因為獲得了應喜悅者；我認為

這座福宅已為那吉蓋多敞開。」　（13）

　「不同於正法，不同於非法，

不同於已做，不同於未做，

不同於過去，不同於未來，

你所看到者，請你告訴我。」　　（14）

「所有吠陀宣告這個詞，

所有苦行稱說這個詞，

所有梵行者嚮往這個詞，

我扼要告訴你這個詞：

它就是唵！[2]　　　　　　　　　　（15）

---

2 唵（梵：om）是印度教中最神聖的音節和祈禱詞。奧義書中對om的含義有多種解
　釋，一般認為「唵」是由AUM三個音節組成，象徵著梵我合一。在密教的典籍中，
　唵也常常用在陀羅尼（梵：dharani）的結尾，如「唵蘇婆訶」（梵：om svaha）。

「這個音節是梵，這個音節是至高者，

知道這個音節，他便得以心遂所願。　　　（16）

「這是最好依託，這是最高依託，

知道這個依託，在梵界享受尊貴。　　　（17）

「這位智者不生，也不死，

不來自哪兒，不變成什麼，

不生，永恆，持久，古老，

身體被殺，它也不被殺。[3]　　　（18）

出處

黃寶生譯　《奧義書》（北京：商務印書館，2010年），頁264-268。

延伸閱讀書目

羅摩南達・普拉薩德（Ramananda Prasad）著，王志成、靈海譯　《九
　　　種奧義書》，北京：商務印書館，2017年。

斯瓦米・洛克斯瓦南達（Swami Lokeswarananda）著，王志成譯　《印
　　　度生死書：四部奧義書義疏》，杭州：浙江大學出版社，2013
　　　年。

湯田豐　《ウパニシャッド 翻訳および解說》，東京：大東出版社，
　　　2000年。

吳學國　《奧義書思想研究》共五卷，北京：人民出版社，2017年。

3　「智者」指的是奧義書哲學中的自我（小我），也就是阿特曼（Atman）。印度教認
　　為，阿特曼水火不侵永恆存在，相當於個人不滅的靈魂，這一段原文不僅在印度教
　　的文獻中多次出現，也同樣被佛教的經典廣泛引用。

雪莉・阿南達慕提（Shrii Anandamurti）著，邱奕嘉、薛廣財、陳懷
　　塵譯　《靈性科學集成卷四：夜柔吠陀・羯陀奧義書篇》，
　　臺北：阿南達瑪迦出版社，2007年。

徐梵澄譯　《五十奧義書》，北京：中國社會科學出版社，2007年。

岩本裕　《原典訳ウパニシャッド》，東京：築摩書房，2013年。

Ambikananda, Saraswati. *Katha Upanishad*. New York: Viking Studio,
　　2001.

Bawra, Brahmrishi Vishvatma, and William Milcetich. *The Eternal Soul:
　　Commentary on the Katha Upanishad*. Scotts Valley, Calif.:
　　CreateSpace Independent Publishing, 2009.

Krishnananda. *The Secret of the Katha Upanishad*. Shivanandanagar, U.P.:
　　Divine Life Society, 1974.

Madhva, and Nāgeśa Sonde. *The Commentary of Sri Madhva on Katha
　　Upanishad.* Bombay: Vasantik Prakashan, 1990.

Pelly, R. L. *Katha-upanishad*. Calcutta: Association Press, 1924.

Platform Eknath, Easwaran. *Dialogue with Death: The Spiritual Psychology
　　of the Katha Upanishad*. Petaluma, CA: Nilgiri Press, 1981.

Renou, Louis. *Katha Upanishad*. Paris: Adrien-Maisonneuve, 1943.

Tigunait, Rajmani. *The Pursuit of Power and Freedom, Katha Upanishad:
　　Commentary and Translation*. Honesdale, PA: Himalayan Institute
　　Press, 2008.

參貳 八支行法：選自《瑜伽經》(*Yoga Sutra*)

解題

　　瑜伽的本義是「軛」(yoke)或者「合一」，也就是身心合一和精神解脫的狀態，早期的《彌勒奧義書》(梵：*Maitrayana Upanishad*)也描述過這種梵我合一的瑜伽境界。印度的瑜伽不僅是一種調養身體的健身手段，而且還是重要的哲學流派和宗教的修行手段。瑜伽派興起於西元三到五世紀，相較於印度六派哲學(梵：saddarsana)中的其他流派，瑜伽派更強調禪定與冥想，追求神我的大梵(brahman)與自性(atman)的結合。瑜伽的根本經典是格言體的《瑜伽經》，據說作者是缽顛闍利(Patanjali，活躍於西元前二世紀)，全書可分為四章共一九四段經文。因為原文過於簡潔，所以《瑜伽經》的歷代注疏頗多，其中較為重要的是西元四世紀毗耶舍(Vyāsa)的注釋《瑜伽經注》(梵：*Yoga Bhasya*)以及十一世紀的哲學家博闍(Bhoja，活躍於1000-1050年)的注本《王解脫》(梵：*Yoga Sutra Vritti*)。以下的選段來自《瑜伽經》的第二章《方法》(梵：Sadhana)及其附注，本章點明了人生痛苦的原因並指出解脫煩惱的方法就是循序漸進地修習「八支瑜伽」(梵：Ashtanga yoga，英：eight-limbed yoga)，所謂的八支就是禁制、勸制、坐法、調息、制感、執持、靜慮以及最終的三昧。第二章講述了「八支」中的前五項「外支」，第三章《成就》(梵：Vibhuti)接著闡述了最後的三項「內支」。

原文

通過修習瑜伽支，滅除污垢，知識的光芒直達明辨。（28）

　　成就明辨，這是排除的方法。而沒有手段，也就不會成就。因此，需要這樣做：通過修習瑜伽支，滅除污垢，知識的光芒直達明辨。下面就講述瑜伽八支。

　　通過修習瑜伽八支，五種呈現為污垢的顛倒妄想毀滅。一旦它們毀滅，正確的知識展現。這些手段得到實施，污垢也就隨之減少。污垢日益減少，知識的光芒也就依照污垢毀滅的程度而增長。這種增長變得強烈，直達明辨，即認知三性和原人的原本狀態。[1]

　　修習瑜伽八支成為擺脫污垢的原因，猶如斧子是砍伐的原因。它們也是獲得明辨的原因，猶如正法是獲得快樂的原因。此外，別無原因。

　　這樣的原因，經典中說有哪幾種？回答是「有九種」。例如，產生、持續、展現、變化、確認、獲得、擺脫、差異、維持，相傳有這九種原因。

　　其中，心是知識產生的原因。

　　原人的目的是心持續的原因，猶如食物是身體持續的原因。

　　正如光是形態展現的原因，同樣也是對形態的認識展現的原因。

　　不同的對象是心變化的原因，正如火是所煮食物變化的原因。

1　三性（又名三德）是指原初物質（自性）所具有的三種性質（梵：guna），這三德分別是指善性（梵：sattva）、動性（梵：rajas）和惰性（梵：tamas）。由於三性持續的變化，加上與大梵的結合，產生了世間的萬物和精神世界。在印度教和印度哲學的語境中，原人（梵：purusa）是指宇宙起源時的最初的人，也可以引申為宇宙的根本原理、原始物質（梵：prakṛti）或者純粹的意識。而明辨三性和原人的原本狀態是說行者恢復到純潔的本初境界，認識到自己的本質是原人，從而獲得了解脫，這就是《瑜伽經》第四章中所描述的獨存（梵：kaivalya）狀態。

知道有煙是知道有火得以確認的原因。

修習瑜伽八支是獲得明辨的原因。

這也是擺脫污垢的原因。

正如金匠是造成金子差異的原因，同樣，對同一個婦女的認知，無知造成愚癡，嗔怒造成痛苦，喜愛造成快樂，真知造成中立。

身體是維持那些感官的原因。那些感官也是維持身體的原因。五大元素是維持身體的原因。五大元素也是所有身體互相維持的原因。出於互相的利益，畜生、人和天神的身體互相維持。

這是九種原因。這些也適用於可能產生的其他對象。

而修習瑜伽八支，依據兩種原因。

自制、遵行、坐姿、調息、制感、專注、沉思和入定是八支。(29)[2]

這裡，確定瑜伽八支：自制、遵行、坐姿、調息、制感、專注、沉思和入定是八支。我們將依次講述修習這八支及其特徵。

其中，自制是不殺生、誠實、不偷盜、梵行和不執取。(30)

其中，自制是不殺生、誠實、不偷盜、梵行和不執取。不殺生是

2　有關瑜伽八支的解釋有不同的說法。一般認為，這八種修習的方式依次是：1. 禁制（梵：yama），即持守五種禁戒：不害、誠實、不盜、不淫、不貪；2. 勸制（梵：niyama），指的是修道前的道德和儀式之準備，比如清淨身體、念誦咒語等；3. 坐法（梵：asana），也就是瑜伽的各種座姿；4. 調息（梵：pranayama），指的是調整呼吸的節奏；5. 制感（梵：pratyahara），是控制感官的活動；6. 執持（梵：dharana），指的是在冥想時讓心專注於一點；7. 禪定（梵：dhyana），意思是使心念持續地專注從而入定，「dhyana」也是「禪」這個詞的梵文原形；8. 三昧（梵：samadhi，又名等持），這是主客身心合一的深層定境，也是瑜伽修持的最高境界之一，佛教的經文也廣泛使用了「三昧」一詞。

無論什麼情況，無論什麼時候，都不傷害一切眾生。其他的自制以及遵行都以它為根基。它們的主要目的是實現它，說明它們也是為了說明它。它們得到實施是為了使它的形態更純潔。同樣，有這種說法：「確實，這個婆羅門願望實行多種誓言，這樣，他遠離放逸，以免造成殺生的原因，而使不殺生的形態更純潔。」

誠實是語言和思想符合事實。語言和思想依據所見，依據推理，依據所聞。說話是為了將自己的覺知傳達給別人，如果它沒有欺騙性，不錯亂，也非不可理解，那麼，它有益於一切眾生，而不對眾生造成傷害。

如果即使這樣，所說的話依然傷害眾生，便不是誠實，而只是罪惡。貌似的善行，假冒的善行，會陷入痛苦的黑暗。因此，應該認真考察，說有益於一切眾生的真話。

偷盜是違背律法，將別人的財物據為己有。不偷盜與此相反，而且也沒有這種企圖。

梵行是控制隱藏的感官生殖器。

不執取是看到種種感官對象具有獲得、保護、毀壞、執著和殺生這些弊端，便不占為己有。

以上這些是自制。

出處

缽顛闍利（Patañjali）著，黃寶生譯　《瑜伽經》（北京：商務印書館，2016年），頁61-64。

延伸閱讀書目

艾揚格（B. K. S. Iyengar）著，王東旭譯　《瑜伽經的核心》，海口：
　　海南出版社，2017年。

番場裕之　《実踐「ヨーガ・スートラ」入門》，東京：春秋社，2008
　　年。

帕坦伽利（Patañjali）著，王志成譯注　《〈瑜伽經〉直譯精解》，成
　　都：四川人民出版社，2019年。

潘　麟　《瑜伽經直解》，北京：中央編譯出版社，2017年。

沙吉難陀（Satchidananda）著，陳景圓譯　《巴坦加里的瑜伽經》，
　　北京：商務印書館國際有限公司，2018年。

斯瓦米・帕拉伯瓦南達（Swami Prabhavananda），克里斯多夫・伊舍伍
　　德（Christopher Isherwood）著，王志成、楊柳譯　《帕坦伽
　　利〈瑜伽經〉及其權威闡釋》，北京：商務印書館，2016年。

王慕齡　《印度瑜伽經與佛教》，北京：宗教文化出版社，2012年。

伊藤武　《図說ヨーガ・スートラ》，川崎：出帆新社，2016年。

佐保田鶴治　《ヨーガ根本教典》，東京：平河出版社，1973年。

Bahadur, Krishna Prakash. *The Wisdom of Yoga: A Study of Patanjali's Yoga Sutra*. New York: Sterling Publishers Private; Distributed by International Publications Service, 1977.

Maehle, Gregor. *Ashtanga Yoga: Practice and Philosophy: A Comprehensive Description of the Primary Series of Ashtanga Yoga, Following the Traditional Vinyasa Count, and an Authentic Explanation of the Yoga Sutra of Patanjali*. Novato, Calif.: New World Library, 2007.

Mardardy, Murray. *The Yoga Sutra of Patanjali*. South Gippsland, Vic.: Larkin Printing, 2012.

Patañjali, Vyāsa, and Bengali Baba. *The Patanjala Yoga Sutra, with Vyasa Commentary*. Kapurthla Punjab: Sham Sunder Mulkraj Puri, 1943.

Sinha, Phulgenda, and Patañjali. *The Original Yoga Sutra of Patanjali: With a History of Its Textual Distortion*. Varanasi: Ratna Print. Works, 1992.

White, David Gordon. *The Yoga Sutra of Patanjali: A Biography*. Lives of Great Religious Books. Princeton: Princeton University Press, 2014.

參參　不死與自由：選自《薄伽梵歌》
（*Bhagavad-Gita*）

解題

　　在印度教各種高古的典籍群中，《薄伽梵歌》是最為膾炙人口的一部經典。「薄伽梵」（梵：bhagavat）的詞義為「世尊」，即至高神或有福德的聖者的尊稱，「歌」是梵語「Gita」的意譯，所以《薄伽梵歌》在印度也常常被稱作 "The Gita"。這一長約七〇〇頌（梵：sloka）的哲學插話選自篇帙浩繁的史詩《摩訶婆羅多》（梵：*Mahābhārata*）中的第六篇「毗濕摩」（梵：Bhishma Parva，第二十三到第四十章），相傳為廣博仙人（Vyasa，又稱毗耶娑，約西元前1500年）所作，成書大約是二到三世紀之間。《摩訶婆羅多》講述的是古代印度俱盧族（梵：Kauravas）和般度族（梵：Pandavas）之間曠日持久的大戰。偉大的戰士阿周那（Arjuna）王子隸屬於般度族一方，而神的化身克里希那（Krishna）作為他的朋友在戰場上為他駕駛戰車。[1]在兩軍對壘戰鬥一觸即發之際，阿周那發現他的許多親友和師長都在敵營中列陣對峙。他並不想殺死親友而積累惡業，因而猶豫不決，無法全身心地投入戰鬥。此時馭者克里希那顯露了自己的真身，與阿周那展開了一番嚴肅的哲學對話。克里希那開導阿周那說，人可以通過錘煉德行、虔誠敬神、哲學思考，以及沉思冥想等各種瑜伽的行動方式來解除束縛並獲得無上的自由（moksha）。正是因為靈魂的永恆不滅，阿周那才應該

1　克里希那又名黑天，是印度教神譜中大神毗濕奴（Vishnu）的十大化身之一。作為最高宇宙精神的象徵，黑天是全印度都廣泛尊崇的神靈之一。

積極行動起來勇敢戰鬥，無私地履行他作為武士的職責，而且只有這樣做了才能符合印度教所倡導的「正法」（dharma）。除了瑜伽學派，《薄伽梵歌》還攝取了奧義書、數論（Samkhya）和吠檀多（Vedanta）等眾多流派的哲學思想和倫理觀念。

隨著近現代印度民族主義運動的展開，《薄伽梵歌》被推崇為最重要的印度教經典，現已有多種文字譯本在世界各國流傳，受到歐美學者的一致盛讚。一九五七年以來，中國學者也接連出版了數個漢譯本。以下的選段來自北京大學張保勝教授翻譯的《薄伽梵歌》。這一經典選段從數論派的觀點出發闡述了靈魂的不朽，這一振聾發聵的生死觀遂成為泛印度宗教的一種共識，而且類似的描述在中印兩國的各種佛教典籍之中也屢見不鮮，甚至還影響了日本文學的部分作品。[2]

原文

> 據說它隱而不顯，
> 絕無變異，不可言詮，
> 因此，你這樣理解了它，
> 就不應再為它憂愁傷感　　　2.25

> 即使你認為
> 它不斷地死和生，
> 大力士喲！你也不該
> 為此事憂心忡忡。　　　　　2.26

2　此試舉一例，據稱日本戰國時代的武將上杉謙信（日：Uesugi Kenshin, 1530-1578）就曾經以此生死觀念來訓誡他的家臣，參看鈴木大拙（Suzuki Daisetsu）著，陶剛譯：《禪與日本文化》（北京：生活・讀書・新知三聯書店，1989年），頁54-55。

因為死者必有生，
生者也必有亡，
所以，對不可避免的事，
就不應該如此憂傷。　　　　2. 27

萬物最初隱而不明，
中間階段它才出現，
最後它又復歸隱沒，
對此有何值得傷感？　　　　2.28

有人將它視為奇異者，
有人將它說成奇異者，
有人將它聽做奇異者，
然而卻無人將它懂得。　　　　2. 29

靈魂宿於眾生的體中，
它永遠不會受到殺傷，
所以，對於云云眾生
就不必那樣憂愁悲愴。[1]　　　　2. 30

你如果意識到了自己的達磨，[3]
就不應該顧慮重重猶豫不定，

3　達磨（dharma），印度教典籍《律法經》（梵：*Dharmasutra*）中的核心概念，一般是
　　指律法、傳統、習俗、種姓、職業、權利和職責等。《薄伽梵歌》第二章第三十一節
　　（2:31）中的原文是「自己的達磨」（梵：svadharmam），意思是不同的種姓（caste）
　　所需要履行的「職責」，這一點和佛教中的「佛法」不同。

因為除了合乎達磨的戰事，
剎帝利再也沒有更好的事情。　　2.31

那些剎帝利，帕爾特！[4]
他們卻是那樣的幸運，
偶然遇到的這場戰爭
便是敞開的通天之門。　　2.32

倘若你不參與這次大戰，
不打這場合乎達磨的戰爭，
那就會播下罪惡的種子，
就會喪失責任和盛名。　　2.33

你的惡名就將永遠
在人世間到處流傳，
對於高尚的人說來，
惡名比死亡更加討厭。　　2.34

勇士們將會這樣認為：
你臨陣脫逃是因膽怯。
你這位素受尊敬的人，
將會受到他們的輕蔑。　　2.35

4　剎帝利（ksatriya），這裡指的是武士階層或從事軍事和政治的種族。帕爾特（梵：
　　Partha），也就是帕特之子（son of prtha）的意思。帕特是般度族的頭領般度（Pandu）
　　的妻子之一，因此「帕爾特」就成了阿周那的稱謂之一。

敵人也將對你進行譭謗，
流言蜚語一定不會很少，
你的能力也會受到懷疑，
還有什麼比這更為苦惱！　　　2.36

要麼你被殺升入天堂，
要麼你獲勝而享有大地。
請站起來，恭底耶！[5]
下決心去接受戰爭洗禮！　　　2.37

你要等同看待勝敗，
等同看待得失苦樂，
快去打仗吧！不然，
你就會招致罪過。　　　2.38

出處

毗耶娑（Vyasa）著，張寶勝譯　《薄伽梵歌》（北京：中國社會科學
　　　院出版社，1989年），頁23-25。

延伸閱讀書目

黃寶生譯　《薄伽梵歌》，北京：商務印書館，2011年。
戶松學瑛譯　《薄伽梵歌：原文対訳》，東京：山喜房仏書林，1975年。

5　恭底耶（梵：kāunteya），意思是「恭底之子」。恭底（Kunti）是般度的另一位妻子，
　　因此「恭底耶」就成了阿周那的另一個稱號。

室利・阿羅頻多（Sri Aurobindo）著，徐梵澄譯　《薄伽梵歌論》，北
　　京：商務印書館，2009年。

田中嫻玉譯　《神の詩：バガヴァッド・ギーター》，東京：三學出
　　版，1988年。

徐達斯譯　《妙法寶庫・薄伽梵歌》，拉薩：西藏藏文古籍出版社，
　　2015年。

徐梵澄譯　《薄伽梵歌》，北京：崇文書局，2017年。

伊薩瑪・泰奧多（Ithamar Theodor）、徐達斯合著　《〈薄伽梵歌〉通
　　解》，拉薩：西藏藏文古籍出版社，2016年。

Davis, Richard H. *The Bhagavad Gita: A Biography*. Princeton: Princeton
　　University Press, 2015.

Flood, Gavin D., and Charles Martin. *The Bhagavad Gita: A New Transl-
　　ation*. New York: W. W. Norton & Company, 2012.

Yogananda, and Kriyananda. *The Bhagavad Gita*. Nevada City, CA: Crystal
　　Clarity Publishers, 2008.

參肆　聖王傳說：選自《羅摩衍那》（*Ramayana*）

解題

　　梵語敘事詩《羅摩衍那》（梵：*Rāmāyaṇa*），一譯《臘瑪延那》或《羅摩傳》，是印度古代的兩大史詩之一。一般認為這部長達兩萬四千頌（每頌包括兩聯一共四行）的史詩是由詩人蟻垤（Vālmīki）最終增潤修訂而成，其成書年代約在西元前三、四世紀至西元二世紀之間。《羅摩衍那》包含了大量的宗教神話傳說，敘述了賢明仁德的聖王羅摩（Rama）的英雄事蹟，因此也被稱作「最初的詩」。全詩將敘事和抒情融為一體，成為古典梵語詩歌的先導，也是公認的印度教經典，書中的主人公羅摩、他的妻子悉多（Sita）以及神猴哈奴曼（Hanuman）都被神化，成為印度教羅摩派（Ramaism）的崇拜對象。《羅摩衍那》的手抄本有兩千多種，梵文注釋五十多種存世，目前該書被譯成十幾種文字在全世界流行。從印度到東南亞各地，作家和說書人用泰米爾語、孟加拉語、印地語等語言加工並改編出版了不同版本的羅摩故事；藝術家也根據羅摩的傳說創作了壁畫、舞蹈、皮影戲和浮雕等各類作品，由此可見，這部作品在南亞和東南亞的廣泛影響力。這部長詩共分為七篇，本書節選了季羨林教授（1911-2009）漢譯本中的第一篇「童年篇」，這一章節提綱挈領地總述了羅摩從流放到遠征楞伽（Lanka，斯里蘭卡）並擊敗羅剎十首王羅婆（Ravana）的傳說，讀者可以從以下的片段中一窺史詩的面貌。

原文

有個著名的人叫羅摩，
他是甘蔗王族的後裔，
他克己，他英武敢為，
他高貴、堅定，有大威力。　　（1.1.8）

他聰明、有德、能言善辯，
他光輝可愛、善於把敵人殺，
他雙肩寬厚、胳膊長，
他脖子三折，下巴寬大。　　（1.1.9）

他胸膛寬，善射箭，
鎖骨深藏，勇於克敵，
雙手過膝，頭顱秀美，
走路端重，前額平齊。　　（1.1.10）

他深通達磨，言而必信，
他樂於去給眾生造福，
他光輝超絕，通達事理，
他純潔、馴順、虔誠大度。　　（1.1.12）

他是眾生的保衛者，
又是達磨的護法，
他瞭解吠陀和吠陀分支，
對箭經精通得無以復加。　　（1.1.13）

他瞭解一切經書的本質，
他精通法律，聰明勇敢，
他為所有的人所愛戴，
他正直、高貴、光輝燦爛。　　（1.1.14）

他勇武像毗濕奴，
他美麗像蘇摩神，
發怒像劫末烈火，
像大地那樣容忍。[1]　　　　（1.1.17）

具備最高的美德，
十車王最長哲嗣，
國王心裡真喜歡，
想把他立為太子。　　　　　（1.1.19）

看到灌頂的日子臨近，
皇后吉迦伊膽戰心驚，
從前國王賜她兩個恩惠，
現在她就提出一個懇請：
把羅摩放逐到外面去，
給自己兒子婆羅多灌頂。　　（1.1.20）

1　毗濕奴（Visnu）是印度教三位一體的主神之一，史詩的主人公羅摩也是毗濕奴的十
　大化身之一；蘇摩（梵：Soma）是原產於印度的一種具有致幻效果的植物，其液汁
　被當作獻祭給神的美酒，因此蘇摩神也是史詩《梨俱吠陀》中經常出現的人格化主
　神之一。

執行了國王的命令，
英雄羅摩到森林裡去，
為了貫徹父親的指示，
也為了讓吉迦伊歡喜。　　　（1.1.22）

親愛的弟弟羅什曼那，
哥哥前面走，他後面跟定，
他是須彌多羅的愛子，
懂禮法，滿懷兄弟之情。　　　（1.1.23）

愛妻悉多是女中翹楚，
具備了一切吉祥相，
她也跟著丈夫一起出走，
好像盧醯尼跟著月亮。[2]　　　（1.1.24）

他同林中的人和獸，
一起在林子裡住下，
所有仙人都來這裡，
請他殺死阿修羅和羅剎。　　　（1.1.35）

聽到了親屬被殺，
羅波那忿怒交加，
喊來了他的夥伴，
名叫摩哩遮羅剎。　　　（1.1.39）

---

2 悉多（Sita或Seeta，又稱Maithili）是羅摩的妻子，同時也代表了印度社會中貞女的
　典型。在印度教神話中，財富女神吉祥天女（梵：Lakshmi）的化身之一也是悉多。

摩哩遮一再企圖，
把羅波那去攔阻：
「羅波那！你鬥不過他，
那羅摩非常英武。」　　　（1.1.40）

但羅波那不聽他的話，
命運弄得他糊裡糊塗，
於是他就帶了摩哩遮，
來到了那羅摩的住處。　　　（1.1.41）

摩哩遮施展了妖術，
把羅摩兄弟倆調開，
他殺死神鷹闍吒優私，
把羅摩的妻子搶了來。　　　（1.1.42）

看到神鷹被殺死，
聽到悉多也被搶，
羅摩神志陷混亂，
心中悲痛真萬狀。　　　（1.1.43）

那十車王的兒子羅摩，
舍薄哩向他致敬盡禮。
在那個般波湖的邊上，
羅摩同神猴哈奴曼相遇，³　　　（1.1.47）

3　哈奴曼（Hanuman）是印度教中的猴神，風神伐由（梵：Vayu）與天女安闍那（梵：

他又聽了哈奴曼的話，
找到了猴王須羯哩婆，
那英武無比的勇羅摩，
把自己的遭遇向他訴說。　　（1.1.48）

英武有力的哈奴曼，
聽了神鷹商婆底的話，
那大海寬一百由旬，
他一下子就跨過了它。　　（1.1.57）

在那裡，他來到楞伽，
是羅波那保衛的城。
他在無憂樹園看到悉多，
她在那裡憂心忡忡。　　（1.1.58）

眾水之主大海王，
親身站在他跟前；
聽了大海的勸告，
命令那羅把橋建。　　（1.1.65）

出處

季羨林主編　《季羨林文集第十七卷：羅摩衍那（一）》（南昌：江西
　　　教育出版社，1995年），頁2-13。

Anjana）之子。中國學者胡適（1891-1961）認為哈努曼可能是《西遊記》中孫悟空
的原型。

延伸閱讀書目

阿什婭・薩塔爾（Arshia Satter）著，索納莉・佐赫拉（Sonali Zohra）繪，楊怡爽譯　《羅摩衍那：插圖重述版》，長沙：湖南文藝出版社，2020年。

陳大為　《靠近羅摩衍那》，臺北：九歌出版社，2005年。

河田清史　《ラーマーヤナ：インド古典物語》，東京：第三文明社，1993年。

ヴァールミーキ著，中村了昭譯　《新訳ラーマーヤナ》，東京：平凡社，2013年。

Brown, Brian. *The Wisdom of the Hindus; the Wisdom of the Vedic Hymns, the Upanishads, the Mahabharata and Ramayana*. New York: Brentano's, 1921.

Daljeet, Rajeshwari Shah, and National Museum of India. *Ramayana: The Story of Rama in Indian Miniature Paintings*. New Delhi: National Museum, 2004.

Keśarāja, JyotiprasādaJaina, Samdarshi, Hemacandra, and Sri Devakumar Jain Oriental Library. *The Illustrated Manuscript of Jaina Ramayana*. Arrah, Bihar: Shri Dev Kumar Jain Oriental Library, 1990.

Ōno, Tōru. *Burmese Ramayana: With an English Translation of the Original Palm Leaf Manuscript in Burmese Language in 1233 Year of Burmese Era, 1871 A.D.* Delhi: Distributed by BRPC (India), 2000.

Richman, Paula. *Ramayana Stories in Modern South India: An Anthology*. Bloomington: Indiana University Press, 2008.

Seeger, Elizabeth, Gordon Laite, and Vālmīki. *The Ramayana*. New York: W. R. Scott, 1969.

Vālmīki. *The Ramayana: A Modern Translation*. New York: Harper Collins Publishers, 2003.

參伍　神聖的合一：選自《卡比爾詩百首》
（*One Hundred Poems of Kabir*）

解題

　　卡比爾（Kabir, 1440-1518）亦譯作「迦比爾」，是印度教的神秘主義詩人和宗教改革家。作為紡織工人出身的卡比爾從未受過正規的教育，但是他深諳印度教的吠檀多和伊斯蘭教的蘇菲思想，並將兩者融會貫通，為錫克教（Sikhism）獨特的一神論信仰奠定了基礎。卡比爾還積極參與印度中世如火如荼的虔誠派運動（Bhakti Movement），Bhakti 又名「奉愛」或「虔信」，他認為神其實存在於求道者的心中，因此通過知識和絕對的信愛就可以獲得神恩，達到與神合一的境界。由於卡比爾致力於消除各宗教之間的隔閡，因此印度教、錫克教以及伊斯蘭教共尊他為聖人，這一點在宗教史上十分罕見。卡比爾否定偶像崇拜，肯定現世的解脫，因此他的思想在下層人民特別是紡織工人中頗有影響，信眾也逐漸形成了所謂的卡比爾教派（梵：Kabīrpanthī 或 Satguru Kabir Panth，又稱迦比爾教派）。中國詩人郭沫若（1892-1978）和印度詩人泰戈爾都曾受到卡比爾泛神論思想（pantheism）的影響，後者還翻譯了卡比爾的詩作，集成一冊膾炙人口的《卡比爾詩百首》（*One Hundred Poems of Kabir*）。下面選譯的這三首詩，就是黃寶生教授根據泰戈爾的英譯而轉譯的。

原文

一

哦，僕人，你在哪兒尋找我？
看哪！我在你的身邊。
我不在廟宇，也不在清真寺，
不在天房，也不在蓋拉瑟山，
不在儀式和典禮，
也不在瑜伽和棄世。[1]
如果你是真正的尋求者，
你將立刻看見我，你將
與我相會在剎那間。
迦比爾說道：「哦，善人！
神是呼吸中的呼吸。」

六

月亮在我的身體裡閃耀，
可是我眼瞎，不能瞧見它；
月亮在我體內，太陽也如此。
不捶的永恆之鼓在我體內鳴響，
可是我耳聾，不能聽見它。

1　此處的天房（Kaaba或Kabah），也就是麥加大清真寺的天房克爾白聖石，蓋拉瑟山（Mount Kailash，又名Kailas或藏：Gang Rinpoche岡仁波齊峰），是印度教和佛教共同尊崇的神山，位於西藏的喜馬拉雅地區。卡比爾反對繁瑣的宗教禮儀和經典的權威地位，強調神我合一的神秘體驗，他認為如果內心不能直接體驗神聖，那麼巡禮、朝拜、苦行或舉行宗教儀式都沒有什麼意義。

倘若吵吵嚷嚷「我和我的」,

人的工作就等於零;

唯有根絕一切自我之愛,

神的工作才能進行。²

因為工作的目的是求取知識,

一旦獲得知識,工作也就完畢。

十四

江河和波濤都是水浪,

　　江河和波濤之間

　　的差別在哪裡?

波濤湧起,它是水,

　　波濤落下,也是水。

　　請告訴我,先生,

　　差別在哪裡?

因為它被命名為波濤,

　　它就不再被認為是水?

在至高無上的梵裡面,

　　宣講的言詞猶如珠子,

請用智慧的眼睛,

　　觀看這串珠子。

2　印度的諸宗教認為,過於強調和執著自私的「小我」,是體認「大梵」或者「佛性」
　　的主要障礙,只有小我減退或者消亡之後,才能親證「梵我如一」或「心物一元」
　　的解脫境界。

出處

Kabir, Rabindranath Tagore, Evelyn Underhill, and Indian Society. *One Hundred Poems of Kabir*. London: Macmillan, 1915., pp.1, 5,14.[3]

延伸閱讀書目

卡比爾（Kabir）著，泰戈爾（Rabindranath Tagore）英譯，萬源一中譯　《卡比爾之歌／100首靈性詩選：中英對照》，新北：自由之丘文創事業，2018年。

毛　迅　《〈卡比爾百吟〉選譯》，《郭沫若學刊》2006年第1期，頁82-85。

小林圓照　《はた織りカビールの詩魂》，東京：ノンブル社，2011年。

袁可嘉主編，黃寶生譯　《外國名詩選》下，北京：中國青年出版社，1997年。

カビール（Kabir）著、橋本泰元訳注　《宗教詩ビージャク：インド中世民眾思想の精髓》，東京：平凡社，2002年。

Bly, Robert, and Kabir. *Kabir: Ecstatic Poems.* Boston: Beacon Press, 2004.

Kabir, Linda Beth Hess. *The Bijak of Kabir*. Oxford; New York: Oxford University Press, 2002.

3　此處選編的三首詩已經有現成的中文譯文，而且譯者黃寶生也是根據泰戈爾的英譯轉譯的，本文的選譯（黃寶生譯文中編號一到三的三首詩）來自袁可嘉主編：《外國名詩選》下（北京：中國青年出版社，1997年），頁846-848。

Vaudeville, Charlotte. *A Weaver Named Kabir: Selected Verses with a Detailed Biographical and Historical Introduction*. French Studies in South Asian Culture and Society. Delhi; New York: Oxford University Press, 1993.

參陸　宇宙意識：選自《一個瑜伽行者的自傳》
(*Autobiography of a Yogi*)

解題

　　印度教的上師（Hindu guru）帕拉宏撒·尤迦南達（Paramahansa Yogananda, 1893-1952），原名穆昆達（Mukunda Lal Ghosh），是二十世紀享譽印度和美國兩地的瑜伽士。在靈性的道路上，穆昆達自幼就展現出超人的稟賦，他曾經輾轉請益名師，並最終拜在瑜伽大師聖尤地斯瓦爾（Swami Sri Yukteswar Giri, 1855-1936）的門下。聖尤地斯瓦爾的法系可以上溯到著名的喜馬拉雅山的聖人瑪哈阿梵達·巴巴吉（Mahavatar Babaji, 203-？），穆昆達不僅成為新的法系繼承人，並且在一九一五年還獲得了「尤迦南達」（瑜伽之光）的尊稱。尤迦南達生活在孟加拉新吠檀多文藝復興（Bengali Neo-Vedāntic Renaissance）風起雲湧的時代，由於這一思潮深受西方文化的影響，所以聖尤地斯瓦爾的教團都致力於從現代科學的角度去詮釋古老的宗教（特別是印度教和基督教）。一九二〇年，在上師的鼓勵下，尤迦南達來到美國傳播印度教。他將《瑜伽經》及其冥想傳統介紹給西方的信眾，通過尤迦南達的不懈努力，瑜伽教法之中的克里亞瑜伽（Kriya Yoga）也得以在美國發揚光大，隨後其教團還在洛杉磯建立了自明友誼會（Self-Realization Fellowship, SRF），致力於心靈奧秘的探索。尤迦南達的作品包括印度教經典的注釋、靈修詩集和演講集。他的代表作《一個瑜伽行者的自傳》一經出版就迅速成為西方人認識東方宗教的靈性經典，迄今為止已經激勵了全球數百萬的讀者和求道者，據說這本書也是蘋果公司的前總裁斯蒂芬·喬布斯（Stephen Jobs, 1955-2011）最喜

歡的書籍之一。[1]以下的選段來自該書的第十三章,描述的是年輕的尤迦南達在上師聖尤地斯瓦爾的加持之下經歷定境中的「三摩地」(三昧,梵:samādhi)的體驗,這是一段罕見的以第一人稱的角度描述個人體驗「宇宙意識」(cosmic consciousness)的文字。[2]

原文

「可憐的孩子,群山不能給你想要的。」上師疼愛地安慰著我,他平靜的凝視深不可測,「你衷心的渴望將會得到滿足。」

聖尤地斯瓦爾很少隨意說這種謎一樣的話。我被他迷惑住了。他輕輕地敲擊我心臟前方的胸口。

我的身體一下子像生根似地無法移動,我的氣息好像受到一塊巨大的磁鐵的吸引,從肺中一下子被吸出。心智和靈體瞬間失去了他們肉體上的束縛,像一道光流般從我身體的每個毛細孔中穿透而出。我的肉體好像是死了,然而在強烈的知覺中,我知道我之前從來沒有真正的、完全的活過。我本體的意識已不再被局限在一個狹窄的身體內,而是包含了周圍的原子。遠方街道上的人好像是在我自己遙遠的邊界處輕柔地移動著,樹木和花草的根穿過一層暗淡透明的土壤深入地下,我甚至可以看到它們內在汁液的流動。

所有鄰近的地區全都呈現在我的面前,一覽無遺。平常在我前方

---

1 參看伊傑・埃利奧特(Jay Elliot)著,劉世卿、劉世東譯:《史蒂夫・喬布斯傳》(北京:中信出版社,2011年),頁32、42。

2 還可參看另一本靈性的經典《宇宙意識:人類心靈進化的研究》,該書尚無中文版,英文版的信息為:Bucke, Richard Maurice. *Cosmic Consciousness: A Study in the Evolution of the Human Mind.* Philadelphia: Innes & Sons, 1901. 對這一經驗的文字描述依然感到迷惑的讀者可以選擇觀看電影「超體」(*Lucy*, 2014),以增加對這一開放性的意識狀態的感性認知。

的視野現在變成了可以同時看到各個方向的、廣大的球面視野。越過頭的後方，我看到遠在拉埃溝特巷散步的人們，一隻白色的母牛悠閒地走過來，當它走到修道院開著的大門前時，我能用肉眼觀察到它。當它走過去到磚牆後面時，我仍然可以清楚地看到它。

所有在我廣角凝視下的物體都像快速轉動的影片一樣地震顫著。我的身體、上師、有柱子的庭院、家具、地板、樹木和陽光偶爾也會劇烈地震動著，最後全部融入一片冷光的海洋，就像結晶的糖倒入一杯水中，搖晃之後就溶解了。合為一體的光與物質的形式交替輪流著，在變形中揭露了宇宙因果的法則。

喜悅如大洋一般，衝擊著我平靜而無止境的心靈海岸。我瞭解到：上帝的心靈是永不枯竭的喜樂，他的本體是無數光的集合。我內在逐漸膨脹的榮光開始籠罩著城鎮、大陸、地球、太陽系、行星系、稀薄的星雲，及飄浮的宇宙。整個宇宙散發著輕柔的光，好像是在晚上從遠處看到的城市，在我無限的存在中閃爍著。鮮明的球狀輪廓在最遠的邊緣處稍微地黯淡下來，在那裡我可以看到一道始終不會衰滅的、柔美的光。那種微妙難以形容。整個行星的景色是由一團濃密的光所形成的。

天國四射的光芒由永恆的源頭傾瀉而出，四散開來，又匯聚成星河，以難以形容的靈光進行著變形。一次又一次，我看到創造的光芒濃縮成星群，又分解成一片片的透明光海。周而復始，百千萬億個世界逐漸變成了透明的光彩，火焰變成了蒼天。

我還瞭解到：太虛的中心就是我心中直覺感知的核心點。燦爛的光輝從我的核心放射到宇宙結構中的每個部份。永恆的喜悅，不朽的甘露，像水銀般閃亮的液體在我全身流動著。我聽到上帝創造之音「嗡（Aum）」，這是宇宙原動力的振動。[3]

---

3 「嗡（Aum）」或者「Om」也可譯成「唵」，是印度教中最神聖的音節。這個簡短的

　　突然間，氣息回到了我肺裡，我被再度限制在難與心靈協調的身體樊籠裡。我像一個浪蕩的孩子，被迫放棄大宇宙的家，將自己禁錮在狹隘的小宇宙內。

　　我的古茹站在我面前，一動不動。我立刻拜倒在他神聖的腳下，感激他賜予我宇宙意識的體驗，這是我長久以來所熱切追求的。他扶我起來，平靜而質樸地說著：

　　「你不可以過度地耽溺在出神的狂喜中。世界上還有許多工作等著你去做。走吧，讓我們去清掃陽臺的地板，然後再到恆河邊去散步。」

　　我知道上師在教我均衡生活的奧秘：身體是用來執行日常工作的，而心靈必須要擴展到宇宙的深處。於是，我拿了一支掃帚。又過了一會兒，當我們出發去河邊散步時，我仍陶醉在無法形容的喜悅中。我看到我們的身體是兩個靈體，本質是純粹的光，正沿著河邊的路前進。

　　「宇宙中每一種存在的形式和力量都是由上帝的心靈主動維持著的，只不過他是超凡的，而且遠遠存在於永恆無憂的太虛之中，超越了由振動現象組成的世界。」上師解釋道，「開悟的聖人們即使是在肉身之中，也知道類似存在的雙重性。他們認真盡責地致力於塵世間的工作，但同時也沉浸於內在至上的幸福裡。上帝以他無限喜樂的本質創造了所有人類。雖然他們被痛苦地限制在身體裡，不過上帝還是希望按照他的形象所造出的心靈，最終能超越所有感官的束縛，重新與他結合。」

咒語是由a-u-m三個音節組成，分別代表了不同的三位一體的組合（例如印度教的三位主神）。Om不僅在印度教的祈禱文和儀式中出現，而且還廣泛見於耆那教和佛教的咒語之中，比如在藏傳佛教中極為重要的「六字大明咒」（梵：vidyā-ṣaḍakṣarī）就是以Om這個音節來開頭的（梵：Oṁ mani padme hūṁ嗡嘛呢唄咪吽）。

　　這次宇宙體驗留給我許多永恆的教導。以後，我只要每日平靜自己的思想，就可以從身體只是血肉之軀幻想的認知中解放出來，穿梭在這個物質世界堅硬的土地上。我知道呼吸和永不安寧的心智就好像是暴風雨，衝擊著光之海，激起了物質形態的波浪——地球、天空、人類、動物和樹木。除非平息那些暴風雨，否則不能感知無限就是「合而為一的光」。每當平息這兩種自然的騷亂後，我就會看到無數創造的波融為一片光亮的海洋。這就如同海上的波浪一般，風暴消退後，寧靜地融入了大一統。

　　當徒弟通過打坐強化自己的心智，直到能承受這些廣闊的遠景時，就可賜予他宇宙意識和天國的體驗。這種經驗不是僅憑理智上的意願或是開放性的心胸就可給予的，而是要經過瑜伽的修習及專注的虔信才能充分地將心智擴大，準備好去吸收無所不在所的衝擊。誠摯的虔信者無可避免的自然會得到它。他強烈的渴望幾乎是無法抗拒上帝的力量。

出處

尤迦南達（Yogananda）著，王喜達譯　《一個瑜伽行者的自傳》（北京：新世紀出版社，2012年），頁135-137。

延伸閱讀書目

帕拉宏撒・尤迦南達（Paramahansa Yogananda）著，富國強譯　《放下就是得到：一個瑜伽行者的自傳》，北京：台海出版社，2016年。

斯瓦米・克里亞南達（Swami Kriyananda）著，宮科、朱曉燕譯　《超
　　脫：跟隨瑜伽大師尤迦南達去修行》，北京：新世界出版社，
　　2012年。

パラマンサ・ヨガナンダ（Paramahansa Yogananda）著　《ヨガ行者
　　の一生：聖者ヨガナンダの自敘伝》，京都：關書院新社，
　　1959年。

Ghosh, Sananda Lal. *Mejda: The Family and Early Life of Paramahansa
　　Yogananda*. Los Angeles: Self-Realization Fellowship, 1980.

Kriyananda. *Paramhansa Yogananda: A Biography, with Personal Reflections
　　and Reminiscences*. Nevada City, CA: Crystal Clarity Publishers,
　　2011.

Yogananda, Paramahansa. *Autobiography of a Yogi*. 13th edition, 2008.
　　Los Angeles: Self-Realization Fellowship, 2008.

耆那教

參柒　世間的虛無：選自《諦義證得經》（*Tattvārthādhigama*）

解題

　　耆那教是和佛教並存的印度古老宗教之一，雖然信仰的人數不多，但是在印度社會中仍然具有一定的影響。十七世紀經歷了數次改革運動之後，耆那教開始以人道和博愛的出發點來闡發教義，其核心思想也直接影響了聖雄甘地（Mohandas Karamchand Gandhi, 1869-1948）等人。隨著近現代的海外傳播，耆那教在全球各大洲都擁有一定的信徒，至今依然被認為是世界性的宗教之一。耆那（Jina 或 Jaina）的意思是「勝者」或「完成修行的人」，耆那教的創始人為第二十四位耆那大雄（Mahavira，前599-前529，本名 Vardhamana）。耆那教的主要的教義是輪迴業報、靈魂解脫、苦行以及不殺生（ahimsa），並倡導修習苦行以消除舊業，以期最後的解脫，這和佛教有幾許相似之處，在漢譯佛典中這一教派被稱為「尼乾外道」。

　　耆那教的經典體系較為複雜，西元前三世紀初耆那教進行結集，把大雄的教義整理為基本經典《十二安伽》（*Twelve Angas*，又名《十二肢》）。除此之外，耆那教文獻還包括有眾多的注疏、詩歌、戲劇、故事集、語法、星相學、建築、教派文書以及哲學論述。這裡選擇的是耆那教的一部重要典籍《諦義證得經》（梵：*Tattvārthādhigama*，或

Tattvārtha-sūtra，中文又名《真理證得經》、《入諦義論》等），作者是哲學家烏瑪斯伐底（Umasvati，活躍於二到五世紀）。這部包羅萬象的宗教哲學經典包含十章，是耆那教中第一部以箴言（sutra）的形式寫成的經文，書中概括了該教派的本體論、宇宙論、認識論以及倫理實踐，是研究耆那教的基本資料之一。該經文現有英、德、日等多種文字譯本，方廣錩教授翻譯了《諦義證得經》的首個漢文譯本。以下的節選反映了耆那教所提倡的「七諦」說，也就是命、非命、漏（或名漏入）、縛（或名繫縛）、遮（或名制禦）、滅（或名寂靜）和解脫，這些真諦也是《諦義證得經》的主旨所在。

原文

§1.1
正見、智、行就是解脫道。

§1.2
正見即對諦義的信仰。

§1.4
諦即命、非命、漏、縛、遮、滅、解脫。[1]

§2.1
命的真實狀態可分業的抑制狀態、業的滅盡狀態、混合狀態、業的活動狀態及自然狀態。

---

1 命（梵：Jīva），是有靈魂的存在；非命（梵：ajīva）與命相對，大體相當於沒有靈魂的物質；漏（梵：āsrava）是耆那教和佛教共享的術語，在耆那教中，漏指業漏洩纏縛命；縛（梵：bandha）是指命被業所束縛；遮（梵：saṃvara）是阻擋住業；滅（梵：nirjarā）是消除已漏洩到命上的業；解脫（梵：mokṣa）是印度各宗教共有的概念，也就是即從業的束縛中最終解脫出來的意思，這也是印度教修行的最高理想。本節編注選參考了方廣錩先生對《諦義證得經》所做的注解。

§2.2

順次有二種、九種、十八種、二十一種、三種的區別。

§2.10

（命分為二種：）輪迴者與解脫者。

§2.11

（輪迴者）分為有意者與無意者。

§2.12

輪迴者（並）可分為動者與不動者。

§2.13

不動者為地、水、植物。

§2.14

動者為火、風及具有二個以上根者。

§2.20

身、舌、鼻、眼、耳（為五根）。

§2.21

它們的對象是觸、味、香、色、聲。

§2.24

蟲類、蟻類、蜂類、人類等，依次增加（一個根）。

§2.25

（祇有）有理性者有意識。

§2.26

在趣的分離處，有業身在活動。

§2.32

（命的出生形式）有凝集生、胎生、化生（三種）。

§2.37

（另外，身體有）粗大身、可變身、取得身、光亮身、業身（等五種）。

§2.38

（此五身）後面的更細微一些。

§3.7

贍部洲、鹹海等均是有清淨名稱的大洲、大海。

§3.8

（這些大洲、大海）皆是環狀，幅員（依次）為前者的兩倍。

§3.9

其中央為贍部洲，廣袤為百千由旬，以麥若山為臍。

§5.1

法、非法、虛空、補特伽羅是非命的身。

§5.2

這些與命都是實體。

§5.3

是常住的、無色的。

§5.4

（但）補特伽羅是有色的。

§5.23

補特伽羅具有觸、味、香、色。

§5.24

並具有聲、結合、細微、粗大、形狀、可分、闇、影、熱、光。

§5.25

（在補特伽羅中），有原子和（原子的）複合體。

§5.26

由結合、分割而產生。

§5.31

那是因為可以明顯看到它有主要的方面及非那個方面的緣故。

§5.32

（原子的）結合根據黏著性與乾燥性。

§5.33

具有最低量（這種）性質的（原子不結合）。

§5.38

有些人（認為）時間也（是實體）。

§5.39

它由無數個瞬間（組成）。

§6.1

作為是身、語、意的業。

§6.2

此（即）為漏。

§6.3

凡清淨的產生善。

§6.4

凡不淨的為惡。

§6.5

有污濁的（命的作為，產生）與輪迴相關的（漏），無污濁的（命的作為，產生）恪守教規的漏。

§6.9

前者分別有（行為的）熱望、準備、著手等三種；（由身、語、意作的）作為等三種；自己幹、使他人幹、同意他人幹三種；（忿、慢、欺、貪的）污濁四種。

§6.11

（由對正智、正見的）誹謗、隱匿、嫉妒、妨害、攻擊、違背（而產生）智障及見障的（漏）。

§6.12

（由）自己的、他人的、自己與他人共同的苦、憂、惱、泣、殺、悲歡（而產生）應使感受苦的（漏）。

§6.13

（由）眾生與禁誓者的慈潛、施與、遵守包括（禁止）小貪在內的禁戒、瑜伽（即禪定）、忍耐、純潔（的實踐而產生）應使感受樂的（漏）。

§6.23

見的清淨；律的具足；戒與禁誓的不犯；對智的不間斷的意向性與對厭世求法的思念；盡可能地喜捨與苦行；對僧伽及上人的皈依和供奉；對阿羅漢、阿闍黎、多聞、（信）教義（者）的親敬；勵行日課；宣揚（解脫）道；忠愛教義，（使）救世者的個性的（漏得以產生）。

§7.1

所謂禁誓是禁止殺生、妄語、偷盜、淫行、執持。[2]

§7.2

依據部分地（實行這些禁誓）及完全地（實行這些禁誓），而有微小及大（禁誓之別）。

§7.6

或者（應該）分別以慈愛、歡喜、悲憫、正真，（對待）眾生、高德者、有惱者、粗野者。[3]

2　這五項是耆那教的基本戒律，也被稱為「五大誓」（梵：mahavratas，英：five great vows）或者五戒。方廣錩先生也指出，本節與印度教經典《瑜伽經》（*Yoga Sutra*）第二章第三十節所說的瑜伽八支的第一支「禁戒」（梵：Yamas）的內容完全一致。

3　這四種廣大的利他心是印度宗教共同主張的原則。比如本節的宗旨和佛教解說的「四無量心」（梵：catvāry apramāṇāni，英：four immeasurable minds，一般是指「慈、悲、喜、捨」四種利他的心願）十分相似。同時方廣錩先生還指出，這段經文還可

§7.7

且為了厭世求法與離欲，（應對觀）世界與身體的本性。

§7.8

所謂殺害，即以放縱的（身、語、意的）作為去奪去（其他眾生的）生命。

§7.9

所謂虛偽，即說不真實的話。

§7.10

所謂偷盜，即不與取。

§7.11

所謂非梵行，即交合。

§7.12

所謂執持，即欲求。

§7.13

所謂禁誓者即無剌之人。

§7.14

（禁誓者分兩種）：在家與出家。

§7.15

在家者行小禁誓。

§7.19

對禁誓與戒順次各有（如下）五種（違背）。

§7.20

縛、殺、剝皮、加給的負荷過度、克扣飲食。

以和《瑜伽經》第一章第三十三節中講的「以慈愛對觀樂境、以悲憫對觀苦境、以歡喜對觀福境、以捨棄對觀非福境」的原文相比較。

§7.22

教唆盜竊、受理贓品、違背皇家禁令（私下買賣）、計量上的不正當行為、贖賣假貨。

§7.24

過份地擁有田地家屋、金銀、家財穀物、男女奴婢、珠寶。

§7.27

粗野低下的談笑；卑猥的舉動；饒舌；處事無謀；過度的皆用。

§7.28

（在冥想時用身、語、業三種）行為作惡；不熱心；對傳統法規記憶不熟。

§7.32

對生的追求；對死的追求；對朋友的愛著；對歡樂的追憶；（對未來）起欲念。

§7.33

所謂施與即為了（自己及他人的）利益，把自己的東西施捨出去。

§7.34

這些施與因方式、施捨品、施捨者、接受者的不同而產生差別。

§8.1

縛的原因是邪見、不遠離、放逸、穢濁、作為。

§8.2

由於命有穢濁，因此取得對業適合的物質。

§8.3

此為縛。

§8.26

（在諸業中，感受）樂的感覺、正、笑、喜、人的知識（及承受）清淨的壽量、個性、類性，則為善（業）。

§9.1

所謂遮即漏的控制。

§9.2

它是由監護、謹慎、法、隨觀、克服艱苦、行動而（產生）。

§9.3

且通過苦行而逐漸有滅。

§9.6

最好的的法是忍耐、謙和、正直、純潔、真實、自制、苦行、喜捨、無一物、梵行等。

§9.7

所謂隨觀，指省察無常、無庇護、輪迴、孤立、區別（內體自我）、（身體的）不淨、漏、遮、滅、世界、覺證的困難、法的自明的真理性（等）。

§9.18

所謂行動指反省冥想、悔過改正、保持淨行、細穢濁、如實修行。

§9.19

絕食、減食、（接受施捨食物時的）正確的行動、捨棄美味、閉居獨坐、肉體方面的苦行（等）即為外在的苦行。

§9.20

補贖、端肅、服務、學習、放棄、靜慮為後者。

§9.22

告白、改悔、（同時）進行此兩者、離棄（一切愛用）、放棄（對身體的愛著）、苦行、削減法臘、別住、恢復僧籍（等九種即為補贖的小區別）。

§9.27

所謂靜慮是具有最高關節連繫者的思想的（一種）觀想與控制。

§9.29

（它）有苦（想）、凶（想）、法（想）、淨（想）。

§9.30

（此四禪中），後二（想）是解脫的原因。

§10.1

由滅盡愚癡且滅盡障覆、妨礙正智與正見的（業），而有完全智。

§10.2

由於縛因的消除與（業）的滅，

§10.3

就能滅盡所有的業（而得到）解脫。

出處

方廣錩編　《藏外佛教文獻第二輯》（北京：宗教文化出版社，1996
　　　年），頁358-457。

延伸閱讀書目

金倉圓照　《印度精神文化の研究》，東京：培風館出版，1944年。
姚衛群　《〈諦義證得經〉的主要思想》，《五臺山研究》2015年第2
　　　期，頁3-8。
Akalaṅka, N. L. Jain, and Pārśvanātha Vidyāpīṭha. *Biology of Jaina Treatise*
　　　on Reals: Biology in Tattvārtha-Sūtra: English Translation with
　　　Notes on Chapter Two of Tattvārtha Rājavārtika of Akalaṅka
　　　(Royal Semi-Aphorismic Explanatory on Reals) on Tattvārtha
　　　Sūtra (Treatise on Reals) by ācārya Umāsvāmi. Varanasi Chennai:

Pārśvanātha Vidyāpīṭha; Śri Digambar Jain Samāj, 1999.

Jain, G. R., and Mahāvīra. *Cosmology Old & New, Being a Modern Commentary on the Fifth Chapter of Tattvārthādhigama Sūtra.* New Delhi: Bharatiya Jnanpith Publication, 1975.

Johnson, W. J., Kundakunda, and Kundakunda. *Harmless Souls: Karmic Bondage and Religious Change in Early Jainism with Special Reference to Umāsvāti and Kundakunda.* Delhi: Motilal Banarsidass Publishers, 1995.

Ōhira, Suzuko. *A Study of Tattvārthasūtra with Bhāsya: With Special Reference to Authorship and Date.* Ahmedabad: L.D. Institute of Indology, 1982.

Sanghavi, Sukhlalji, and K. K. Dixit. *Pt. Sukhlalji's Commentary on Tattvārtha Sūtra of Vācaka Umāsvāti.* Ahmedabad: L.D. Institute of Indology, 1974.

Umāsvāti, and Manu Doshi. *Tattvārtha Sutra.* Ahmedabad: Federation of Jain Associations in North America; Shrut Ratnakar, 2007.

錫克教

參捌　那納克的歌詠：選自《阿迪・格蘭特》
（*Adi Granth*）

解題

　　印度因其豐富多彩的宗教文化而被譽為「世界宗教博物館」，除了第一大宗教印度教和緊隨其後的伊斯蘭教，排在第三位的是十六世紀崛起於印度西北旁遮普邦（Punjab）的錫克教（Sikhism）。目前，錫克教隨著移民的外流逐步傳播至東非、東南亞和歐美各地，成為具有一定影響力的世界性宗教。錫克教創立於穆斯林統治印度的莫臥兒王朝時期（Mogul Empire, 1526-1857），創始人為教派的第一代師尊那納克（Nanak, 1469-1539），其後還有九位古魯（Guru）被尊為教派的祖師。[1] 錫克教深受印度教虔誠派（Bhakti）和伊斯蘭教蘇菲主義的影響，秉承一神論的信仰，提倡修行和眾生平等。錫克教的最根本經典《古魯・格蘭特・薩哈卜》（旁：*Guru Granth Sāhib*），又名《阿迪・格蘭特》（旁：*Adi Granth* 或 AG），保存了中古旁遮普文學的精華，全書共收錄五八七一首詩歌，長達一四三〇頁，採用了統一的古魯穆齊字體（Gurmukhī script）。由於《阿迪・格蘭特》的作者群包括錫克教的六

1　Guru（古魯或咕嚕）是印度的宗教領袖或導師，在藏傳佛教中也可以被譯為上師，等同於藏語中的喇嘛（Lama或藏：bla-ma）。

位古魯，以及印度各地各階層的聖人和吟游詩人，因此詩集所使用的
語言和方言較為駁雜，主要有旁遮普語（Punjabi）、信德語（Sindhi）、
梵文、波斯文、蘭達字母（Lahnda）以及克里波利語（Khariboli）等。
以下的系列短詩選自《阿迪‧格蘭特》，作者是錫克教的初祖（Adi
Guru）那納克，詩中表達了錫克教的基本訓誡和修行原則，最後的幾
首詩也表明古魯那納克比較善於運用比喻的手法來傳達深刻的教誨。

原文

> 他自己創造了自己，
> 也創造了自己的名字。
> 然後他創造了世界，
> 並存在於這個世界裡。
>
> 主啊，你就是創造者，
> 你高興地傳播自己。
> 你知道所有人的心事，
> 你給所有生物以氣息，
> 又將這氣息帶回去。
>
> 那無窮的力量無邊的主，
> 人們可以感知他的存在，
> 卻不能建立他、製作他。
>
> 你的個體真實，梵卵真實，
> 你的人們真實，形象真實。

你的作為真實，思想真實。
你的命令真實，裁判真實。

要從真師那裡獲得知識，
去思考主的本質。
將主的名號念誦，
骯髒的心地也變得潔淨。[2]
主將為他解除迷惘，
結束他自我的無明。
只有他們熱愛主名，
早就在命運中注定。

師尊給我主的甘露，
我的身心融化其中。
師尊永遠代表我主，
給了我對主的虔誠。

身體之屋沙建造，
世俗之浪會沖掉，
在生活的大雨中，
它不過是個水泡。
生物啊，仔細瞧，
偉力來自主名號

2　錫克教教義的核心是「一個神、一個師尊和一個真名」，也就是說唯一的神是無形
　無像的永恆存在，這個唯一之神顯現為一個名號，這個名號就是神的化身。實踐這
　一教義的方法就是「記得聖名」（旁：nam-simaran），因此反覆念誦主的名號就是這
　一實踐的表現之一。

女人想永享青春美麗，
花蜜、甜汁使用成癖，
花開歡樂有時，
憂愁悲哀隨至，
皈依我主才能歡欣如意。

心之不潔思貪欲，
舌之不潔說謊言，
眼不潔窺他人財色，
耳不潔聽蜚語流言。
那納克啊，
不潔者被綁赴閻王殿。

所有不潔盡迷幻，
世間迷幻能傳染，
來去由主定，
生死本在天。
明白這一切，
污濁不沾邊。

出處

薛克翹、唐孟生、姜景奎、Rakesh Vats　《印度中世紀宗教文學（下
　　卷）》（北京：昆侖出版社，2011年），頁333-337、376-378。[3]

3　目前錫克教的經典《阿迪·格蘭特》還沒有完整的中譯本，因此本文選用了薛克翹
　　教授主編的《印度中世紀宗教文學》中的節譯。

延伸閱讀書目

金鼎漢　《錫克教〈阿迪經〉的晨歌》,《世界宗教資料》1994年第3期,頁11-18。

薛克翹　《中世紀錫克教文學概說》,《南亞研究》2006年第1期,頁78-82。

張占順　《錫克教與錫克群體的變遷》,北京:世界知識出版社,2008年。

ハルバンス・スィン（Harbans Singh）著,岡口典雄譯　《グル・ナーナク》,草加:岡口典雄,1982年。

Kohli, Surindar Singh. *A Critical Study of Adi Granth, Being a Comprehensive and Scientific Study of Guru Granth Sahib, the Scripture of the Sikhs.* Delhi: Motilal Banarsidass, 1976.

Nanak, Guru. *Chants for Contemplation from the Adi Granth.* Sacred Texts. London: Concord Grove Press, 1984.

Nanak and Singh Khushwant. *Hymns of Guru Nanak.* Unesco Collection of Representative Works: Indian Series. New Delhi: Orient Longmans, 1969.

佛教

參玖 雙品與老品：選自《法句經》 (*Dhammapada*)

解題

　　佛教可以簡單地分為南傳佛教（Theravada Buddhism 或 Southern Buddhism），大乘佛教（Mahayana Buddhism）和密宗（Esoteric Buddhism 或 Tantric Buddhism）這三大派系。[1]南傳佛教的眾多佛典目前完整地保存在巴利語系的大藏經之中，名為《巴利三藏》（Pali Tripitaka）。顧名思義，巴利三藏主要可以分為以戒律為主的「律藏」（巴：Vinaya piṭaka）、以經文為主的「經藏」（巴：Sutta piṭaka），以及從宗教和哲學的角度闡釋教法的「論藏」（巴：Abhidhamma piṭaka）這三個部分。完整的巴利聖典（Pali Canon）包括了數千部長短不一的佛典，代表了早期部派佛教中唯一現存的錫蘭上座部（Theravada，也就是中國舊稱的小乘佛教）的經典集成。在巴利三藏的眾多典籍之中，《法句經》（梵：*Dharmapada*，巴：*Dhammapada*，日：法句経 *Hokkukyō*）幾乎是現存最古老的佛經之一，同時又因其匯集了富有感

1　南傳佛教的異稱還包括早期中國佛典中約定俗成的小乘佛教（Hinayana Buddhism）、現在常用的部派佛教（Sectarian Buddhism）、上座部佛教和原始佛教（Primitive Buddhism）等。在英文的佛教作品中，以西藏佛教為代表的密教有時候也被稱作金剛乘（Vajrayanan）或真言乘（Mantrayana）。

化力的格言詩偈而大受歡迎，迄今依然被南傳佛教徒廣為誦讀。「法句」意為「真理之語言」，相傳是佛陀所說的教法，全篇對現實人生的痛苦和虛幻充滿敏銳的洞察力，是極佳的佛教入門讀本。

《法句經》有梵文、巴利文、藏文等多種版本，可以粗略地被歸為南傳和北傳兩種不同的文本體系。《南傳法句經》共二十六品四二三頌，是巴利經藏的《小部》（巴：Khuddaka-Nikāya）之中的第二部經。這部經不僅在東南亞極為盛行，同時也被譯成不同的語言在北傳佛教的國家和地區流傳。除了漢譯的《法句譬喻經》（北傳法句經），佛教學者還陸續考訂出版了和闐文（Khotanese）、犍陀羅語（Gāndhārī）、吐火羅語（Tocharian），以及混合梵語（Hybrid Sanskrit）等多種版本的《法句經》。自從三國時代肇始，《法句經》陸續有多種漢文譯本問世，近現代也有數種白話漢譯本付梓。此處擇選的是民國時期了參法師（又名葉均，1916-1985）翻譯的《南傳法句經》中的第一章《雙品》（巴：YamakaVaggo）和第十一章《老品》（巴：Jarāvaggo）。

原文[2]

一　雙品

一、諸法意先導・意主意造作・若以染汙意・或語或行業・是則苦隨彼・如輪隨獸足・

二、諸法意先導・意主意造作・若以清淨意・或語或行業・是則樂隨彼・如影不離形・

2　了參法師的譯文並沒有增加太多的標點，只是在斷句的地方標注了圓點以示區分，此處的引文也基本保持了原文的這一風格。此外，了參法師還在譯文中插入了豐富的腳注並提供了一些專有名詞的巴利文原文，有興趣的讀者可以參考收錄於《大藏經補編》第七冊的《南傳法句經》（詳情請參看出處）。

三、「彼罵我打我‧敗我劫奪我‧」若人懷此念‧怨恨不能息‧

四、「彼罵我打我‧敗我劫奪我‧」若人舍此念‧怨恨自平息‧

五、於此世界中‧從非怨止怨‧唯以忍止怨‧此古（聖常）法‧

六、彼人不了悟‧「我等將毀滅‧」若彼等如此‧則諍論自息‧

七、唯求住淨樂‧不攝護諸根‧飲食不知量‧懈惰不精進‧彼實為魔服‧如風吹弱樹‧

八、願求非樂住‧善攝護諸根‧飲食知節量‧具信又精進‧魔不能勝彼‧如風吹石山‧[3]

九、若人穿袈裟‧不離諸垢穢‧無誠實克己‧不應著袈裟‧

一〇、若人離諸垢‧能善持戒律‧克己與誠實‧彼應著袈裟‧

一一、非真思真實‧真實見非真‧邪思惟境界‧彼不達真實‧

一二、真實思真實‧非真知非真‧正思惟境界‧彼能達真實‧

一三、如蓋屋不密‧必為雨漏浸‧如是不修心‧貪欲必漏入‧

一四、如善密蓋屋‧不為雨漏浸‧如是善修心‧貪欲不漏入‧

一五、現世此處悲‧死後他處悲‧作諸惡業者‧兩處俱憂悲‧見自惡業已‧他悲他苦惱‧

一六、現世此處樂‧死後他處樂‧作諸善業者‧兩處俱受樂‧見自善業已‧他樂他極樂‧

一七、現世此處苦‧死後他處苦‧作諸惡業者‧兩處俱受苦‧（現）悲「我作惡‧」墮惡趣更苦‧

---

3 非樂（巴：asubhā），又名「不淨」、「不淨觀」（巴：asubhānupassin，梵：aśubhās-mrti，藏：mi-sdug-pa bsgom-pa）、不淨想，指的是南傳佛教禪定中觀想色身污穢的「十不淨觀」（巴：dasaasubhā），也就是想像屍體從腐爛到成為白骨的十種狀態，這種修行方法一般用於在坐禪中對治貪欲。廣義地說，不淨觀也屬部派佛教中的「五停心觀」之第一項，在其他的經典之中，還有「七種不淨」、「九不淨觀」和「三十二不淨觀」等多種教法。

一八、現世此處喜・死後他處喜・修諸福業者・兩處俱歡喜・
（現）喜「我修福・」生善趣更喜・

一九、雖多誦經集・放逸而不行・如牧數他牛・自無沙門分・

二〇、雖誦經典少・能依教實行・具足正知識・除滅貪瞋癡・善
淨解脫心・棄捨於世欲・此界或他界・彼得沙門分・

—— 老品

一四六、常在燃燒中・何喜何可笑？幽暗之所蔽・何不求光明？[4]

一四七、觀此粉飾身・瘡傷一堆骨・疾病多思惟・絕非常存者・

一四八、此衰老形骸・病藪而易壞・朽聚必毀滅・有生終歸死・

一四九、猶如葫蘆瓜・散棄於秋季・骸骨如鴿色・觀此何可樂？

一五〇、此城骨所建・塗以血與肉・儲藏老與死・及慢並虛偽・

一五一、盛飾王車亦必朽・此身老邁當亦爾・唯善人法不老朽・
善人傳示於善人・

一五二、寡聞之（愚）人・生長如牡牛・唯增長筋肉・而不增智
慧・

一五三、經多生輪迴・尋求造屋者・但未得見之・痛苦再再生・

一五四、已見造屋者！不再造於屋・椽桷皆毀壞・棟樑亦摧折・
我既證無為・一切愛盡滅・

一五五、少壯不得財・並不修梵行・如池邊老鷺・無魚而萎滅・

一五六、少壯不得財・並不修梵行・臥如破折弓・悲歎於過去・

---

4 燃燒（巴：Pajjalita），了參認為這是指世界有十一種痛苦的火焰常在燃燒。具有象
徵意義的「燃燒」是印度宗教永恆的主題之一，無論是佛典還是印度教經典，都常
常出現「欲望在燃燒」或者「內心在燃燒」這樣的經文。讀者可以參考巴利文經藏
《相應部》（巴：Saṃyutta Nikāya）中的《燃燒經》（巴：*Adittapariyaya Sutta*，英：
Fire Sermon Discourse，經文編號：SN 35.28）。

出處

藍吉富主編　《大藏經補編》第七冊（臺北：華宇出版社，1985年），
　　　頁39-40、55。

延伸閱讀書目

蔡志忠編繪　《漫畫南傳法句經》，北京：中信出版集團，2017年。

長井真琴譯，世界文庫刊行會編　《巴厘伝訳法句経》，東京：世界
　　　文庫刊行會，1925年。

荻原雲來譯著　《法句経》，東京：岩波書店，1955年。

黃寶生　《巴漢對勘〈法句經〉》，上海：中西書局，2015年。

慧　如　《南傳〈法句經〉到漢譯〈四十二章經〉關係與影響之研
　　　究》，新北：花木蘭文化出版社，2013年。

水野弘元　《法句経の研究》，東京：春秋社，1981年。

元亨寺漢譯南傳大藏經編譯委員會編　《漢譯南傳大藏經（元亨寺
　　　版）》第二六冊，高雄：元亨寺妙林出版社，1995年。

足立俊雄　《法句經・四十二章經講義》，東京：名著出版，1976年。

Brough, John. *The Gāndhārī Dharmapada*. London Oriental Series. London,
　　　New York: Oxford University Press, 1962.

Carter, John Ross, and Mahinda Palihawadana. *The Dhammapada: The
　　　Sayings of the Buddha*. Oxford World's Classics. New York:
　　　Oxford University Press, 2000.

Fronsdal, Gil. *The Dhammapada: A New Translation of the Buddhist
　　　Classic with Annotations*. Boston: Shambhala, 2005.

Shukla, N. S. *The Buddhist Hybrid Sanskrit, Dharmapada.* Tibetan Sanskrit
    Works Series No. 19. Patna: K. P. Jayaswal Research Institute,
    1979.

肆拾 說神變品：選自《清淨道論》
（*Visuddhimagga*）

解題

　　《清淨道論》是印度比丘覺音（Buddhaghosa，活躍於五世紀）所著的闡述南傳佛教之教理與實踐的論疏，素來為佛教徒和學者所重視。覺音原為恆河中游摩揭陀國（Magadha）的婆羅門，精通吠陀和瑜伽，後皈依佛教並前往錫蘭（Celon，今斯里蘭卡）鑽研三藏。五世紀上半葉覺音在阿努拉德普勒（Anuradhapura）學習三藏注疏並依照錫蘭大寺派（梵：Mahavihara）的理法用巴利語撰述了《清淨道論》，「清淨道」是取「為求清淨而精進地修行」之意。本書共分三十三品，覺音依照原始佛教的修習次第論說了戒定慧三學（梵：tisraḥ śikṣāh，巴：tissosikkhā，英：three trainings）的修習次第，是研究上座部（梵：Sthavira，巴：Theravada）教理和修持的必讀之書。巴利文的《清淨道論》有英、法、德等西文翻譯，水野弘元（Mizuno Kōgen, 1901-2006）將其譯為日文（1937-1940）並收入《南傳大藏經》（日：南伝大蔵経 *Nanden daizōkyō*，第六十二～六十四冊），中文版由葉均（了參法師，1916-1985）翻譯並出版。以下選文來自《清淨道論》的第十二章《說神變品》（巴：Iddhividha-niddesa，英：The Supernormal Powers）。《清淨道論》描述了四十種修定的方法，其中的十種觀法就是所謂的「十遍處」（梵：daśa kṛtsnāyatanāni，巴：dasa kasiṇayatanāni，藏：zad-par-gyi skye-mched bcu），佛教行者認為依本書定法修習可以獲得功德，也就是十種神變和四種神通力。直至今日，

據說依然有南傳佛教的禪修大師依照《清淨道論》修持而證果。[1]

原文

（5）（不障礙神變）「穿壁、穿牆、穿山、無有障礙，如行空中」，此中「穿壁」為透壁——即透過壁的那一邊。他句亦同樣。「壁」——與屋的壁是同義語。「牆」——是家、寺、村落等周圍的牆。「山」——是土山或石山。「無礙」——即無障。「如空中」——好像在空中。

欲這樣無礙而行者，入虛空遍定而出定已，念壁或牆或須彌及輪圍等的任何山而遍作（準備），當決意「成虛空」，便成虛空。欲下降或欲上升者便有坑，欲穿透而行者便有洞。他便可從那裡無礙而行。關於此事，三藏小無畏長老說：「道友，為什麼要入虛空遍定？如果那樣，若欲化作象馬者，不是也要入象馬等遍定嗎？於諸遍中遍作（準備），已得八等至自在，豈非已夠條件遂其所欲而行神變了嗎」？諸比丘說：「尊師，在聖典中只述虛空遍，所以必須這樣說」！聖典之文如下：「本來已得虛空遍者，而念穿壁穿牆穿山，念已以智決意：『成為虛空』，便成虛空，穿壁穿牆穿山，無礙而行，正如普通的人，沒有任何東西的遮隔，所行無礙，而此神變者，心得自在，穿壁穿牆穿山，無有障礙，如行空中」。[2]

1　據說美國內觀運動（Vipassana Movement）的推動者之一，孟加拉的禪修大師蒂帕瑪（Dipa Ma, 1911-1989）就是依照《清淨道論》修習而有所成就，參看艾美・史密特（Amy Schmidt）著，周和君譯：《佛陀的女兒：南傳佛教大修行人的傳奇心靈》（臺北：橡樹林文化），2003年。

2　轉引自巴利聖典協會（Pali Text Society）的英譯本（PTS. II, 208），參看Buddhaghosa, and Tan' Phe Mon'. *The Path of Purity, Being a Translation of Buddhaghosa's Visuddhimagga*. Pali Text Society Translation Series, No 11, 17, 21 (Extra Suscription). 3

　　若比丘業已決意，於所行途中，又現起山或樹，不是再要入定而決意嗎？無妨的。再入定而決意，正如取得鄔波馱耶（和尚）的聽許依止一樣。因此比丘業已決定成為虛空，故有虛空，由於他先前的決意之力，於途中又現起任何山或樹或氣候所成的，實無此理。如果由別的神變者所化作的，則初化作的力強，其他的必須經下面或上面而行。

　　（6）（地中出沒神變）於「地中出沒」的句中，「出」為出現，「沒」為潛沒。出與沒故名出沒。欲求如是行者入水遍定而出定已，限定「於此處之地而成為水」而遍作（準備），當依所說而決意，與決意共，彼所限定之地便成為水，而他即在彼處出沒。有關的聖典如下：「本已獲得水遍定者，念於地，念已以智決定：『成為水』，便成為水。而他即於地中出沒。譬如普通無神變的人在水中出沒一樣，如是此神變者，心得自在，於地中出沒，如在水中」。

　　他不僅得於地中出沒而已，如他希望沐浴飲水洗臉洗衣等，彼亦可作。不但化地為水而已，如欲作酥油蜜糖水等，念「這些成為這樣，這些成為那樣」，遍作（準備）之後而決意，便得成為他所決意的。如從那裡取出置於器皿中，則所化的酥儼然是酥，油儼然是油，水儼然是水。如他希望那裡面濕便為濕，希望不濕便不濕。只是對於他而那地成為水，對於別人則依然是地。人們依然在那上面步行，驅車而行及耕耘等。然而如果他希望亦為他們而化為水，便成為水。過了神變的期限之後，除了本來在甕中及池內等的水之外，其餘所限定的地方依然成為地。

　　（7）（水上不沉神變）於「水上不沉」的句中，如果涉水而過會沉沒的名為沉，相反的為「不沉」。欲求如是行者，入地遍定而出定

　　vols. London: Pali Text Society, 1922-1931. 本文選段中引用的其他巴利經典的出處，可以參看葉均《清淨道論》的中譯本對於本章的注釋。

已，限定「這一處水而成為地」而遍作（準備）之後，當依所說決意，與決意共，即把那限定的水變為地，他便在那上面行走。有關的聖典如下：「本已獲得地遍定者，念於水，念已以智決意：『成為地』，便成為地，他即行於那水上而不沉。譬如普通沒有神變的人，行於地上不沉一樣，如是那神變者，心得自在，行於水上不沉，如在地上」。

他不僅得於水上行走而已，如欲於水上作種種威儀，他亦能作。不但能把水作為地，如果欲變為寶珠、黃金、山、樹等物，他依前述之法而念而決意，便成其所決意的。只對於他而變那水為地，對於他人則依然是水、魚龜及水鴉（鵜鴣）等仍在那裡面如意游泳。然而如果他希望亦為他人而化為地，便能化作。過了神變的期限之後，依然成為水。

（8）（飛行神變）「給跏經行」即以結跏而行。

「如鳥附翼」即如有翼之鳥。欲求如是而行者，於地遍入定之後而出定，如欲以坐而行，則限定結跏的座位那樣大的處所而遍作（準備），然後當依前說而決意；若欲以臥而行，是床的面積；若欲步行，是道路的面積。如是限定了適合的處所，如前所說而決意：「成為地」，與決意共，便成為地。有關的聖典如下：「於空中結跏經行，如鳥之附翼。本已獲得地遍定者，念於空，念已以智決意『成為地』，便成為地，他於虛空之中作行住坐臥。譬如本無神變的人，在地上作行住坐臥一樣，如是此神變者，心得自在，於虛空之中作行住坐臥」。

欲於空中而行的比丘，亦須獲得天眼。何以故？在他的飛行途中，為了去觀看因時節等所起的山與樹等，或由龍與金翅鳥等的嫉妒

而造的。[3]他看見了這些之後，應該怎樣？於基礎禪入定之後而出定，念「成為空」而遍作（準備），然後決意。（三藏小無畏）長老說：「道友，何必再入定？他的心豈非已得等持？若他決意『這裡那裡成為空』，便得成空」。雖然他這樣說，但應依穿壁神變所說的方法而行道。同時為了要在適當的處所下降，神變者亦須獲得天眼。如果他在浴場及村門口等不適當之處下降，則為許多人所見。所以當以天眼見之，避去不適當之處而於適當的地方下降。

出處

覺音（Buddhaghosa）著，葉鈞居士譯　《清淨道論》（北京：中國佛教協會、佛教文化教育基金委員會印行，1991年），頁360-363。

延伸閱讀書目

仏陀瞿沙（Buddhaghosa）著，石黑彌致訳注　《清浄道論》，東京：東洋文庫，1936年。

悉達多學院編譯　《掌中之葉：清淨道論實修手冊》，臺灣：悉達多基金會，2007年。

3　南傳佛教認為通過深入修習禪定，大約在第四禪（梵：caturtha-dhyāna，巴：catuttha-jhāna，英：fourth dhyana）的境界之中能夠產生神通力。一般認為行者依定慧之力能示現六通（梵：ṣaḍabhijñāḥ，藏mṅon par śes-padrug），天眼通（梵：divya-cakṣur-jñāna-sākṣātkriyābhijñā，英：divine eye）就是其中之一。大乘佛教的論書《大智度論》（梵：*Mahāprajñāpāramitopadeśa-śāstra*，英：*Treatise on the Great Prajñāpāramitā*）卷五中這樣描述「天眼通」：「於眼得色界四大造清淨色……自地及下地六道中眾生諸物，若近若遠、若覆若細諸色，無不能照。」金翅鳥（Garuda，又名迦樓羅）是印度宗教中的神鳥，佛教的天龍八部之一，翼展數萬里，常常以龍（naga）為食。

《中國貝葉經全集》編輯委員會編，刀金平翻譯　《中國貝葉經全集
　　第82卷：清淨道論》，北京：人民出版社，2010年。

Buddhaghosa, and Buddhasāsanapaṇḍity. *Visuddhimagg*. Ganthamālā. 3
　　vols. Bhnaṃ Beñ: Buddhasāsanapaṇḍity, 2005.

Buddhaghosa, and Ñāṇamoli. *The Path of Purification: Visuddhimagga*.
　　Seattle: BPE Pariyatti Editions, 1999.

Buddhaghosa, Dharmananda Kosambi, and Bharatiya Vidya Bhavan.
　　Visuddhimagga of Buddhaghosācariya. 2 vols. Bombay: Bharatiya
　　vidya bhavan, 1940.

Flickstein, Matthew, Buddhaghosa, and Matthew Flickstein. *The Meditator's
　　Atlas: A Road Map of the Inner World*. Boston: Wisdom Public-
　　ations, 2007.

Vyanjana, and Buddhaghosa. *Theravāda Buddhist Ethics with Special
　　Reference to Visuddhimagga*. Calcutta: PunthiPustak, 1992.

肆壹　色即是空：選自《心經》（*Heart Sutra*）

解題

　　《心經》（*Heart Sutra*）的全名是《般若波羅蜜多心經》（梵：*Prajñāpāramitā-hṛdaya-sūtra*），一般又被稱作《般若心經》（日：般若心経 *Hannyashingyō*），是東亞地區最知名的佛教經典。大乘佛教興起之後，最早出現的是一批名為「般若波羅蜜」（梵：*Prajñāpāramitā*）的梵文文獻，因為般若係經典群中的《八千頌般若經》（梵：*Aṣṭasāhasrikā-prajñāpāramitā Sūtra*）和《十萬頌般若經》（梵：*Śatasāhasrikā-prajñāpāramitā Sūtra*）等經本過於冗長，所以產生了以《金剛經》（梵：*Vajracchedikā-prajñāpāramitā Sūtra*，英：*Diamond Sutra*）和《心經》為代表的簡約並易於誦讀的版本。《心經》除了大本（尼泊爾）和小本（日本）兩類不同的梵文本，還有至少七種中文譯本行世，其中以玄奘於貞觀二十三年（649）譯出的版本（小本）最為經典。[1]除了中譯本，《心經》早在十九世紀就被兩次譯成英文並入選印度學家馬克思·穆勒編輯的《東方聖書》，當然，其他語言的《心經》譯本也是不勝枚舉。這部小經通過大乘佛典中常見的觀世音菩薩（Avalokitesvara）和佛陀的弟子舍利弗（Sariputra）之間的對話，闡發了般若思想的要旨「空」（梵：*śūnyatā*）的精髓和行持。在東亞佛教界，《心經》通常被列入早課的誦讀或用於護身和辟邪，這部經典也是多種東亞藝術和音樂的創作源泉。

1　除了在尼泊爾發現的大本的梵文《心經》，《心經》的貝葉也傳到了日本的奈良，目前小本的《心經》貝葉保存在法隆寺（日：Hōryūji），大本的貝葉保存在長穀寺（日：Hasetera）。

原文

　　觀自在菩薩，行深般若波羅蜜多時，照見五蘊皆空，度一切苦厄。

　　舍利子，色不異空，空不異色，色即是空，空即是色，受、想、行、識，亦復如是。[2]

　　舍利子，是諸法空相，不生不滅，不垢不淨，不增不減。

　　是故，空中無色，無受、想、行、識；無眼、耳、鼻、舌、身、意；無色、聲、香、味、觸、法；無眼界，乃至無意識界；無無明，亦無無明盡，乃至無老死，亦無老死盡；無苦、集、滅、道，無智亦無得。

　　以無所得故，菩提薩埵，依般若波羅蜜多故，心無掛礙。無掛礙故，無有恐怖。遠離顛倒夢想，究竟涅槃。三世諸佛，依般若波羅蜜多故，得阿耨多羅三藐三菩提。

　　故知般若波羅蜜多，是大神咒，是大明咒，是無上咒，是無等等咒，能除一切苦，真實不虛。

　　故說般若波羅蜜多咒，即說咒曰：

　　揭諦，揭諦，波羅揭諦，波羅僧揭諦，菩提薩婆訶。[3]

2　「色即是空，空即是色」（梵：śūnyataiva rūpam，藏：gzugs stoṅ-paḥo）是《心經》的畫龍點睛之筆，反映了諸本般若經中反覆出現的「真空妙有」的思想。色（梵：rūpa）是物質世界，色即是空說明成住壞空是現象世界的特點，其本質是當體性空。空即是色是說緣起性空的狀態存在孕育萬物的可能性，因此從有到空和空中生有之間存在「色空相即「的辯證關係。

3　《心經》以梵文的咒語（梵：gate, gate, paragate, parasaṃgate, bodhi svāhā）來結尾，佛學家霍韜晦（1940-2018）將其譯為：「去了！去了！到彼岸去了！完全到彼岸去了！覺悟啊！謹願！」美國學者孔茨（Edward Conze, 1904-1979）的英文翻譯是："gone, gone, gone beyond, utterly gone beyond: enlightenment!"。經文中使用「大明咒」是為了適應世俗祈願的需要，同時也鼓勵信眾實踐般若的妙用。

出處

賴永海主編，陳秋平譯注　《金剛經‧心經》（北京：中華書局，2010
　　　年），頁125-139。

延伸閱讀書目

方廣錩編纂　《般若心經譯注集成》，武漢：湖北科學技術出版社，
　　　2011年。

福井文雅　《般若心経の歴史的研究》，東京：春秋社，1987年。

高橋信次著，行雲譯　《般若心經的真義：內在智慧的探討》，臺
　　　北：商鼎數位出版公司，2012年。

金岡秀友　《般若心経》，東京：講談社，1873年。

賴富本宏編著，今井浄円、那須真裕美著　《般若心経》，東京：ナ
　　　ツメ社，2003年。

良寛著，広瀬保吉編　《良寛和尚書般若心経》，東京：清雅堂，
　　　1999年。

談錫永　《心經內義與究竟義》，北京：華夏出版社，2010年。

釋悟光著　《心經思想蠡測》，香港：資本文化公司，2018。

中村元、紀野一義訳注　《般若心経‧金剛般若経》，東京：岩波書
　　　店，1991年。

Lopez, Donald S. *The Heart Sūtra Explained: Indian and Tibetan
　　　Commentaries*. Suny Series in Buddhist Studies. Albany: State
　　　University of New York Press, 1988.

Red, Pine. *The Heart Sutra: The Womb of Buddhas*. Washington, DC:
　　　Shoemaker & Hoard, 2004.

Tanahashi, Kazuaki. *The Heart Sutra: A Comprehensive Guide to the Classic of Mahayana Buddhism*. Boston: Shambhala, 2014.

Van Ghelue, Nadja. *The Heart Sutra in Calligraphy: A Visual Appreciation of the Perfection of Wisdom*. Berkeley: Stone Bridge Press, 2008.

肆貳　世間如火宅：選自《法華經》
（*Lotus Sutra*）

解題

　　《妙法蓮華經》（梵：*Saddharma-puṇḍarīka-sūtra*，藏：*Dam-paḥi-chos pad-ma-dkar-po*，英：*Lotus Sutra*）是大乘佛教中流傳極盛的重要典籍，歷朝歷代注疏甚多，在近現代的佛教研究中也可謂是顯學。作為初期大乘佛教的典籍，《法華經》大約成立於西元五十到一五○年之間，有學者甚至認為本經產生於西元前二至三世紀。《法華經》至少有三種漢譯本傳世，十九世紀又陸續在印度、尼泊爾以及西藏、新疆等地發現了梵文寫本四十餘種，之後學者根據梵文和中文本分別翻譯出版了法、英、日等多種譯本。《法華經》文辭優美，除了闡述宇宙間的「一乘妙法」以及眾生皆可成佛的「佛性」（梵：buddha-dhātu，英：buddha nature）之外，也運用了多種譬喻和直喻來說明佛陀因材施教的「方便法門」（梵：upāya，英：expedient means）。在漢地傳開之後，《法華經》成為天臺宗的基本經典，日本十三世紀盛行的日蓮宗（日：nichirenshū）也專奉此經，並認為「妙法蓮華經」五字代表了佛法的真髓。此外，《法華經》的靈驗記和抄經傳統在東亞也十分興盛。

　　以下的選段是《法華經》七個譬喻（法華七喻）之中最有名的「火宅喻」。故事中的長者暗喻苦口婆心的佛陀，火宅（梵：adīptāgāra，藏：rab-tu-ḥbar-bahi kham-pa）象徵著充滿痛苦的人間乃至三界（梵：trayo dhātavaḥ，巴：tisso dhātuyo），在火宅中玩耍的兒童比喻不知出離苦海的有情眾生。《法華經》的大乘願景激發了東亞佛教藝術的創作，

經中的故事場景常常出現在敦煌石窟的變相以及日本的繪卷和曼荼羅之中。

原文

　　爾時，佛告舍利弗：「我先不言諸佛世尊以種種因緣、譬喻言辭方便說法，皆為阿耨多羅三藐三菩提耶？[1]是諸所說，皆為化菩薩故。然舍利弗！今當複以譬喻更明此義，諸有智者以譬喻得解。

　　「舍利弗！若國邑聚落有大長者，其年衰邁，財富無量，多有田宅及諸僮僕。其家廣大，唯有一門，多諸人眾，一百、二百，乃至五百人，止住其中。堂閣朽故，牆壁隤落，柱根腐敗，梁棟傾危，周匝俱時欻然火起，焚燒舍宅。長者諸子，若十、二十，或至三十，在此宅中。長者見是大火從四面起，即大驚怖，而作是念：『我雖能於此所燒之門安隱得出，而諸子等於火宅內樂著嬉戲，不覺不知，不驚不怖，火來逼身，苦痛切已，心不厭患，無求出意。』

　　「舍利弗！是長者作是思惟：『我身手有力，當以衣裓，若以機案，從舍出之。』復更思惟：『是舍唯有一門，而復狹小。諸子幼稚，未有所識，戀著戲處，或當墮落，為火所燒。我當為說怖畏之事，此舍已燒，宜時疾出，無令為火之所燒害。』作是念已，如所思惟，具告諸子：『汝等速出！』父雖憐愍，善言誘喻，而諸子等樂著嬉戲，不肯信受，不驚不畏，了無出心，亦復不知何者是火，何者為舍，雲何為失，但東西走戲，視父而已。

　　「爾時，長者即作是念：『此舍已為大火所燒，我及諸子若不時

---

[1] 阿耨多羅三藐三菩提（梵：anuttara-samyak-saṃbodhi，巴：anuttara-sammāsambodhi，藏：bla-na-med-pa yaṅ-dag-par rd sogs-paḥi byaṅ-chub）是無上正等正覺的梵文音譯，也就是佛陀圓滿成就的無上覺智和究竟的真理，這一提法在大乘經典中比比皆是。

出，必為所焚。我今當設方便，令諸子等得免斯害。』父知諸子先心各有所好種種珍玩奇異之物，情必樂著，而告之言：『汝等所可玩好，希有難得，汝若不取，後必憂悔。如此種種羊車、鹿車、牛車，今在門外，可以遊戲。汝等於此火宅，宜速出來，隨汝所欲，皆當與汝。』[2]

「爾時，諸子聞父所說珍玩之物，適其願故，心各勇銳，互相推排，競共馳走，爭出火宅。是時，長者見諸子等安隱得出，皆於四衢道中露地而坐，無復障礙，其心泰然，歡喜踊躍。時諸子等各白父言：『父先所許玩好之具：羊車、鹿車、牛車，願時賜與！』

「舍利弗！爾時，長者各賜諸子等一大車，其車高廣，眾寶莊校，周匝欄楯，四面懸鈴。又於其上張設幰蓋，亦以珍奇雜寶而嚴飾之，寶繩絞絡，垂諸華纓，重敷綩綖，安置丹枕，駕以白牛，膚色充潔，形體姝好，有大筋力，行步平正，其疾如風，又多僕從而侍衛之。

「所以者何？是大長者，財富無量，種種諸藏悉皆充溢，而作是念：『我財物無極，不應以下劣小車與諸子等。今此幼童皆是吾子，愛無偏黨，我有如是七寶大車，其數無量，應當等心各各與之，不宜差別。所以者何？以我此物周給一國猶尚不匱，何況諸子。』是時，諸子各乘大車，得未曾有，非本所望。

「舍利弗！於汝意云何？是長者等與諸子珍寶大車，寧有虛妄不？」

舍利弗言：「不也，世尊！是長者但令諸子得免火難，全其軀命，非為虛妄。何以故？若全身命，便為已得玩好之具，況復方便於

---

2 這一段是「火宅喻」中有名的三車（three carts）之喻，也就是長者（佛陀）為了引誘諸子（三乘根器之人）出離世間的火宅而宣說的方便法門。三車指的是羊車、鹿車和牛車，分別代表了自求涅槃的聲聞乘（梵：śrāvaka）、勤修佛法的緣覺乘（梵：pratyekabuddha-yāna），以及利益眾生的菩薩乘（梵：bodhisattva-yāna）。

彼火宅而拔濟之。世尊！若是長者乃至不與最小一車，猶不虛妄。何
以故？是長者先作是意：我以方便，令子得出，以是因緣，無虛妄
也。何況長者自知財富無量，欲饒益諸子，等與大車。」

佛告舍利弗：「善哉！善哉！如汝所言。舍利弗！如來亦復如
是，則為一切世間之父，於諸怖畏衰惱憂患、無明闇蔽永盡無餘，而
悉成就無量知見、力、無所畏，有大神力及智慧力，具足方便、智慧
波羅蜜，大慈大悲，常無懈倦，恆求善事，利益一切，而生三界朽故
火宅。為度眾生生老病死、憂悲苦惱、愚癡闇蔽三毒之火，教化令得
阿耨多羅三藐三菩提。見諸眾生為生老病死、憂悲苦惱之所燒煮，亦
以五欲財利故，受種種苦。又以貪著追求故，現受眾苦，後受地獄、
畜生、餓鬼之苦；若生天上及在人間，貧窮困苦、愛別離苦、怨憎會
苦，如是等種種諸苦，眾生沒在其中，歡喜遊戲，不覺不知，不驚不
怖，亦不生厭，不求解脫。於此三界火宅東西馳走，雖遭大苦，不以
為患。

「舍利弗！佛見此已，便作是念：『我為眾生之父，應拔其苦
難，與無量無邊佛智慧樂，令其遊戲。』

「舍利弗！如來復作是念：『若我但以神力及智慧力捨於方便，
為諸眾生讚如來知見、力、無所畏者，眾生不能以是得度。所以者
何？是諸眾生未免生老病死、憂悲苦惱，而為三界火宅所燒，何由能
解佛之智慧？』

「舍利弗！如彼長者，雖復身手有力，而不用之，但以慇懃方便，
勉濟諸子火宅之難，然後各與珍寶大車。如來亦復如是，雖有力、無
所畏，而不用之，但以智慧方便，於三界火宅拔濟眾生，為說三乘：
聲聞、辟支佛、佛乘，而作是言：『汝等莫得樂住三界火宅，勿貪麁
弊色、聲、香、味、觸也。若貪著著愛，則為所燒。汝速出三界，當
得三乘：聲聞、辟支佛、佛乘。我今為汝保任此事終不虛也。汝等但

當勤修精進！』如來以是方便誘進眾生，復作是言：『汝等當知此三乘法皆是聖所稱歎，自在無繫，無所依求。乘是三乘，以無漏根、力、覺、道、禪定、解脫、三昧等，而自娛樂，便得無量安隱快樂。』

「舍利弗！若有眾生，內有智性，從佛世尊聞法信受，慇懃精進，欲速出三界，自求涅槃，是名聲聞乘。如彼諸子，為求羊車，出於火宅。若有眾生，從佛世尊聞法信受，慇懃精進，求自然慧，樂獨善寂，深知諸法因緣，是名辟支佛乘。如彼諸子，為求鹿車，出於火宅。若有眾生，從佛世尊聞法信受，勤修精進，求一切智、佛智、自然智、無師智，如來知見、力、無所畏，慇念安樂無量眾生，利益天人，度脫一切，是名大乘，菩薩求此乘故，名為摩訶薩。如彼諸子，為求牛車，出於火宅。

「舍利弗！如彼長者，見諸子等安隱得出火宅，到無畏處，自惟財富無量，等以大車，而賜諸子。如來亦復如是，為一切眾生之父，若見無量億千眾生，以佛教門出三界苦怖畏險道，得涅槃樂。如來爾時便作是念：『我有無量無邊智慧、力、無畏等諸佛法藏，是諸眾生皆是我子，等與大乘，不令有人獨得滅度，皆以如來滅度而滅度之。是諸眾生脫三界者，悉與諸佛禪定、解脫等娛樂之具，皆是一相一種，聖所稱歎，能生淨妙第一之樂。』

「舍利弗！如彼長者初以三車誘引諸子，然後但與大車寶物莊嚴，安隱第一。然彼長者無虛妄之咎。如來亦復如是，無有虛妄，初說三乘引導眾生，然後但以大乘而度脫之。何以故？如來有無量智慧、力、無所畏諸法之藏，能與一切眾生大乘之法，但不盡能受。」[3]

---

3 除了前文所述的三車，加上諸子出離火宅之後長者所賜的大白牛車為四車。古代對於這段譬喻有多種解讀，一說三車中的牛車和大白牛車等同，相當於菩薩乘；另一說認為大白牛車比喻更高一級的佛乘。

出處

佛光山宗務委員會編　《佛光大藏經・法華藏》第一冊《妙法蓮華經・
　　正法華經》（高雄：佛光出版社，2009年），頁51-56。

延伸閱讀書目

白　湎　《什譯〈妙法蓮華經〉的泰譯研究》，北京：社會科學文獻
　　出版社，2016年。

阪本幸男、岩本裕訳注　《法華経》，東京：岩波書店，1967年。

陳士濱　《漢譯〈法華經〉三種譯本比對暨研究》，臺北：萬卷樓圖
　　書公司，2013年。

段文傑、賀世哲編　《敦煌石窟全集7，法華經畫卷》，香港：商務印
　　書館，1999年。

鳩摩羅什譯，李海波注譯　《妙法蓮華經》，鄭州：中州古籍出版
　　社，2017年。

南條文雄、泉芳璟訳　《新訳法華経：梵漢対照》，大宮村（京都
　　府）：真宗大谷大學尋源會出版部，1913年。

望月海淑編　《法華経と大乗経典の研究》，東京：山喜房佛書林，
　　2006年。

義廣編著　《妙法蓮華經科注及今論》，北京：宗教文化出版社，
　　2017年。

伊藤瑞叡　《梵文法華経荻原・土田本総索引》，東京：勉誠社，
　　1993年。

則武海源　《法華經入門》，東京：角川學芸出版，角川書店，2006年。

正木晃　《現代日本語訳法華経》，東京：春秋社，2015年。

植木雅俊訳　《法華経：サンスクリット原典現代語訳》，東京：岩波
　　　書店，2015年。

Kumārajīva, Tsugunari Kubo, and Akira Yuyama. *The Lotus Sutra*. BDK
　　　English Tripitaka Series. Berkeley: Numata Center for Buddhist
　　　Translation and Research, 2007.

Kumārajīva, Senchū Murano, and Shinkyo Warner. *The Lotus Sutra: The
　　　Sutra of the Lotus Flower of the Wonderful Dharma*. Hayward,
　　　CA: Nichiren Buddhist International Center, 2012.

Reeves, Gene. *The Lotus Sutra: A Contemporary Translation of a Buddhist
　　　Classic*. Boston: Wisdom Publications, 2008.

Teiser, Stephen F., and Jacqueline Ilyse Stone. *Readings of the Lotus Sutra*.
　　　Columbia Readings of Buddhist Literature. New York: Columbia
　　　University Press, 2009.

Wang, Eugene Yuejin. *Shaping the Lotus Sutra: Buddhist Visual Culture in
　　　Medieval China*. Seattle: University of Washington Press, 2005.

Watson, Burton. *The Lotus Sutra*. Translations from the Asian Classics.
　　　New York: Columbia University Press, 1993.

肆參　淨行無礙：選自《華嚴經》
（*Avatamsaka Sutra*）

解題

　　《大方廣佛華嚴經》（梵：*Buddhāvataṁsaka-mahāvaipulya-sūtra*，藏：Saṅs-rgyas phal-po-cheshes-bya-ba sin-tu-rgyas-pa-chen-poḥimdo），簡稱《華嚴經》（*Avatamsaka Sutra*，日：華厳経 *Kegonkyō*），是大乘佛教華嚴宗所依的根本經典。《華嚴經》以毗盧遮那佛（梵：Vairocana，藏：Rnam-par-snaṅ-mdsad）的華藏世界為基礎，宣說無盡緣起、一即一切、相入相即，以及圓融無礙的圓頓思想。《華嚴經》以其廣大圓滿的妙旨而為古今佛教學人所一致推崇，甚至發展出專弘此經義理的華嚴宗。《華嚴經》產生於二世紀的南印度，是諸種單品經的集成，後傳往北印度並最終在西域的於闐（Khotan）編纂成型。自東晉（317-420）以來，《華嚴經》出現了三大漢文譯本，支分別行本也為數不少，智儼（602-668），法藏（643-712）等華嚴師皆為此經作疏，後經由義湘（韓：Uisang, 625-702）和審祥（日：Shinjō, ?-742）之手傳到海東並開創了朝鮮和日本的華嚴宗。今日本奈良的世界文化遺產東大寺（日：Todaiji）就是日本華嚴宗（日：華厳宗 *Kegonshū*）的總本山。本文選擇的是《華嚴經》譯本中文義最為暢達的唐《八十華嚴》（西元699）。[1]《八十華嚴》的梵文本約四五〇〇〇頌，主譯為唐武周時期的于闐僧人實叉難陀（梵：Śikṣānanda, 652-710），南天法師

---

[1] 《華嚴經》的另外兩種流行的譯本分別是東晉年間佛馱跋陀羅（梵：Buddhabhadra, 359-429）的譯本《六十華嚴》（西元420）和唐代般若（活躍於八世紀）的譯本《四十華嚴》（西元796）。

菩提流志（梵：Bodhiruci; ？-727）、義淨（635-713）三藏等名僧皆參
與譯場的筆受。以下的選文來自《八十華嚴》的第二會《淨行品第十
一》，說的是在普光明殿上，文殊菩薩（梵：Mañjuśrī，藏：Ḥjam-
dpal）講述大乘行者為了利樂有情而應該發起的一四〇種清淨願行。

原文

爾時文殊師利菩薩告智首菩薩言：善哉！佛子！汝今為欲多所饒
益，多所安隱，哀愍世間，利樂天人，問如是義。佛子！若諸菩薩善
用其心，則獲一切勝妙功德，於諸佛法心無所礙。住去來今，諸佛之
道。隨眾生住、恆不捨離。如諸法相，悉能通達。斷一切惡，具足眾
善。當如普賢，色像第一。一切行願，皆得具足。於一切法，無不自
在。而為眾生，第二導師。佛子！云何用心，能獲一切勝妙功德。佛
子！

菩薩在家，當願眾生：知家性空，免其逼迫。

孝事父母，當願眾生：善事於佛，護養一切。

妻子集會，當願眾生：怨親平等，永離貪著。

若得五欲，當願眾生：拔除欲箭，究竟安隱。[2]

伎樂聚會，當願眾生：以法自娛，了伎非實。

若在宮室，當願眾生：入於聖地，永除穢欲。

著瓔珞時，當願眾生：舍諸偽飾，到真實處。

上升樓閣，當願眾生：升正法樓，徹見一切。

2　五欲（梵：pañca kāmāḥ，巴：pañca kāmā，藏：ḥdod-pa lṅa）指的是沾染色、聲、
　　香、味、觸五境而升起的五種欲望，分別是色欲（梵：rūpa-kāma）、聲欲（梵：śabda-
　　kāma）、香欲（梵：gandha-kāma）、味欲（梵：rasa-kāma）、觸欲（梵：spraṣṭavya-
　　kāma）。五欲的另一種說法是指財欲、色欲、名欲、食欲以及睡眠欲。

若有所施，當願眾生：一切能捨，心無愛著。

眾會聚集，當願眾生：捨眾聚法，成一切智。

若在厄難，當願眾生：隨意自在，所行無礙。

舍居家時，當願眾生：出家無礙，心得解脫。

入僧伽藍，當願眾生：演說種種，無乖諍法。

詣大小師，當願眾生：巧事師長，習行善法。

求請出家，當願眾生：得不退法，心無障礙。

脫去俗服，當願眾生：勤修善根，捨諸罪軛。

剃除鬚髮，當願眾生：永離煩惱，究竟寂滅。

著袈裟衣，當願眾生：心無所染，具大仙道。

正出家時，當願眾生：同佛出家，救護一切。

自歸於佛，當願眾生：紹隆佛種，發無上意。

自歸於法，當願眾生：深入經藏，智慧如海。

自歸於僧，當願眾生：統理大眾，一切無礙。

受學戒時，當願眾生：善學於戒，不作眾惡。

受闍梨教，當願眾生：具足威儀，所行真實。

受和尚教，當願眾生：入無生智，到無依處。

受具足戒，當願眾生：具諸方便，得最勝法。

若入堂宇，當願眾生：升無上堂，安住不動。

若敷床座，當願眾生：開敷善法，見真實相。

正身端坐，當願眾生：坐菩提座，心無所著。

結跏趺坐，當願眾生：善根堅固，得不動地。

修行於定，當願眾生：以定伏心，究竟無餘。

若修於觀，當願眾生：見如實理，永無乖諍。

舍跏趺坐，當願眾生：觀諸行法，悉歸散滅。

下足住時，當願眾生：心得解脫，安住不動。

若舉於足，當願眾生：出生死海，具眾善法。

著下裙時，當願眾生：服諸善根，具足慚愧。

整衣束帶，當願眾生：檢束善根，不令散失。

若著上衣，當願眾生：獲勝善根，至法彼岸。

著僧伽黎，當願眾生：入第一位，得不動法。

手執楊枝，當願眾生：皆得妙法，究竟清淨。

嚼楊枝時，當願眾生：其心調淨，噬諸煩惱。

……

手執錫杖，當願眾生：設大施會，示如實道。

執持應器，當願眾生：成就法器，受天人供。

發趾向道，當願眾生：趣佛所行，入無依處。

若在於道，當願眾生：能行佛道，向無餘法。

涉路而去，當願眾生：履淨法界，心無障礙。

見升高路，當願眾生：永出三界，心無怯弱。

見趣下路，當願眾生：其心謙下，長佛善根。

見斜曲路，當願眾生：舍不正道，永除惡見。

若見直路，當願眾生：其心正直，無諂無誑。

見路多塵，當願眾生：遠離塵坌，獲清淨法。

見路無塵，當願眾生：常行大悲，其心潤澤。

若見險道，當願眾生：住正法界，離諸罪難。

若見眾會，當願眾生：說甚深法，一切和合。

若見大柱，當願眾生：離我諍心，無有忿恨。

若見叢林，當願眾生：諸天及人，所應敬禮。

若見高山，當願眾生：善根超出，無能至頂。

見棘刺樹，當願眾生：疾得剪除，三毒之刺。

見樹葉茂，當願眾生：以定解脫，而為蔭映。

若見華開，當願眾生：神通等法，如華開敷。

若見樹華，當願眾生：眾相如華，具三十二。

若見果實，當願眾生：獲最勝法，證菩提道。

若見大河，當願眾生：得預法流，入佛智海。

若見陂澤，當願眾生：疾悟諸佛，一味之法。

若見池沼，當願眾生：語業滿足，巧能演說。

若見汲井，當願眾生：具足辯才，演一切法。

若見湧泉，當願眾生：方便增長，善根無盡。

若見橋道，當願眾生：廣度一切，猶如橋樑。

若見流水，當願眾生：得善意欲，洗除惑垢。

見修園圃，當願眾生：五欲圃中，耘除愛草。

見無憂林，當願眾生：永離貪愛，不生憂怖。

若見園苑，當願眾生：勤修諸行，趣佛菩提。

見嚴飾人，當願眾生：三十二相，以為嚴好。[3]

見無嚴飾，當願眾生：舍諸飾好，具頭陀行。

見樂著人，當願眾生：以法自娛，歡愛不舍。

見無樂著，當願眾生：有為事中，心無所樂。

見歡樂人，當願眾生：常得安樂，樂供養佛。

見苦惱人，當願眾生：獲根本智，滅除眾苦。

見無病人，當願眾生：入真實慧，永無病惱。

見疾病人，當願眾生：知身空寂，離乖諍法。

見端正人，當願眾生：於佛菩薩，常生淨信。

---

3 三十二相（梵：dvātriṃśan mahā-puruṣa-lakṣaṇāni，巴：dvattiṃsa mahā-purisa-
lakkhaṇāni，藏：skyes-buchen-poḥi mtshan sum-cu rtsa-gñis），一般是指佛陀或轉輪
聖王（梵：Cakra-varti-rājan，巴：Rājā-cak-ka-vattin，藏：Ḥkhor-los sgyur-baḥi-
rgyal-po）所具足的三十二種微妙瑞相。

見醜陋人，當願眾生：於不善事，不生樂著。

見報恩人，當願眾生：於佛菩薩，能知恩德。

見背恩人，當願眾生：於有惡人，不加其報。

若見沙門，當願眾生：調柔寂靜，畢竟第一。

見婆羅門，當願眾生：永持梵行，離一切惡。

見苦行人，當願眾生：依於苦行，至究竟處。

見操行人，當願眾生：堅持志行，不捨佛道。

見著甲冑，當願眾生：常服善鎧，趣無師法。

見無鎧仗，當願眾生：永離一切，不善之業。

見論議人，當願眾生：於諸異論，悉能摧伏。

見正命人，當願眾生：得清淨命，不矯威儀。

若見於王，當願眾生：得為法王，恆轉正法。

若見王子，當願眾生：從法化生，而為佛子。

若見長者，當願眾生：善能明斷，不行惡法。

若見大臣，當願眾生：恆守正念，習行眾善。

若見城郭，當願眾生：得堅固身，心無所屈。

若見王都，當願眾生：功德共聚，心恆喜樂。

見處林藪，當願眾生：應為天人，之所歎仰。

入裡乞食，當願眾生：入深法界，心無障礙。

到人門戶，當願眾生：入於一切，佛法之門。

入其家已，當願眾生：得入佛乘，三世平等。

見不捨人，當願眾生：常不捨離，勝功德法。

見能捨人，當願眾生：永得捨離，三惡道苦。

若見空缽，當願眾生：其心清淨，空無煩惱。

若見滿缽，當願眾生：具足成滿，一切善法。

若得恭敬，當願眾生：恭敬修行，一切佛法。

不得恭敬，當願眾生：不行一切，不善之法。

見慚恥人，當願眾生：具慚恥行，藏護諸根。

見無慚恥，當願眾生：舍離無慚，住大慈道。

若得美食，當願眾生：滿足其願，心無羨欲。

得不美食，當願眾生：莫不獲得，諸三昧味。

得柔軟食，當願眾生：大悲所熏，心意柔軟。

得粗澀食，當願眾生：心無染著，絕世貪愛。

若飯食時，當願眾生：禪悅為食，法喜充滿。

若受味時，當願眾生：得佛上味，甘露滿足。

飯食已訖，當願眾生：所作皆辦，具諸佛法。

若說法時，當願眾生：得無盡辯，廣宣法要。

從舍出時，當願眾生：深入佛智，永出三界。

若入水時，當願眾生：入一切智，知三世等。

洗浴身體，當願眾生：身心無垢，內外光潔。

盛暑炎毒，當願眾生：舍離眾惱，一切皆盡。

暑退涼初，當願眾生：證無上法，究竟清涼。

諷誦經時，當願眾生：順佛所說，總持不忘。

若得見佛，當願眾生：得無礙眼，見一切佛。

諦觀佛時，當願眾生：皆如普賢，端正嚴好。

見佛塔時，當願眾生：尊重如塔，受天人供。

敬心觀塔，當願眾生：諸天及人，所共瞻仰。

頂禮於塔，當願眾生：一切天人，無能見頂。

右繞於塔，當願眾生：所行無逆，成一切智。

繞塔三匝，當願眾生：勤求佛道，心無懈歇。

贊佛功德，當願眾生：眾德悉具，稱歎無盡。

贊佛相好，當願眾生：成就佛身，證無相法。

　　若洗足時，當願眾生：具神足力，所行無礙。

　　以時寢息，當願眾生：身得安隱，心無動亂。

　　睡眠始寤，當願眾生：一切智覺，周顧十方。

　　佛子！若諸菩薩如是用心，則獲一切勝妙功德，一切世間諸天、魔、梵、沙門、婆羅門、乾闥婆、阿修羅等，及以一切聲聞、緣覺所不能動。

出處

高楠順次郎、渡辺海旭編　《大正新修大藏經》第十冊（東京：大正新修大藏経刊行會，1961年），頁69-72。[4]

延伸閱讀書目

川田熊太郎等著，李世傑譯　《華嚴思想》，臺北：法爾出版社，1989年。

龜川教信著，印海譯　《華嚴學》北京：東方出版社，2018年。

海雲繼夢　《智慧行華嚴經淨行品講記》，北京：宗教文化出版社，2005年。

海雲繼夢　《普賢三昧：華嚴經普賢三昧品講記》，新北：空庭書苑，2018年。

木村清孝著　《華厳経をよむ》，東京：日本放送出版協會，1994年。

4　此處《華嚴經》文殊行願的標點採用了佛學界通行的《大正藏》（日：大正蔵 *Tais-hōzō*，英：*Taishō Tripiṭaka*）文本，其他部分的標點和部分文字的修訂參考了海雲繼夢法師的著述，參看海雲繼夢《智慧行：華嚴經淨行品講記》（北京：宗教文化出版社，2005年），頁350-356。

木村清孝著，劉聯宗譯 《〈華嚴經〉的現代解讀》，高雄：佛光文化事業公司，2020年。

星雲大師著 《華嚴經普賢十大願》，高雄：佛光文化事業公司，2018年。

印 順 《初期大乘佛教之起源與開展》，北京：中華書局，2011年。

張曼濤主編 《現代佛教學術叢刊44：華嚴典籍研究》，臺北：大乘文化出版社，1978年。

Cheen, Guo. *Translating Totality in Parts: Chengguan's Commentaries and Subcommentaries to the Avatamska Sutra.* Lanham: University Press of America, 2014.

Cleary, Thomas F. *The Flower Ornament Scripture: A Translation of the Avatamsaka Sutra.* 3 vols. Boulder: Shambhala Publications, 1984.

Gimello, Robert M., Frédéric. Girard, and Imre. Hamar. *Avataṃsaka Buddhism in East Asia: Huayan, Kegon, Flower Ornament Buddhism.* Wiesbaden: Harrassowitz Verlag, 2012.

Hsüan, Hua. *Flower Adornment Sutra: Transcending the World: Chapter Thirty-Eight.* Burlington, Calif.: Buddhist Text Translation Society, 2012.

Hsüan, Hua, and Chengguan. *Flower Adornment Sutra: Commentary.* Talmage, Calif.: Dharma Realm Buddhist University, International Institute for the Translation of Buddhist texts, 1981.

肆肆　神秀與慧能：選自《六祖壇經》
（*Platform Sutra*）

解題

　　在中國佛教的眾多文獻之中，能夠被冠以「經」的典籍只有一部《六祖壇經》（日：六祖壇経 *Rokusodankyō*，英：*Platform Sutra*）。這部唐代的佛法要典記錄了六祖慧能（638-713）在廣東韶州大梵寺所說的般若法要和禪門師徒之間「法戰」的公案（日：koan，英：public case），是禪宗的根本宗典之一。慧能是嶺南新州人，少不識字，以賣柴為生，據說因為聽聞他人誦讀《金剛經》而有所悟，繼而前往湖北黃梅跟隨五祖弘忍（601-674）習禪。在經過一系列戲劇化的發展之後，禪宗形成了「南頓北漸」（或「南能北秀」）的兩派分支，以慧能為首的南宗提倡一超直入，頓悟成佛的理念。《壇經》所舉示的摩訶般若禪法強調以「無念為宗、無相為體、無住為本」，直接影響了日後南派禪門五家七宗的傳衍。以下文選來自近世在甘肅發現的敦煌本壇經，這部敦博本的手稿名為《南宗頓教最上大乘摩訶般若波羅蜜經六祖惠能大師於韶州大梵寺施法壇經》。[1]這一唐代的殘本，較之佛教界一直使用的元代的宗寶本《六祖大師法寶壇經》（1291年），更接近《壇經》的原貌。此處選段來自《六祖壇經》第一門行由篇中慧能的行跡和得法緣由，其中膾炙人口的段落就是在弘忍的示下，慧能與大師兄神秀（606-706）之間為了傳承五祖的衣缽而展開的心偈競賽。

1　敦煌藏經洞所出的《六祖壇經》寫本有五種，除了大英博物館（S. 5475）和國家圖書館藏的一些抄本，也包括敦煌市博物館所藏的敦博本（077號），也就是本文所選編的《壇經》校注本。

原文

〔時〕大師堂前有三間房廊，於此廊下供養，欲畫《楞伽變》，並畫五祖大師傳授衣法，流行後代為記。畫人盧玲看壁了，明日下手。[2]

「上座神秀思惟：『諸人不呈心偈，緣我為教授師；我若不呈心偈，五祖如何得見我心中見解深淺？[3]我將心偈上五祖呈意，求法即善，覓祖不善，卻同凡心奪其聖位。若不呈心，終不得法。』良久思惟，甚難！甚難！夜至三更，不令人見，遂向南廊下中間壁上，題作呈心偈，欲求衣法。

「〔秀乃思惟〕：『若五祖見偈，言此偈語，若訪覓我，我見和尚，即云是秀作；五祖見偈言不堪，自是我迷，宿業障重，不合得法。聖意難測，我心自息。』

「秀上座三更於南廊〔下〕中間壁上，秉燭題作偈，人盡不知。偈曰：

身是菩提樹，心如明鏡台，

時時勤拂拭，莫使有塵埃。

神秀上座題此偈畢，卻歸房臥，並無人見。

五祖平旦，遂喚盧供奉來南廊下，畫《楞伽變》。

「五祖忽見此偈，讀訖，乃謂供奉曰：『弘忍與供奉錢三十千，深勞遠來，不畫變相也。《金剛經》云：凡所有相，皆是虛妄。不如留此偈，令迷人誦。依此修行，不墮三惡，依法修行，有大利益。』

---

2 在〔〕之中的是原文中的增補文字，編者鄧文寬在《六祖壇經：敦煌〈壇經〉讀本》中給出了校記說明，此處選段也沿用了本書的標點。

3 神秀（606-706），開封人，武德八年（625）在洛陽天宮寺出家，五十歲後投入弘忍門下學習東山法門，後前往當陽山玉泉寺，逐漸成為北宗禪的代表人物，著有《觀心論》一卷。

「大師遂喚門人盡來，焚香偈前，眾人見已，皆生敬心。

「『汝等盡誦此偈者，方得見性，依此修行，即不墮落。』門人盡誦，皆生敬心，喚言：『善哉！』

「五祖遂喚秀上座於堂內，問：『是汝作偈否？若是汝作，應得我法。』

「秀上〔座〕言：『罪過！實是神秀作。不敢求祖，願和尚慈悲，看弟子有少智惠，識大意否？』

「五祖曰：『汝作此偈，見解只到門前，尚未得入。凡夫依此偈修行，即不墮落。作此見解，若覓無上菩提，即不可得。要〔須〕入得門，見自本性。汝且去，一兩日〔來〕思惟，更作一偈來呈吾。若入得門，〔見〕自本性，當付汝衣法。』

「秀上座去，數日作偈不得。

「有一童子，於碓坊邊過，唱誦此偈。惠能一聞，知未見性，即識大意。

「能問童子：『適來誦者，是何言偈？』

「童子答能曰：『你不知，大師言生死事大，欲傳衣法，令門人等各作一偈來呈看，悟大意，即付衣法，稟為六代祖。有一上座名神秀，忽於南廊下書《無相偈》一首。五祖令諸門人盡誦，悟此偈者，即見自性；依此修行，即得出離。』

「惠能答曰：『我此踏碓八個餘月，未至堂前，望上人引惠能至南廊下，見此偈禮拜，亦願誦取，結來生緣，願生佛地。』

「童子引能至南廊〔下〕，能即禮拜此偈。為不識字，請一人讀。惠能聞已，即識大意。

「惠能亦作一偈，又請得一解書人，於西間壁上題著：『呈自本心。

不識本心，學法無益；
識心見性，即悟大意。』

「惠能偈曰：
『菩提本無樹，明鏡亦無台，
佛性常清淨，何處有塵埃？』⁴

「又偈曰：
『身是菩提樹，心為明鏡台，
明鏡本清淨，何處染塵埃？』

「院內徒眾見能作此偈盡怪。惠能卻入碓坊。

「五祖忽來廊下，見惠能偈，即知識大意。恐眾人知，五祖乃謂眾人曰：『此亦未得了。』

「五祖夜至三更，喚惠能堂內，說《金剛經》。惠能一聞，言下便悟。

「其夜受法，人盡不知。便傳頓教〔法〕及衣，以為六代祖。將衣為信，稟〔為六〕代，代相傳法，以心傳心，當令自悟。

「五祖言：『惠能，自古傳法，氣如懸絲，若住此間，有人害汝，〔汝〕即須速去。』

「能得衣法，三更發去。五祖自送能至九江驛，登時便別。五祖處分：『汝去，努力將法向南，三年勿弘此法。難去，在後弘化，善

4　慧能和神秀的這些行跡並不見於王維（699-759）的《六祖能禪師碑銘》等傳統史料，應當是後人附會的傳說，不過慧能的詩偈和故事（如「風動還是幡動」）在民間卻廣受歡迎。

誘迷人，若得心開，與吾無別。』

　「辭違已了，便發〔向〕南。」

出處

惠能原著，鄧文寬校注　《六祖壇經：敦煌〈壇經〉讀本》（瀋陽：
　　　遼寧教育出版社，2005年），頁21-29。

延伸閱讀書目

慧能著，郭朋校釋　《壇經校釋》，北京：中華書局，1983年。

鈴木大拙編　《韶州曹渓山六祖師壇経》，東京：岩波書店，1990年。

鈴木貞太郎、公田連太郎校　《燉煌出土荷沢神會禪師語録・燉煌出
　　　土六祖壇経・興聖寺本六祖壇経》，東京：森江書店，1934
　　　年。

潘桂明譯注　《壇經全譯》，成都：巴蜀書社，2000年。

山田大応編　《増注六祖壇経》，名古屋：文光堂，1885年。

宇井伯壽　《禪宗史研究》，東京：岩波書店，1939年。

張曼濤主編　《現代佛教學術叢刊》第1冊《六祖壇經研究論集》，臺
　　　北：大乘文化出版社，1976年。

周紹良編著　《敦煌寫本壇經原本》，北京：文物出版社，1997年。

ウルス・アップ（Urs App）編　《六祖壇経一字索引》，京都：花園
　　　大學國際禪學研究所，1993年。

Huineng, and Hua Hsüan. *The Sixth Patriarch's Dharma Jewel Platform
　　　Sutra, with the Commentary of Tripitaka Master Hua.* San
　　　Francisco: Sino-American Buddhist Association, 1977.

Schlütter, Morten, and Stephen F. Teiser. *Readings of the Platform Sutra*. Columbia Readings of Buddhist Literature. New York: Columbia university press, 2012.

Xingyun, and Huineng. *The Rabbit's Horn: A Commentary on the Platform Sutra*. Los Angeles: Buddha's Light Pub, 2010.

Yampolsky, Philip B., and Huineng. *The Platform Sutra of the Sixth Patriarch: The Text of the Tun-huang Manuscript*. Translations from the Asian Classics. New York: Columbia University Press, 2012.

肆伍 三昧王三昧：選自《正法眼藏》
（*Shōbōgenzō*）

解題

　　中日佛教界各有一部禪籍名為《正法眼藏》，第一本是宋代禪師大
慧宗杲（1089-1163）所編纂的六卷本公案集（一一四七年刊行，收入
《卍續藏》第一一八冊），第二本是日本鎌倉時代的名僧道元（1200-
1253）所著的九十五卷的禪法筆記《正法眼藏》（日：正法眼藏
Shōbōgenzō，英：*True Dharma-Eye Treasury*，收在《大正藏》第八十
二冊）。道元曾在比叡山（日：Hieizan）和建仁寺（日：Kenninji）學
天臺宗並兼習顯密奧旨。貞應（日：貞応 Jōō）二年（1223）他隨臨濟
宗僧明全（日：Myōzen, 1184-1225）前往南宋的五山十剎遊歷訪道，
後在禪僧天童如淨（又名長翁如淨，1163-1228）的指導下學習坐禪，
因身心脫落而悟道並得到如淨的印可。道元回到日本後成為日本禪門
曹洞宗（日：Sōtōshū）的開祖，並主持永平寺（日：Eiheiji）等名剎。
以下選段來自《正法眼藏》的第六十六篇《三昧王三昧》（日：
Zanmaiōzanmai），該書的行文採用了生動活潑的日文，記錄了道元的
佛法真髓、中日禪門的道跡以及高超的思辨哲學，在禪宗史和哲學史
上都具有極高的價值。[1]除了《正法眼藏》，道元還撰有《普勸坐禪

1　「三昧王三昧」意為三昧之王，又名「王三昧」（梵：samādhi rāja supratiṣṭhiton āma
　　 samādhiḥ，藏：tiṅ-ṅe-ḥdsin-gyireyal-po-ltar rab-tu gnas-pa shes-bya-baḥi tiṅ-ṅe-
　　ḥdsin）。當其他日本僧人用古典中文寫作的時候，道元從自身悟境出發的言說採用
　　了漢文和日文假名（日：仮名kana）混合的文體，這種隨時宣說教理的行文風格被
　　稱為「假名法語」（日：仮名法語kanahōgo）。除了《正法眼藏》，臨濟宗禪僧虎關師

儀》（日：普勸坐禪儀 *Fukan zazangi*，英：*Universally Recommended Instructions for Zazen*）和永平清規（日：*Eiheishingi*）等著作。

原文

　　驀然超越盡界，佛祖屋裡太尊貴生者，結跏趺坐也。踏翻外道魔黨之頂顛，於佛祖之堂奧作個中人，是結跏趺坐也。超越佛祖極之極，唯是一法也。是故，佛祖營為之，更無他務。

　　當知坐之盡界與其餘之盡界殊異。明此道理，辨肯佛祖之發心、修行、菩提、涅槃也。正當坐時，其坐如何？是翻巾斗乎？是活潑潑地乎？思量乎？不思量乎？作乎？無作乎？坐坐裡乎？坐身心裡乎？是脫落坐裡、身心等而坐乎？須有恁麼千端萬端之參究也！須身結跏趺坐，須心結跏趺坐，須身心脫落結跏趺坐！

　　先師古佛云：「參禪者，身心脫落也。只管打坐始得。不要燒香、禮拜、念佛、修懺、看經。」[2]

　　明明抉出佛祖之眼睛，於佛祖眼睛裡打坐者，四五百年以來，唯先師一人也；震旦國中，無有與其齊肩者。明知打坐之為佛法，佛法之為打坐者少。雖體解打坐之為佛法，而知打坐之為打坐者無。況乎保任佛法之為佛法哉？[3]

　　煉（日：虎關師鍊Kokan Shiren, 1278-1346）所著的《紙衣膳》（日：*Shietō*）也是假名法語的作品。

2　道元在南宋寶慶元年（1225）因聽聞天童如淨宣說的身心脫落的教法而有所悟，之後道元在其實踐和著作中都反覆強調參禪者需要身心脫落（日：shinjindatsuraku），只管打坐（日：shikantaza）。

3　先師是指道元的中國老師天童如淨（日：Tendō Nyojō，1163-1228）。如淨禪師是宋代曹洞宗的巨匠，時任天童山景德寺的主持，著有《天童如淨禪師語錄》（1229年刊）。天童如淨深得曹洞宗默照禪的精髓，他的法系上承唐代知名的禪匠洞山良價

　　所以，有心之打坐，而不同於身之打坐；有身之打坐，而不同於心之打坐。有身心脫落之打坐，而又不同於身心脫落之打坐。既得恁麼，則與佛之行解相應。須保任念想觀，須參究心意識。

　　釋迦牟尼佛告大眾言：「若結跏趺坐，身心證三昧。威德眾恭敬，如日照世界。除睡懶覆心，身輕不疲懈。覺悟亦輕便，安坐如龍蟠。見畫跏趺坐，魔王亦驚怖。何況證道人，安坐不傾動。」

　　是故，見聞圖畫跏趺坐，龍王尚驚怖。況乎真個跏趺坐哉？其功德不可計量。所以，日常打坐者，福德無量也。

　　釋迦牟尼佛告大眾言：「以是故，結跏趺坐。複次如來世尊，教諸弟子，應如是坐。或外道輩，或常翹足求道，或常立求道，或荷足求道，如是狂猖心，沒邪海，形不安穩。以是故，佛教弟子，結跏趺坐直身坐。何以故？直身心易正故。其身直坐，則心不懶。端心正意，繫念在前。若心馳散，若身傾動，攝之令還。欲證三昧，欲入三昧，種種馳念，種種散亂，皆悉攝之。如此修習，證入三昧王三昧。」

　　（是故），明知結跏趺坐，是三昧王三昧也，是證入也。一切三昧，皆是王三昧之眷屬也。結跏趺坐者，直身也，直心也，直身心也，亦是直佛祖也，直修證也，亦是直頂顛也，直命脈也。

　　而今將人間之皮肉骨髓結跏趺坐，以結跏趺坐於三昧王三昧。世尊常保任結跏趺坐，於弟子亦正傳結跏趺坐，亦向人天教導跏趺坐。七佛正傳之心印，即是此也。

　　釋迦牟尼佛於菩提樹下結跏趺坐，經歷五十小劫，經歷六十劫，經歷無量劫。或三七日結跏趺坐，或一時間之跏趺坐，是妙轉法輪也，是一代之佛化也，更無欠缺。此即是黃卷朱軸也。佛之見佛，是此時節也，是眾生成佛之正當恁麼時也。

　　（807-869），所以在道元看來，佛法無非只有坐禪一途，道元認為這也是佛祖釋迦牟尼的佛法。

　　初祖菩提達磨尊者西來之初，於少室峰少林寺面壁跏趺坐禪間，歷經九年。其後，頂顤眼睛，而今遍界於震旦國。初祖之命脈，唯跏趺坐也。初祖西來以前，東土眾生尚不知跏趺坐。祖師西來之後，始知焉。

　　所以，一生萬生，把尾收頭，不離叢林，晝夜只管跏趺坐而無他務，此即是三昧王三昧也。

　　正法眼藏第六十六

　　爾時寬元二年甲辰二月十五日在越宇吉峰精舍示眾。

出處

道元著，何燕生譯　《正法眼藏》（北京：宗教文化出版社，2003年），
　　　　頁531-533。

延伸閱讀書目

道元著，ひろさちや編訳　《正法眼藏新訳：迷いのなかに悟りがあ
　　　　り，悟りのなかに迷いがある》，東京：PHP 研究所，2013
　　　　年。

道元、石井修道、鏡島元隆　《道元禪師全集：原文対照現代語訳》，
　　　　東京：春秋社，2012年。

辻口雄一郎　《正法眼藏の思想的研究》，東京：北樹出版，2012年。

五來重　《佛教文學：歎異抄／念仏法語／正法眼藏隨聞記》，鑒賞
　　　　日本古典文學第20卷，東京：角川書店，1977年。

增谷文雄譯注　《正法眼藏》，東京：講談社，2005年。

Bielefeldt, Carl. *Dogen's Manuals of Zen Meditation.* Berkeley: University of California Press, 1990.

Dōgen, Gudōnishijima, and Chodo Cross. *Shōbōgenzō: The True Dharma-Eye Treasury.* BDK English Tripiṭaka Series. 4 vols. Berkeley: Numata Center for Buddhist Translation and Research, 2007.

Dōgen, Kōshō Uchiyama, and Shohaku Okumura. *Dogen Zenji's Shobo-genzo Genjo-Koan: Three Commentaries.* Berkeley: Counterpoint, 2011.

Dōgen, Kōshō Uchiyama, Thomas Wright, and Shohaku Okumura. *Deepest Practice, Deepest Wisdom: Three Fascicles from Shōbōgenzō with Commentaries.* Somerville, MA: Wisdom Publications, 2018.

Dōgen, Norman Waddell, and Masao Abe. *The Heart of Dōgen's Shōbōgenzō.* Albany: State University of New York Press, 2002.

Tanahashi, Kazuaki, and Peter Levitt. *The Essential Dogen: Writings of the Great Zen Master.* Boston: Shambhala, 2013.

肆陸　中陰境界：選自《西藏度亡經》
(*Tibetan Book of the Dead*)

解題

　　在佛教的三大派系之中，密宗充分吸收了印度教的咒術、禮儀和本尊信仰，是印度佛教中最晚出現的一個階段，亦稱密教或金剛乘。密教以密續（tantra）為主要的文獻和儀軌，輔以念誦真言（mantra）、持手印（mudra）和觀想曼荼羅（mandala）等多種修習手段，以期在較短的時間內達到即身成佛的目的。密教信徒認為密宗的教法兼收並蓄，以原始佛教和大乘佛教的經論為修學的基礎，是最為殊勝的佛教宗派。印度的密教傳至西藏和喜馬拉雅地區之後，經過長足地發展，逐漸演變為體系龐大、分支林立、經典眾多的藏傳密教，至今長盛不衰，並流傳到世界各地。在數千部藏文佛典之中，《西藏度亡經》（*Tibetan Book of the Dead*）被認為是藏傳佛教寧瑪派（Nyingma，藏：rnin-ma-pa）的「伏藏」（terma，藏：gter ma）代表作，同時也是當代西方最具知名度的密宗佛典。[1]《西藏度亡經》原名為《中陰聞教得度》或《中陰救度法》（藏：*Bardo Thodol*，英：*The Great Liberation by Hearing in the Intermediate States*，日：チベット死者の書 *Chibetto-shishanosho*），據說是來藏弘法的印度瑜伽士蓮花生大師（梵：Padmas-ambava，8世紀）所作。寧瑪派認為，該書在隱匿了六個世紀之後，才

1　寧瑪派所謂的「伏藏」是指為了避開西藏歷史上的朗達瑪滅佛（836-842）等迫害佛教的運動，被僧人埋藏在地下、樹林、岩穴等處來的秘密典籍，而發掘出這些伏藏的經師被稱為「掘藏師」（terton，藏：gterston，英：treasure revealer）或「伏藏師」。

經由伏藏師噶瑪林巴（Karma Lingpa, 1352-1405）的重新發掘而問世。
《西藏度亡經》之所以在西方名聲大噪，應該歸功於美國人類學家伊
文思・溫慈（Evans Wentz, 1878-1965），他和喇嘛達瓦桑杜（Lāma
Kazi Dawasamdup, 1868-1922）合作在二十世紀早期將該書翻譯成英
文。後來具有東方情結的心理學家卡爾・榮格（Carl Jung, 1875-1961）
為德文版的《西藏度亡經》（德：*Das Tibetanische Totenbuch*, 1938）撰
寫了宗教心理學的評釋，再次提升了該書的知名度。顧名思義，《西
藏度亡經》是一部帶有印藏佛教風格的臨終關懷典籍，通常由具德的
喇嘛讀誦給亡者諦聽，整部作品寓意深刻、極富宗教學和心理學的內
涵。佛教一般認為死後的「中陰身」（梵：antarā-bhava，中有）是從
人死後到下一個轉世之間的過渡狀態，同時這段七七四十九天的過渡
階段也是信徒通過聽聞教誨而得到解脫的機會之一。《西藏度亡經》
有數種中譯本，本書採用的是臺灣翻譯家徐進夫（1927-1990）的譯
本。以下的選段是書中對死亡之後的「實相中陰」（藏：Chos nyid
bardo）境界的描述，亡者此時更需要一心諦聽，突破業幻的迷境，與
教法相應，以期在這一階段得到解脫。

原文

尊貴的某某，注意諦聽，不要分心：中陰共有六種境相，亦即：
處胎之時的本然中陰；體驗夢境時的夢境中陰；入定之時的等持中
陰；死亡之時的命盡中陰，體驗實相時的實相中陰；以及生死輪轉中
的投生中陰。[2]

2　《西藏度亡經》的完整英譯本包括生死一如的六種中陰（六中有，six intermediate
　　states）的教法。也就是說，除了死生階段要經歷的三種中陰，其他的三種中陰──
　　處生中有（又名處生中陰，藏：skye gnas bardo）、夢幻中有（又名夢境中陰，藏：

　　尊貴的某某，你將體驗這三種中陰：臨終中陰，實相中陰，以及投生中陰。在這三種中陰當中，直到昨日為止，你已體驗了其中的臨終中陰境相。儘管實相明光曾在你的面前顯現，但你未能即時掌握，以致仍然滯留於此。自此以後，你要經歷另外兩種中陰境相：實相中陰和投生中陰境界。

　　你要一心不亂，注意諦聽——我要使你面對的事情，並且要謹記在心。

　　尊貴的某某，所謂死亡這件事情已經來臨。你已在脫離這個塵世之中，但你並不是唯一的一個；有生必有死，人人莫不如此。不要執著這個生命；縱令你執持不捨，你也無法長留世間；除了仍得在此輪迴之中流轉不息之外，毫無所得。不要依戀了！不要怯懦啊！還是憶念三寶吧！

　　尊貴的某某，在實相中陰境相之中，不論有何可怖可畏的景像出現在你的面前，你都不要忘了下面要說的幾句偈語，並謹記其中的要義，因為，認持的要訣就在其中：

　　　　而今實相中陰現在我前，
　　　　種種怖畏之念我皆不管。
　　　　願我虧知此皆神識反映。
　　　　願我了知此皆中陰幻影；
　　　　際此了一大事機緣來臨，
　　　　願我無畏喜怒諸尊——我識所現。

---

rmi lam bardo）和禪定中有（又名等持中陰，藏：bsam gtan bardo）——都是行者在情器世間就能依靠修持而得解脫的機會，參看談錫永《生與死的禪法》，北京：華夏出版社，2008年。

　　尊貴的某某，你應複習此等偈語，明記其中的要領，並且勇往直前，不論有何可怖可畏的景像出現，都不要錯認；因此你應記住其中的微妙秘密，不可忘失。

　　尊貴的某某，當你的肉體與心識分離之時，你將一瞥那光明晃耀、不可思議、令你畏敬的清淨法身（The Pure truth），猶如在一條不斷震動的河流上面橫過陸地上空的幻景一般。那是你自己真性的光焰，認證它吧！

　　那道光焰之中，將會發出實相的法爾之聲，猶如千雷齊鳴一般。那是你自己的真我的本有之聲。你可不必畏懼，不必駭怕，不必吃驚。

　　你這時的身體乃是幻化的一種意識之身（The thought-body）。[3]你既已沒有物質的血肉之身，那麼，不論什麼——不論聲音抑或光焰，乃至火焰——所有三者，對你都無從傷害：你已經不再會死了。現在，你只要知道：所有這些幻相都是你自己的意識所生，也就夠了。就將這個認作你的中陰之身吧。

　　尊貴的某某，如果你現在還不認清你自己的意識所現，如果你還不與此教法相應，不論你在世時做過多麼虔誠的禪觀，悉皆枉然——那些光線會使你恐慌，那些聲音會使你畏懼，那些火焰會使你震驚。如果你現在還不認清這個萬分重要的關鍵——如果你不能看透這些聲音、這些光線、這些火焰，那你就只有在生死輪迴中流轉下去了！

　　……尊貴的某某，在這三天半時間當中，你一直處於昏迷狀態之中。待你的神志一旦清醒之後，你會如此驚問：發生了什麼事情？！

　　如此一來，你就會認清你的中陰境相。那時候，整個輪迴的輪子即行轉動；那時候，你將見到的種種現象，將是種種光焰與諸部聖尊。那時候，整個天空將呈現一片深藍之色。

3　意識之身（藏：bag-chags yid-lüs，梵：mano-maya-kāya），又名「意生身」，指的是依靠心意業力，習氣稟性所化生的沒有實質的身體，中陰身屬諸多的意生身之一。

那時候，將有渾身白色，手執八輻法輪，坐在獅子座上，有虛空佛母（The Mother of the space of Heaven）相抱的毗盧遮那佛世尊（The Bhagavāna Vairochana），由名叫「種子播撒」（The Spreading Forth of the Seed）的中央區域，向你顯現出來。[4]

這是溶合而成本然狀態的色蘊（The aggvegate of Matter），其光藍色。[5]

有藍色、透明、燦爛炫耀的法界智光，從身為父母（The Father-Mother）的毗盧遮那佛心中向你放射而來，其光熱烈異常，使你幾乎難以逼視。

與此光同時並行的，有一道來自天道的模糊白光，亦朝著你的面前放射。

於此，由於業力的關係，你對晃耀的藍色法界智光心懷畏懼而試圖逃避，因而對來自天道的模糊白光生起喜愛之情。

當此之時，你對光明晃耀的神聖藍光不可生起恐懼之心，更不可被它嚇倒。那是名叫「法界智光」的如來威光。你要信賴此光，對它堅信不移，並向它祈求禱告，一心觀想：它是來自薄伽梵毗盧遮那心中的恩光，是在你的中陰陷入危險的隘道之時來攝護你的恩光。此光是毗盧遮那世尊的慈光。

不要愛上天道的模糊白光；不要執著於它；不要怯弱。你一旦戀著於它，你就會飄入天宮之中，落入六道輪迴的漩渦裡面。那是一種阻礙，可以障蔽你的解脫之道。不要看它。你應以虔誠的心情瞻視明亮的藍光。你應勤懇觀想毗盧遮那世尊，並跟著我複誦這個禱告：

4　原文中是「sprending」，根據上下文很顯然應該是「spreading」，此處編者改正了原書中的英文筆誤。

5　原文中是「aggvegate」，在英文的佛教術語中「蘊」應該翻譯是「aggregate」，此處編者改正了原書中的英文筆誤。

生死流轉皆因愚癡無明而有，

際此法界智光照亮暗路之時：

唯願毗盧遮那世尊引導於前，

唯願無上虛空佛母護佑於後；

唯願使我安度可怖中陰險道，

唯願使我安住一切圓滿佛地。

出處

蓮華生（Padmasambava）著，徐進夫譯　《西藏度亡經》（北京：宗教
　　文化出版社，1995年），頁39-41。

延伸閱讀書目

川崎信定譯　《原典訳チベット死者の書》，東京：築摩書房，1994
　　年。

蓮花生著，祁正賢譯　《藏傳佛教寧瑪派──度亡經》，西寧：青海
　　民族出版社，2012年。

平岡宏一譯　《チベット死者の書：ゲルク派版》，東京：學習研究
　　社，2001年。

索甲仁波切（Sogyal Rinpoche）著，鄭振煌譯　《西藏生死書》，杭
　　州：浙江大學出版社，2011年。

談錫永　《生與死的禪法》，北京：華夏出版社，2008年。

張宏實　《圖解西藏生死書：認識〈中陰聞教救度大法〉》，臺北：橡
　　樹林文化，2005年。

Cuevas, Bryan J. *The Hidden History of the Tibetan Book of the Dead*. New
　　York: Oxford University Press, 2003.

Fremantle, Francesca., and Chögyam Trungpa. *The Tibetan Book of the Dead: The Great Liberation through Hearing in the Bardo.* Boston: Shambhala, 2003.

Hodge, Stephen, and Martin J. Boord. *The Illustrated Tibetan Book of the Dead: A New Translation with Commentary.* New York: Sterling Pub. Co., 1999.

Lopez, Donald S. *The Tibetan Book of the Dead: A Biography.* Lives of Great Religious Books. Princeton: Princeton University Press, 2011.

肆柒　佛教與環保：選自《蘇莫基熊經》
(*Smokey the Bear Sutra*)

解題

　　自從十九世紀以來，佛教作為一種世界性的宗教開始走出亞洲並逐漸在西方國家落地生根。到了二十世紀，特別是二戰結束以後，許多西方的作家和知識分子都紛紛來到東方學習佛教。在這一東學西漸的潮流之中，美國詩人蓋瑞·施耐德（Gary Snyder, 1930-）是頗具代表性的一位西方佛教徒。施耐德不僅曾經和垮掉的一代（Beat Generation）唱酬交遊，而且還遠赴日本京都的大德寺（日：大德寺 Daitokuji）修習禪宗，熟諳佛教的義理和實踐。回到美國之後，他致力於把佛教的禪修和風靡一時的環保運動結合在一起，不斷發表禪宗的譯作並出版了自然主義風格的詩集。這裡要介紹的是他創作的一首具有美國佛教特色的環保詩作《蘇莫基熊經》。蘇莫基熊（Smokey the Bear）是美國森林管理局（Forest Service）為了宣傳防火而使用的動物形象，所以又名護林熊。在這首模彷佛經的戲謔之作中，他宣稱在未來的世界，密教之本尊大日如來（Vairocana Buddha，梵：Mahāvairocana）將來到美國西部化生為頭戴寬邊帽的蘇莫基熊，守護荒野和生靈。很顯然，施耐德借鑒了佛教入華後衍化的偽經（apocrypha）傳統，把權威的釋迦說法的「經文」運用於美國的生態環保運動。這首詩目前還沒有正式出版的中文譯本，本文選擇了浙江外國語學院的教師童燕芳在在簡書（www.jianshu.com）網站上所提供的翻譯。

原文

大約一億五○○○萬年前，侏羅紀時代，

一時，大日如來於無限虛空一角，

為一切元素及能量說經。

站立眾生、行走眾生、飛翔眾生、靜坐眾生

──乃至草木，共一三○億者，

各從種生，聚於佛前。

如來所說，關乎地球眾生覺醒。

「未來某時，將有大洲，名美利堅。

洲上有大能量中心，其名曰：

金字塔湖、瓦爾登湖、雷尼爾山、大瑟爾、

大沼澤地，等等；亦有強大中樞與河渠，

如哥倫比亞河、密西西比河、大峽。[1]

時洲上有人類，頭腦糊塗，

雖有慧根佛性，終摧毀所有。」

「高山之下扭曲地層、火山脈搏，

皆吾大愛深埋地下。

吾之慈悲，固若片岩、若玄武岩、若花崗岩，

形成山，降下雨。

---

1 此處的美國地名，現根據原文羅列如下：金字塔湖（Pyramid Lake）、瓦爾登湖
（Walden Pond）、雷尼爾山（Mt. Rainier）、大瑟爾（Big Sur）、大沼澤地（Ever-
glades）、哥倫比亞河（Columbia River）、密西西比河（Mississippi River）以及大峽
（Grand Canyon）。

　　未來美利堅時代，吾以新化身，

　　治此無情知識世界：此世人役於無端饑餓，

　　無名暴戾，食而不飽。」

　　佛演說畢，顯其真身

—— 蘇莫基熊

　　一外貌俊秀之煙熏色棕熊，後足直立於地，神態清醒警覺。

　　右掌握鏟，可剗除幻象、顯諸實相，可切斷虛妄欲根，可以濕沙覆滅貪火及戰火；

　　左掌結平等友愛手印——以此宣示：一切生靈完全有權享其天年，鹿、兔、花栗鼠、蛇、蒲公英、蜥蜴，同生於法界；

　　身著藍色勞動服，標誌奴隸及苦力，無數此輩受迫於此世文明——此文明以拯救之名行毀滅之實；

　　頭戴西部寬邊帽，標誌荒野守衛之力：荒野乃我法自然境界、乃人類行走於地球之真實路徑：所有真理之路穿過山嶺——

　　背後有火焰光暈：此末法時代森林之火，[2]起於世人愚昧：以得失為實，不知實相無極無礙、一心中有青天綠地；

　　大腹便便，足見良善：若人熱愛地球、信任地球，必定糧食充足；

　　足踏——浪費資源之高速公路、多此一舉之都市；擊碎——資本主義與極權主義寄生蟲；

　　熊宣告其使命曰：熊之信徒，無受困於汽車、房子、罐頭、大學、鞋子者，能參透身語意三密，能無畏無懼，砍斷美利堅國中爛

2　此處的末法時代（梵：Kali-yuga，英：Age of Darkness），並不是佛教文獻中出現的末法（梵：saddharma-vipralopa，英：latter days of the law）時代，而是印度教宇宙觀中的一個時間術語，意思是四種相繼而至的暗黑時代中最黑暗的一個，有時在佛教文獻中亦稱「諍競惡劫」（藏：rtzod pa'i dus）。

樹、剪去病枝、燒毀殘留垃圾。

　　憤怒而平靜。樸素而有趣。助熊者，蘇莫基熊明其心；阻熊謗熊
者，蘇莫基熊

　　毀滅之。

　　如是說大熊咒：

　　南麼三曼多伐　折羅叔禪達　摩訶羅霎那斯發塔亞　亨　特拉卡
悍　曼[3]

　　「願成宇宙金剛力，能斷無邊盛怒火」

　　蘇莫基熊將保佑──

　　熱愛森林與河流者、

　　神靈與動物、流浪漢與瘋子、囚犯與病人、

　　音樂家、輕浮的女子、心懷希望的孩童：

　　若有人，受脅於廣告、空氣污染、電視、

　　或警察，即頌此蘇莫基熊戰爭心咒：

　　　　熄滅他們的煙頭

　　　　打爛他們的屁股

　　　　淹死他們的屁股

　　　　打倒他們的煙頭

　　蘇莫基熊聞咒即現身

　　持金剛鏟滅敵

3　這一段是施耐德自創的梵文咒語，原文是：Namah samanta vajranam chanda, maharo-
　　shana Sphataya huṃ traka haṃ maṃ

　　若復有人，讀誦此經，如理受持，其福德無量無數，如亞利桑那及內華達州沙之多。

　　能拯救地球於石油污染。

　　能入天人合一之境界。

　　能獲男子、女子、及野獸之愛戴與擁抱。

　　能有成熟黑莓為食、能在松樹底下陽光之中禪坐。

　　終能得無上正等正覺。

　　　　如是我等聞

出處

網絡資源：蓋瑞・施耐德（Gary Snyder）著、童燕芳譯　《蘇莫基熊經》[4]

延伸閱讀書目

蓋瑞・斯奈德（Gary Snyder）著，譚瓊林、陳登譯　《禪定荒野：行於道，醉於野，在青山中修行，與萬物平起平坐》，臺北：果力文化，2018年。

蓋瑞・施耐德著，西川譯　《水面波紋》，南京：譯林出版社，2017年。

Elwood, Roger, and Virginia Kidd. *Saving Worlds: A Collection of Original Science Fiction Stories*. Garden City, NY: Doubleday, 1973.

4　網址：https://www.jianshu.com/p/5d78600eb496，網站訪問時間：二〇二〇年三月十五日，該詩的英文原版，可以參看Strong, John. *The Experience of Buddhism: Sources and Interpretations*. Religious Life in History. 3rd ed. Belmont, CA: Thomson/Wadsworth, 2007, pp. 342-345.

Snyder, Gary. *Mountains and Rivers without End*. Berkeley: Counterpoint: Distributed by Publishers Group West, 2008.

Snyder, Gary, and Press Collection (Library of Congress). *The Fudo Trilogy: Spel against Demons. Smokey the Bear Sutra. The California Water Plan.* Berkeley: Shaman Drum, 1973.

Watson, Jane Werner, and Feodor Rojankovsky. *The True Story of Smokey the Bear.* Big Golden Book. New York: Simon and Shuster, 1955.

道教

肆捌　為道日損：選自《道德經》
（*The Classic of Power and Virtue*）

解題

　　《道德經》又稱《老子》，《道德真經》或《老子五千文》，該書以簡潔的格言體文風闡述了道教的宇宙人生觀，是道家的基本經典之一（見《正統道藏》第三四六冊）。《道德經》的作者老聃（活躍於前四世紀），又名老子或李耳，為周朝的守藏室之史，後來經神化被尊為道家的教主和「太上老君」。《道德經》可分為上編《道經》（前三十七章）和下編《德經》（後四十四章）兩個部分，但一九七三年長沙馬王堆漢墓出土的帛書《老子》表明，戰國（前475-前221）初期的《道德經》和今本的編次相反，應當被稱作《德道經》。《道德經》尊「大道」為萬物之本源，同時闡發社會政治和人生修養的哲理，但是本書也曾被五斗米道的祭酒用於布教，因此《道德經》的宗教性也不容忽視，道家也將本書尊為神仙道教的根本經典。[1]歷代的《道德經》注疏超過百家，《正統道藏》的「洞神部」本文類大約收錄了五十幾種注本，其中包括王弼（226-249）和杜光庭（850-933）等大家的詮解。除了中國，《道德經》（日：道德経 *Dōtokukyō*）在日本也廣受歡迎，其中

1　參看西漢河上公的《老子章句》以及東漢張陵（活躍於126-144年）的《老子想爾注》。

的注釋本以明治時代的儒者大田晴軒（日：Oota Seiken, 1795-1873，亦稱太田晴軒）的《老子全解》（日：*Rōshizenkai*）為佳。以下段落選自《道德經》的不同章節，反映了道教無為而治、少欲修身、復歸「大道」的宗教思想。

原文

一章

道可道，非常「道」；名可名，非常「名」。

「無」，名天地之始；「有」，名萬物之母。

故常「無」，欲以觀其妙；常「有」，欲以觀其徼。

此兩者，同出而異名，同謂之玄。玄之又玄，眾妙之門。[2]

九章

持而盈之，不如其已；揣而銳之，不可長保。

金玉滿堂，莫之能守；富貴而驕，自遺其咎。

功遂身退，天之道也。

十二章

五色令人目盲；五音令人耳聾；五味令人口爽；馳騁畋獵，令人心發狂；難得之貨，令人行妨。[3]

---

2 道家認為道是先天地萬物而獨立存在的先驗原則和哲學的最高範疇，這一點可以和印度教的「大梵」；佛教的「佛性」；基督教的「神」理念相比較。

3 在早期的中國典籍中，五色是指青、赤、白、黑、黃五種正色；五音（五聲）是古代音階中的五個音級，即宮、商、角、徵、羽這五種調式；五味指酸、甜（甘）、苦、辣（辛）、鹹五種味道。這一章的主旨在於規勸人們不要過度陷入物欲和感官滿足的泥沼而失卻本心。

是以聖人為腹不為目，故去彼取此。

三十三章

知人者智，自知者明。
勝人者有力，自勝者強。
知足者富。
強行者有志。
不失其所者久。
死而不亡者壽。

四十四章

名與身孰親？身與貨孰多？得與亡孰病？
甚愛必大費；多藏必厚亡。
故知足不辱，知止不殆，可以長久。

四十八章

為學日益，為道日損。損之又損，以至於無為。[4]
無為而無不為。取天下常以無事，及其有事，不足以取天下。

五十六章

知者不言，言者不知。
塞其兌，閉其門，挫其銳，解其紛，和其光，同其塵，是謂「玄
同」。故不可得而親，不可得而疏；不可得而利，不可得而害；不可
得而貴，不可得而賤。故為天下貴。

---

4 《道德經》推崇清虛無為的人生態度，這一章的前兩句點明追求學問的增長和求道
　明理是相反的，為道就是要放棄執著和機巧而回歸本真。

六十六章

江海所以能為百谷王者，以其善下之，故能為百谷王。

是以聖人欲上民，必以言下之；欲先民，必以身後之。是以聖人處上而民不重，處前而民不害。是以天下樂推而不厭。以其不爭，故天下莫能與之爭。

七十六章

人之生也柔弱，其死也堅強。

草木之生也柔脆，其死也枯槁。

故堅強者死之徒，柔弱者生之徒。

是以兵強則滅，木強則折。

強大處下，柔弱處上。

七十八章

天下莫柔弱於水，而攻堅強者莫之能勝，以其無以易之。

弱之勝強，柔之勝剛，天下莫不知，莫能行。

是以聖人云：「受國之垢，是謂社稷主；受國不祥，是為天下王。」正言若反。

八十章

小國寡民，使有什伯之器而不用；使民重死而不遠徙。雖有舟輿，無所乘之；雖有甲兵，無所陳之。使民復結繩而用之。

甘其食，美其服，安其居，樂其俗。鄰國相望，雞犬之聲相聞，民至老死，不相往來。

八十一章

信言不美，美言不信。

善者不辯，辯者不善。

知者不博，博者不知。

聖人不積，既以為人己愈有，既以與人己愈多。

天之道，利而不害；人之道，為而不爭。

出處

陳鼓應　《老子注釋及評介》（北京：中華書局，1984年），頁53、89、
　　　　104、192、234、243、272、303、330、337、344、348。

延伸閱讀書目

波多野太郎　《老子道徳経研究》，東京：國書刊行會，1979年。

陳仙月　《道德經譯注》，北京：宗教文化出版社，2013年。

河上公章句，王弼注，唐子恆、邊家珍點校　《老子道德經・王弼道
　　　　德經注》，南京：鳳凰出版社，2017年。

井筒俊彥著，古勝隆一譯　《老子道徳経》，東京：慶應義塾大學出
　　　　版會，2017年。

堀池信夫　《〈老子〉注釈史の研究：桜邑文稿》，東京：明治書院，
　　　　2019年。

麥谷邦夫編　《老子想爾注索引》，京都：朋友書店，1985年。

饒宗頤　《老子想爾注校證》，香港：中華書局，2015年。

王　卡　《老子道德經河上公章句》，北京：中華書局，1993年。

王弼注，樓宇烈校釋　《老子道德經注校釋》，北京：中華書局，2008
　　年。

小池一郎　《老子訳注：帛書〈老子道德経〉》，東京：勉誠出版，
　　2013年。

魏玉昆　《老子道德通譯》，北京：中國社會科學出版社，2005年。

趙孟頫書　《道德經》，北京：五洲傳播出版社，2012年。

Ames, Roger T., and David L. Hall. *Daodejing: "Making This Life Signifi-
　　cant": A Philosophical Translation*. New York: Ballantine Books,
　　2003.

Laozi, Ryden, Edmund, and Penny, Benjamin. *Daodejing*. Oxford World's
　　Classics. Oxford: Oxford University Press, 2008.

Moeller, Hans-Georg. *The Philosophy of the Daodejing*. New York:
　　Columbia University Press, 2006.

Moeller, Hans-Georg, and Laozi. *Daodejing (Laozi): A Complete Trans-
　　lation and Commentary*. Chicago: Open Court, 2007.

Yu, Anthony C. "Reading the 'Daodejing': Ethics and Politics of the
　　Rhetoric." *Chinese Literature: Essays, Articles, Reviews* (CLEAR)
　　25 (2003): 165-187.

肆玖　逍遙於大道：選自《莊子》（*Zhuangzi*）

解題

　　《莊子》是道教的根本經典之一，一般認為是戰國時期的思想家莊周（約前369-前286）所作，全書可分為莊周自著的《內篇》，門人所著的《外篇》以及《雜篇》等三十三篇（原為五十二篇）。該書行文恣肆曠放、想像奇詭不羈、以《逍遙遊》和《齊物論》為其精髓，是宗教文學中的卓越名著。莊周是憤世嫉俗的隱士，他雖然做過宋國的漆園吏，但一生都安貧樂道，其逍遙拔俗的思想和老子的道德學說是道教思想史上的雙璧，被並稱為「老莊」。史上的莊周被道教神仙化，他不僅位列陶弘景（456-536）《真靈位業圖》的第三級，而且在唐代還被尊為「南華真人」。與之相應，《莊子》也變成了《正統道藏》中的《南華真經》（第三四八冊）。《莊子》的注疏眾多，有郭象（252-312）注的《莊子》，唐代成玄英（608-669）《南華真經注疏》、清王先謙（1842-1917）《莊子集解》以及郭慶藩（1844-1896）的《莊子集釋》等。《莊子》也是古典日本文人的必讀書，聖德太子（日：聖德太子 Shōtoku Taishi, 574-622）在《十七條憲法》（日：*Jūshichijōkenpō*）中就引用了《莊子》，到了鎌倉（1185-1333）和室町（1336-1573）時代，老莊哲學因為旨趣近似禪宗而十分盛行。以下的選文，除了最後一段來自《外篇》〈達生〉，其他皆選自《內篇》〈大宗師〉。《大宗師》的行文氣魄萬千，全篇雖然標舉卓然不群的「真人」典範，但其所指在於叫人勘破生死，與天地合一。

原文

大宗師

知天之所為，知人之所為者，至矣。知天之所為者，天而生也；知人之所為者，以其知之所知，以養其知之所不知，終其天年而不中道夭者，是知之盛也。

雖然，有患。夫知有所待而後當，其所待者特未定也。庸詎知吾所謂天之非人乎？所謂人之非天乎？

且有真人而後有真知。何謂真人？古之真人，不逆寡，不雄成，不謨士。若然者，過而弗悔，當而不自得也；若然者，登高不慄，入水不濡，入火不熱。是知之能登假於道者也若此。

古之真人，其寢不夢，其覺無憂，其食不甘，其息深深。真人之息以踵，眾人之息以喉。屈服者，其嗌言若哇。其耆欲深者，其天機淺。

古之真人，不知說生，不知惡死；其出不訢，其入不距；翛然而往，翛然而來而已矣。[1]不忘其所始，不求其所終；受而喜之，忘而復之，是之謂不以心損道，不以人助天。是之謂真人。

若然者，其心忘，其容寂，其顙頯；淒然似秋，暖然似春，喜怒通四時，與物有宜而莫知其極。

故聖人之用兵也，亡國而不失人心；利澤施乎萬世，不為愛人，

---

[1] 老莊哲學認為得道之人才能被稱作真人，真人體證了根本的真理，所以才能超越俗情和生死。和真人相對的是掙扎在欲望中的眾人，因為過於執著於世情和利益的紛爭，所以普通人往往缺乏靈性和根器。早期佛教也借用真人一詞來翻譯得道的阿羅漢（梵：arhat），如《中阿含經》（梵：*Madhyamāgama*，巴：*Majjhima-nikāya*，藏：*Luṇ bar-ma*）中的《真人經》（巴：*Sappurisasuttaṁ*，《大正藏》第二十六冊）以及《肇論》中的真人等。

故樂通物，非聖人也；有親，非仁也；天時，非賢也；利害不通，非
君子也；行名失己，非士也；亡身不真，非役人也。若狐不偕、務
光、伯夷、叔齊、箕子、胥餘、紀他、申徒狄，是役人之役，適人之
適，而不自適其適者也。

　　古之真人，其狀義而不朋，若不足而不承；與乎其觚而不堅也，
張乎其虛而不華也；邴邴乎其似喜也！崔乎其不得已也！滀乎進我色
也，與乎止我德也；厲乎其似世也！警乎其未可制也；連乎其似好閉
也，悗乎忘其言也。以刑為體，以禮為翼，以知為時，以德為循。以
刑為體者，綽乎其殺也；以禮為翼者，所以行於世也；以知為時者，
不得已於事也；以德為循者，言其與有足者至於丘也，而人真以為勤
行者也。故其好之也一，其弗好之也一。其一也一，其不一也一。其
一與天為徒，其不一與人為徒。天與人不相勝也，是之謂真人。

　　……

　　子桑戶、孟子反、子琴張三人相與語曰：「孰能相與於無相與，
相為於無相為？孰能登天遊霧，撓挑無極；相忘以生，無所終窮？」

　　三人相視而笑，莫逆於心，遂相與為友。

　　莫然有間而子桑戶死，未葬。孔子聞之，使子貢往侍事焉。或編
曲，或鼓琴，相和而歌曰：「嗟來桑戶乎！嗟來桑戶乎！而已反其
真，而我猶為人猗！」子貢趨而進曰：「敢問臨尸而歌，禮乎？」

　　二人相視而笑曰：「是惡知禮意！」

　　子貢反，以告孔子，曰：「彼何人者邪？修行無有，而外其形
骸，臨尸而歌，顏色不變，無以命之，彼何人者邪？」

　　孔子曰：「彼，游方之外者也；而丘，游方之內者也。外內不相
及，而丘使女往弔之，丘則陋矣。彼方且與造物者為人，而游乎天地
之一氣。彼以生為附贅縣疣，以死為決疣潰癰，夫若然者，又惡知死
生先後之所在！假于異物，託於同體；忘其肝膽，遺其耳目；反覆終

始，不知端倪；芒然彷徨乎塵垢之外，逍遙乎無為之業。彼又惡能憒憒然為世俗之禮，以觀眾人之耳目哉！」[2]

子貢曰：「然則夫子何方之依？」

孔子曰：「丘，天之戮民也。雖然，吾與汝共之。」

子貢曰：「敢問其方。」

孔子曰：「魚相造乎水，人相造乎道。相造乎水者，穿池而養給；相造乎道者，無事而生定。故曰，魚相忘乎江湖，人相忘乎道術。」

子貢曰：「敢問畸人。」

曰：「畸人者，畸於人而侔於天。故曰，天之小人，人之君子；人之君子，天之小人也。」

……

達生[3]

達生之情者，不務生之所無以為；達命之情者，不務命之所無奈何。養形必先之以物，物有餘而形不養者有之矣；有生必先無離形，形不離而生亡者有之矣。生之來不能卻，其去不能止。悲夫！世之人以為養形足以存生；而養形果不足以存生，則世奚足為哉！雖不足為而不可不為者，其為不免矣。

夫欲免為形者，莫如棄世。棄世則無累，無累則正平，正平則與彼更生，更生則幾矣。事奚足棄而生奚足遺？棄事則形不勞，遺生則

---

2 子桑戶、孟子反、子琴張三人能夠相忘生死，知道生死其實只是一體的兩面，因此才能在直面死亡的時候放達無礙。所以文中的孔子也醒悟到這三人其實是化外之人，他們寄託氣息於肉身，遊戲人間卻超越凡俗，這是借孔子之口來襯托道家宗師逍遙世外的灑脫風骨。

3 《莊子》〈達生〉講的是養生達命之道以及生命的定數，所以這一段和《大宗師》中探討的生死問題也有關聯。莊子強調養生在於養神，也更看重悟道，因為得道之後才能夠通生死、齊萬物，成為超凡脫俗的至人。

精不虧。夫形全精復，與天為一。天地者，萬物之父母也，合則成體，散則成始。形精不虧，是謂能移；精而又精，反以相天。

子列子問關尹曰：「至人潛行不窒，蹈火不熱，行乎萬物之上而不慄。請問何以至於此？」

關尹曰：「是純氣之守也，非知巧果敢之列。居，予語汝！凡有貌象聲色者，皆物也，物與物何以相遠？夫奚足以至乎先？是形色而已。則物之造乎不形而止乎無所化，夫得是而窮之者，物焉得而止焉！彼將處乎不淫之度，而藏乎無端之紀，游乎萬物之所終始，一其性，養其氣，合其德，以通乎物之所造。夫若是者，其天守全，其神無郤，物奚自入焉！

「夫醉者之墜車，雖疾不死。骨節與人同而犯害與人異，其神全也，乘亦不知也，墜亦不知也，死生驚懼不入乎其胸中，是故慎物而不慴。彼得全於酒而猶若是，而況得全於天乎？聖人藏於天，故莫之能傷也。」

「復仇者不折鏌干，雖有忮心者不怨飄瓦，是以天下平均。故無攻戰之亂，無殺戮之刑者，由此道也。不開人之天，而開天之天，開天者德生，開人者賊生。不厭其天，不忽於人，民幾乎以其真！」

出處

陳鼓應注譯　《莊子今注今譯》（北京：商務印書館，2016年），頁199-200、227-228、543-547。

延伸閱讀書目

陳鼓應　《莊子淺說》，香港：商務印書館，2009年。

福永光司　《莊子外篇》，東京：朝日新聞社，1966年。

金穀治訳注　《莊子》，東京：岩波文庫，1979年。

梁　冬　《梁冬說莊子・大宗師》，廣州：廣東人民出版社，2018年。

南懷瑾　《莊子諵譁》，上海：上海人民出版社，2007年。

王世舜主編　《莊子譯注》，濟南：山東教育出版社，1985年。

諸橋轍次　《莊子物語》，東京：大法輪閣，1964年。

Legge, James, Laozi, and Zhuangzi. *Essential Writings of Taoism: The Tao Te Ching and the Chuang Tzu*. St Petersburg, Fla.: Red and Black Publishers, 2008.

Mair, Victor H. *Experimental Essays on Zhuangzi*. Dunedin, Fla.: Three Pines Press, 2010.

Wang, Bo, and Livia Kohn. *Zhuangzi: Thinking through the Inner Chapters*. Contemporary Chinese Scholarship in Daoist Studies. St. Petersburg, FL: Three Pines Press, 2014.

Zhuangzi, and A. C. Graham. *Chuang-Tzŭ: The Inner Chapters*. Indianapolis: Hackett Pub. Co., 2001.

Zhuangzi, and Burton Watson. *Zhuangzi: Basic Writings. Translations from the Asian* Classics. New York: Columbia University Press, 2003.

Zhuangzi, and David Hinton. *The Inner Chapters*. Washington, DC: Distributed by Publishers Group West, 1997.

伍拾　論仙：選自《抱朴子內篇》（*Inner Chapter of Embracing the Simplicity*）

解題

　　東晉時期的道教學者葛洪（284-364），字稚川，少以儒學知名，後崇信道學，好神仙導養之法，曾經從祖玄、吳時學道，以《抱朴子》一書鳴世。「抱朴」一詞源於《老子》第十九章：「見素抱樸，少私寡欲」，葛洪也自號為「抱樸」，蓋因他具備了道家所提倡的率直淳樸、持守本真的品格。《抱朴子》成書於東晉建武元年（327），全書共七十卷，分為《內篇》二十卷和《外篇》五十卷，並收入《正統道藏》的《太清部》和《諸子集成》等叢書，是道士和神仙家所推崇的養生修煉名著。《抱朴子》反映了葛洪的神仙方術思想，在他看來「欲求仙者，要當以忠孝、和順、仁信為本。若德行不修，而但務方術，皆不得長生也」，也就是說，葛洪在內外篇中提出了儒道兼修的學仙思想和道德學說，認為唯有內修和外養相結合才是至要的道術。這其中的《抱朴子內篇》談論了神仙方藥、道家服食、鬼怪變化以及養生延年的方法，這部書不僅是研究道教的重要史料，在中國科技史上也有一定的地位。以下選段來自《抱朴子內篇》的第二卷《論仙》，葛洪在本篇中旁徵博引，試圖論證神仙的存在和長生不死的可能性，因此這段文選可以幫助我們瞭解傳統道教神仙家的思想。

原文

　　或問曰：「神仙不死，信可得乎？」抱朴子答曰：「雖有至明，而

有形者不可畢見焉；雖稟極聰，而有聲者不可盡聞焉；雖有大章、豎
亥之足，而所常履者，未若所不履之多；雖有禹、益、齊諧之智，而
所嘗識者，未若所不識之眾也。[1]萬物云云，何所不有？況列仙之
人，盈乎竹素矣，不死之道，曷為無之？」

　　於是問者大笑曰：「夫有始者必有卒，有存者必有亡。故三、
五、丘、旦之聖，棄、疾、良、平之智，端、嬰、隨、酈之辯，賁、
育、五丁之勇，而咸死者，人理之常然，必至之大端也。[2]徒聞有先
霜而枯瘁，當夏而凋青，含穗而不秀，未實而萎零，未聞有享於萬年
之壽、久視不已之期者矣。故古人學不求仙，言不語怪，杜彼異端，
守此自然，推龜鶴於別類，以死生為朝暮也。夫苦心約己，以行無益
之事；鏤冰雕朽，終無必成之功。未若擔匡世之高策，招當年之隆
祉，使紫青重紆，玄牡龍跱，華轂易步趍，鼎餗代耒耜，不亦美哉？
每思詩人《甫田》之刺，深惟仲尼『皆死』之證，無為握無形之風，
捕難執之影，索不可得之物，行必不到之路，棄榮華而涉苦困，釋甚
易而攻至難，有似喪者之逐游女，必有兩失之悔；單、張之信偏見，
將速內外之禍也。夫班、狄不能削瓦石為芒針，歐冶不能鑄鉛錫為幹
將。故不可為者，雖鬼神不能為也；不可成者，雖天地不能成也。世
間亦安得奇方，能使當老者復少，而應死者反生哉？而吾子乃欲延蟪

1　禹是夏朝的第一代君主大禹、益是幫助大禹治水的功臣、齊諧是《莊子》〈逍遙遊〉
　　中的一位怪人。

2　三：指天皇、地皇、人皇三皇；五：指伏羲、神農、黃帝、堯、舜這五帝；丘：指
　　孔丘；旦：指周公姬旦，這些都是古代的聖人。棄：指后稷；疾：指戰國時期秦惠
　　王（前356-前311）的弟弟樗裡子（？-前300）；良：指張良（約前250-前189）；平：
　　指陳平（？-前178）；這些人都是古代智者或謀士。端：指孔子的弟子子貢；嬰：指
　　春秋時齊國的大夫晏嬰（？-前500）；隨：指漢初的辯士隨何；酈：指漢初的辯士酈
　　食其（前268-前203年）；這些都是古代善於辯難之人。賁：指戰國時期的勇士孟賁；
　　育：指周代的豪傑夏育；五丁：指秦惠王時（前356-前311）蜀地的五位力士。

蛄之命,令有曆紀之壽;養朝菌之榮,使累晦朔之積,不亦謬乎?願加九思,不遠迷復焉。」

抱朴子答曰:「夫聰之所去,則震雷不能使之聞;明之所棄,則三光不能使之見,豈輷磕之音細,而麗天之景微哉?而聾夫謂之無聲焉,瞽者謂之無物焉。又況管弦之和音,山龍之綺粲,安能賞克諧之雅韻、暐曄之鱗藻哉?故聾瞽在乎形器,則不信豐隆之與玄象矣,而況物有微於此者乎?暗昧滯乎心神,則不信有周、孔於在昔矣,況告之以神仙之道乎?夫存亡終始,誠是大體。其異同參差,或然或否,變化萬品,奇怪無方,物是事非,本鈞末乖,未可一也。

「夫言始者必有終者多矣,混而齊之,非通理矣。謂夏必長,而薺、麥枯焉;謂冬必凋,而竹、柏茂焉;謂始必終,而天、地無窮焉;謂生必死,而龜、鶴長存焉。盛陽宜暑,而夏天未必無涼日也;極陰宜寒,而嚴冬未必無暫溫也。百川東注,而有北流之活活;坤道至靜,而或震動而崩弛;水性純冷,而有溫谷之湯泉;火體宜熾,而有蕭丘之寒焰。重類應沉,而南海有浮石之山;輕物當浮,而牂柯有沉羽之流。萬殊之類,不可以一概斷之,正如此也久矣。

「有生最靈,莫過乎人。貴性之物,宜必鈞一,而其賢愚邪正、好醜修短、清濁貞淫、緩急遲速、趨舍所尚、耳目所欲,其為不同,已有天壤之覺、冰炭之乖矣。何獨怪仙者之異、不與凡人皆死乎?

「若謂受氣皆有一定,則雉之為蜃,雀之為蛤,壤蟲假翼,川蛙翻飛,水蠆為蛉,茺苓為蛆,田鼠為駕,腐草為螢,黿之為虎,蛇之為龍,皆不然乎?

「若謂人稟正性,不同凡物,皇天賦命,無有彼此,則牛哀成虎,楚嫗為黿,枝離為柳,秦女為石,死而更生,男女易形,老、彭

之壽，殤子之夭，其何故哉？[3] 苟有不同，則其異有何限乎？

「若夫仙人，以藥物養身，以術數延命，使內疾不生，外患不入，雖久視不死，而舊身不改，苟有其道，無以為難也。而淺識之徒，拘俗守常，咸曰世間不見仙人，便云天下必無此事。夫目之所曾見，當何足言哉？天地之間，無外之大，其中殊奇，豈遽有限？詣老戴天，而無知其上；終身履地，而莫識其下。形骸，己所自有也，而莫知其心志之所以然焉；壽命，在我者也，而莫知其修短之能至焉。況乎神仙之遠理，道德之幽玄，仗其短淺之耳目，以斷微妙之有無，豈不悲哉！

「設有哲人大才，嘉遁勿用，翳景掩藻，廢偽去欲，執太璞於至醇之中，遺末務於流俗之外，世人猶鮮能甄別。或莫造志行於無名之表，得精神於陋形之裡，豈況仙人殊趣異路？以富貴為不幸，以榮華為穢汙；以厚玩為塵壞，以聲譽為朝露；蹈炎飆而不灼，躡玄波而輕步；鼓翩清塵，風駟雲軒；仰凌紫極，俯棲昆侖；行屍之人，安得見之？假令遊戲，或經人間，匿真隱異，外同凡庸，比肩接武，孰有能覺乎？若使皆如郊間兩瞳之正方，邛疏之雙耳出乎頭巔；馬皇乘龍而行，子晉躬禦白鶴；或鱗身蛇軀，或金車羽服；乃可得知耳。自不若斯，則非洞視者安能觀其形，非徹聽者安能聞其聲哉？世人既不信，又多疵毀，真人疾之，遂益潛遁。且常人之所愛，乃上士之所憎；庸俗之所貴，乃至人之所賤也。英儒偉器，養其浩然者，猶不樂見淺薄之人、風塵之徒，況彼神仙？何為汲汲使窮狗之倫知有之？何所索

3　牛哀：指公牛哀，典出《淮南子》〈俶真訓〉：「昔公牛哀轉病也，七日化為虎。」楚嫗為黿，典出《後漢書》〈五行志〉：「靈帝時，江夏黃氏之母，浴而化為黿，入於深淵，其後時出見」。枝離：即支離叔，典出《莊子》〈至樂〉：「支離叔與滑介叔觀于冥伯之丘……俄而柳生其左肘」。秦女為石：典出《蜀記》：「梓橦縣有五婦山，一名五婦台。秦王遺蜀王美女五人，蜀王遺五丁迎女，至梓橦，五丁躡地大呼，驚五女，並化為石」。

乎？而怪於未嘗知也，目察百步，不能了了，而欲以所見為有，所不
見為無，則天下之所無者，亦必多矣。所謂以指測海，指極而雲水盡
者也。蜉蝣校巨鼇，日及料大椿，豈所能及哉？」

出處

張松輝譯注　《抱朴子內篇》（北京：中華書局，2011年），頁21-35。

延伸閱讀書目

大淵忍爾　《初期の道教：道教史の研究其の一》，東京：創文社，
　　　　1991年。

葛洪、顧久譯注　《抱朴子內篇全譯》，貴陽：貴州人民出版社，1995
　　　　年。

胡孚琛　《魏晉神仙道教：抱朴子內篇研究》，北京：人民出版社，
　　　　1989年。

王　明　《抱朴子內篇校釋》，北京：中華書局，1985年。

James, R. Ware. *Alchemy, Medicine, Religion in the China of A.D. 320: The
　　　　NeiPʿien of Ko Hung (Pao-Pʿu Tzu)*. Boston: The MIT Press, 1966.

Schipper, Kristofer Marinus. 抱朴子內篇通檢. Paris: L'institut des hautes
　　　　etudes chinoises de l'université de Paris, 1965.

伍壹　養性立命：選自《周易參同契》
（*The Seal of the Unity of the Three*）

解題

　　東漢（25-220）著名的煉丹家魏伯陽（活躍於147-167年）所著的《周易參同契》，顧名思義，是借儒家的《周易》八卦來論證道教的仙家煉丹之術和長生久視之說，書名中的「參」即是「三」，也就是將「太易」學說（易道）、煉丹術（丹道）與黃老思想（黃老道）契合為一，因此本書素來有萬古丹經之王的稱號，備受道教丹家的重視。《周易參同契》可分為上、中、下三卷共九十章，上卷托爻象而論述天人合一之道；中卷談論性命內養之說，下卷闡述內丹爐火之法，書後並附《五相類》與《鼎器歌》兩篇補遺。《參同契》的行文，通篇譬喻隱語甚多，以至於朱熹（1130-1200）在《參同契考異》中也認為該書多有舛誤，晦澀難懂。《參同契》的歷代注釋甚多，包括後蜀彭曉（?-955）《周易參同契分章通真義》、元俞琰（1258-1314）《周易參同契發揮》、陳致虛（1290-?）的《周易參同契分章注》，以及明蔣一彪的《古文參同契集解》等，多收入《正統道藏》太玄部，今人還有南懷瑾（1918-2012）的演講集《我說參同契》可資參考。本書雖然位列道家典籍，但其對科技史、中醫、宗教心理學、氣功、冶金、易學、宋明理學、化學、哲學、律曆等多方面都有影響，一直流傳較廣。以下選段來自《周易參同契》的各章，用以舉例易卦、火候、和丹法等《參同契》關注的要旨。

原文

大易總敘章第一

乾、坤者，《易》之門戶，眾卦之父母。坎離匡郭，運轂正軸。

牝牡四卦章第二

牝牡四卦，以為橐籥。覆冒陰陽之道，尤工、御者，準繩墨，執銜轡，正規距，隨軌轍。處中以制外，數在律曆紀。月節有五六，經緯奉日使。兼併為六十，剛柔有表裡。[1]

朔旦屯直事章第三

朔旦屯直事，至暮蒙當受。晝夜各一卦，用之依次序。

即未至晦爽第四

既、未至晦爽，終則復更始。日辰為期度，動靜有早晚。

春夏據內體章第五

春、夏據內體，從子到辰、巳。秋、冬當外用，自午訖戌、亥。

賞罰應春秋章第六

賞罰應春秋，昏明順寒暑。爻辭有仁義，隨時發喜怒。如是應四時，五行得其理。

---

1 牝牡：指雌雄兩性；月節：一個月的時間；經緯：此處的經指位於南北之位的乾鼎和坤爐，「緯」是暗喻藥物在鼎爐中的運作如同日升月落。這一段的要旨是講用丹爐化煉藥物要掌握火候和易學的原理。

天地設位章第七

天地設位，而易行乎其中矣。天地者，乾坤之象也；設位者，列陰陽配合之位也。易謂坎離。坎離者，乾坤二用；二用無爻位，周流行六虛。往來既不定，上下亦無常；幽潛淪匿，變化於中；包囊萬物，為道紀綱。

以無制有章第八

以無制有，器用者空。故推消息，坎離沒亡。

言不苟造章第九

言不苟造，論不虛生。引驗見效，校度神明。推類結字，原理為證。坎戊月精，離己日光。日月為「易」，剛柔相當。土旺四季，羅絡始終。青赤黑白，各居一方；皆稟中宮，戊己之功。

辰極受正章第二十

辰極受正，優游任下。明堂布政，國無害道。內以養己，安靜虛無。原本隱明，內照形軀。閉塞其兌，築固靈株。三光陸沉，溫養子珠。視之不見，近而易求。[2]

是非歷藏法章第二十七

是非歷藏法，內視有所思；履行步斗宿，六甲以日辰；陰道厭九一，濁亂弄元胞；食氣鳴腸胃，吐正吸外邪；晝夜不臥寐，晦朔未嘗

---

2 辰極：北辰（北斗）；明堂：天子宣明政教，朝廷舉辦儀式大典之殿堂；內以養己：指無為靜默的內養之道；三光：指的是日月星或精氣神；子珠：喻元精或靈胎。此段和前面幾章都是以星相和治政之道對應丹道。

休；身體日疲倦，恍惚狀若癡；百脈鼎沸馳，不得清澄居。累土立壇宇，朝暮敬祭祠；鬼物見形象，夢寐感慨之。心歡意悅喜，自謂必延期；遽以夭命死，腐露其形骸。舉措輒有違，悖逆失樞機。諸述甚眾多，千條有萬餘；前卻違黃老，曲折戾九都。[3]

明者省厥旨章第二十八

明者省厥旨，曠然知所由。勤而行之，夙夜不休。服食三載，輕舉遠遊。跨火不焦，入水不濡。能存能亡，長樂無憂。道成德就，潛伏俟時。太一乃召，移居中洲，功滿上升，膺籙受圖。

《火記》不虛作章第二十九

《火計》不虛作，演《易》以明之。偃月法鼎爐，白虎為熬樞，汞日為流珠，青龍與之俱。舉東以合西，魂魄自相拘。上弦兌數八，下弦艮亦八，兩弦合其精，乾坤體乃成。二八應一斤，易道正不傾，銖有三百八十四，亦應卦爻之數。

子午數合三章第三十一

子午數合三，戊己號稱五。三五既和諧，八石正綱紀。呼吸相貪欲，佇思為夫婦。黃土金之父，流珠水之母。水以土為鬼，土鎮水不起。朱雀為火精，執平調勝負。水盛火消滅，俱死歸厚土。三性即合會，本性共宗祖。

---

3 藏法：同臟法，也就是內觀存想的修煉方法；斗宿：南斗，二十八星宿之一，此處步斗宿是說道士作法時的步罡踏鬥之法；食氣：道家的養生法之一，意為服食外氣。此處列舉了種種道家修煉之小法，用於襯托《參同契》指明的金丹大道非旁門左道之所及。

巨勝尚延年章第三十二

　　巨勝尚延年，還丹可入口。金性不敗朽，故為萬物寶；術士服食之，壽命得長久。土游於四季，守界定規矩。金砂入五內，霧散若風雨。薰蒸達四肢，顏色悅澤好；髮白皆變黑，齒落生舊所；老翁復丁壯，耆嫗成姹女；改形免世厄，號之曰真人。

陰陽為度章第六十三

　　陰陽為度，魂魄所居。陽神日魂，陰神月魄；魂之與魄，互為室宅。性主處內，立置鄄鄂；情主營外，築垣城郭；城郭完全，人物乃安。爰斯之時，情合乾坤；乾動而直，氣布精流；坤靜而翕，為道舍廬。剛施而退，柔化以滋。九還七返，八歸六居。男白女赤，金火相拘，則水定火，五行之初。上善若水，清而無瑕。道之形象，真一難圖；變而分布，各自獨居。

出處

章偉文譯注　《周易參同契》（北京：中華書局：2014年），頁6、11、
　　　　　　14、17、20、23、26、30、75、102、106、110、119、124、
　　　　　　241。

延伸閱讀書目

北原峰樹、杉田茂夫編　《周易參同契索引‧黃帝陰符經索引》，北
　　九州：北九州中國書店，1988年。
仇兆鼇　《古本周易參同契集注》，上海：華東師範大學出版社，2015
　　年。

鈴木由次郎　《周易參同契》，東京：明德出版社，1990年。

馬宗軍　《周易參同契研究》，濟南：齊魯書社，2013年。

任法融注　《周易參同契釋義》，北京：東方出版社，2009年。

魏伯陽等著，周全彬、盛克琦編校　《參同集注：萬古丹經王〈周易
　　　　參同契〉注解集成》，北京：宗教文化出版社，2013年。

魏伯陽著，朱熹等注　《周易參同契集釋》，北京：中央編譯出版
　　　　社，2015年。

朱熹撰　《周易參同契考異》，臺北：藝文印書館，1968年。

Bertschinger, Richard. *Secret of Everlasting Life*. London: Jessica Kingsley
　　　　Publishers, 2010.

Pregadio, Fabrizio. "The Representation of Time in the Zhouyi Cantong
　　　　Qi." *Cahiers d'Extrême-Asie* 8, no. 1 (1995): 155-73.

Pregadio, Fabrizio, and Xiao Peng. *Zhouyi Cantong Qi: Dal Libro Dei
　　　　Mutamenti All'elisir D'oro*. Venezia: Cafoscarina, 1996.

Wei, Boyang, and Fabrizio Pregadio. *The Seal of the Unity of the Three: A
　　　　Study and Translation of the Cantong Qi, the Source of the Taoist
　　　　Way of the Golden Elixir*. Mountain View, CA: Golden Elixir
　　　　Press, 2011.

儒教

伍貳　召誥：選自《尚書》(*Book of History*)

解題

　　從十九世紀開始，國際學術界傾向於將中國傳統的儒家劃歸世界宗教之列，「儒教」(Confucianism，有時亦稱 Ruism) 這個新詞也因此應運而生。在儒教所尊崇的四書五經之中，《尚書》，又名《書經》，是中國最古老的史書、檔案和散文集。作為上古時期的政治文獻彙編，《尚書》的原書已散佚，傳世本一般可分為用漢隸抄寫的《今文尚書》以及從孔宅壁中發現的古文籀書版的《古文尚書》兩種。目前通行的《十三經注疏》本的《尚書》將《今文尚書》和《古文尚書》合編為五十八篇，其中可信者二十八篇。《尚書》記載了從虞夏到商周的上古史蹟和政治思想，共分為《虞書》、《夏書》、《商書》和《周書》四篇，以《周書》的篇幅最大（十九篇），文體可分為典（帝王典範的文告）、謨（通「謀」，國策和謀略）、訓（勸誡）、誥（君主對臣民的誥諭）、誓（戰爭前的誓師和動員）、命（君上賞賜臣僚的冊命）六種。歷代的《尚書》注疏有孔穎達（574-648）的《尚書正義》、孫星衍（1753-1818）的《尚書今古文注疏》以及顧頡剛（1893-1980）、劉起釪（1917-2012）的《尚書校釋譯論》等。以下選段來自《尚書》中的三種不同的文獻，選文集中反映了中國上古宗教敬天尊神、明德慎罰的傳統，以及古人對於天道神權的認識。

原文

堯典

慎徽五典，五典克從。納於百揆，百揆時敘。賓於四門，四門穆穆。納於大麓，烈風雷雨弗迷。帝曰：「格！汝舜。詢事考言，乃言厎可績，三載，汝陟帝位。」舜讓於德，弗嗣。

正月上日，受終於文祖。在璿璣玉衡，以齊七政。肆類於上帝，禮於六宗，望於山川，遍於群神。輯五瑞，既月乃日，覲四嶽群牧，班瑞於群後。[1]

歲二月，東巡守，至於岱宗，柴，望秩於山川。肆覲東後，協時月正日，同律度量衡。修五禮、五玉、三帛、二生、一死贄。如五器，卒乃復。

五月南巡守，至於南嶽，如岱禮。八月西巡守，至於西嶽，如初。十有一月朔巡守，至於北嶽，如西禮。歸，格於藝祖，用特。

五載一巡守。群後四朝，敷奏以言，明試以功，車服以庸。

肇十有二州，封十有二山，濬川。

象以典刑，流宥五刑，鞭作官刑，扑作教刑，金作贖刑。眚災肆赦，怙終賊刑。欽哉，欽哉，惟刑之恤哉！

流共工於幽州，放驩兜于崇山，竄三苗於三危，殛鯀於羽山，四罪而天下咸服。

1　文祖：堯帝之祖廟；玉衡：北斗七星中的第五星；七政：日、月、金、木、水、火、土七星；六宗：六神，歷來說法不一，一說是天、地、春、夏、秋、冬；五瑞：諸侯用作符信的五種玉器。此處描述按照天象選擇吉時，在太廟進行隆重的禪讓和祭神大典。

甘誓

大戰於甘，乃召六卿。

王曰：「嗟！六事之人，予誓告汝：有扈氏威侮五行，怠棄三正。天用剿絕其命，今予惟恭行天之罰。左不攻於左，汝不恭命；右不攻於右，汝不恭命；御非其馬之正，汝不恭命。用命，賞於祖；弗用命，戮於社，予則孥戮汝。」

召誥

惟二月既望，越六日乙未，王朝步自周，則至於豐。

惟太保先周公相宅，越若來三月，惟丙午朏。越三日戊申，太保朝至於洛，卜宅。厥既得卜，則經營。越三日庚戌，太保乃以庶殷攻位於洛汭。越五日甲寅，位成。

若翼日乙卯，周公朝至於洛，則達觀於新邑營。越三日丁巳，用牲於郊，牛二。越翼日戊午，乃社於新邑，牛一，羊一，豕一。

越七日甲子，周公乃朝用書，命庶殷，侯、甸、男、邦伯。厥既命殷庶，庶殷丕作。

太保乃以庶邦塚君出取幣，乃復入錫周公，曰：「拜手稽首，旅王若公。」誥告庶殷越自乃禦事：嗚呼！皇天上帝，改厥元子茲大國殷之命，惟王受命，無疆惟休，亦無疆惟恤。嗚呼！曷其奈何弗敬？

天既遐終大邦殷之命，茲殷多先哲王在天，越厥後王后民，茲服厥命。厥終，智藏瘝在。夫知保抱攜持厥婦子，以哀籲天，徂厥亡，出執。嗚呼！天亦哀於四方民，其眷命用懋，王其疾敬德。[2]

---

2 哲王：賢明的君王（另一個例子參看《尚書》〈酒誥〉）；智藏瘝在：賢人退隱，病民之臣卻在位；以哀籲天：向天喊冤，後清末林紓（1852-1924）譯的《黑奴籲天錄》（*Uncle Tom's Cabin*）似沿用了這一習語。本篇主要記錄聖人周公前往洛邑（今洛

相古先民有夏，天迪從子保，面稽天若，今時既墜厥命。今相有殷，天迪格保，面稽天若，今時既墜厥命。今沖子嗣，則無遺壽耇，曰其稽我古人之德，矧曰其有能稽謀自天？

嗚呼！有王雖小，元子哉，其丕能誠於小民。今休，王不敢後。用顧畏於民碞，王來紹上帝，自服於土中。旦曰：『其作大邑，其自時配皇天，毖祀於上下，其自時中乂。王厥有成命，治民今休。』……」

出處

王世舜、王翠葉譯注　《尚書》（北京：中華書局，2012年），頁15-21、93、217-222。

延伸閱讀書目

陳抗、盛冬鈴點校　《尚書今古文注疏》，北京：中華書局，1986年。

加藤常賢　《真古文尚書集釈》，東京：明治書院，1964年。

孔安國傳，孔穎達等正義　《尚書正義》，上海：上海古籍出版社，1990年。

林志強　《古本〈尚書〉文字研究》廣州：中山大學出版社，2009年。

青木洋司　《宋代における『尚書』解釈の基礎的研究》，東京：明德出版社，2014年。

屈萬里注譯，王雲五主編　《尚書今注今譯》，臺北：臺灣商務印書館，1969年。

陽）視察，並作《召誥》的史實。《尚書》是垂世立教之書，本段總結了殷亡的教訓並強調君王要敬德保民，才能長治久安。

山口謠司　《唐代通行〈尚書〉の研究：寫本から刊本へ》，東京：勉誠出版，2019年。

孫星衍撰，盛冬鈴點校　《尚書今古文注疏》，北京：中華書局，2004年。

小林信明　《古文尚書の研究》，東京：大修館書店，1959年。

閻若璩撰　《尚書古文疏證》，上海：上海古籍出版社，1987年。

中原康隆　《尚書》，東京：東洋文庫，1936年。

Bernhard Karlgren. *Glosses on the Book of Documents.* Göteborg: Elanders, 1970.

Kern, Martin, and Dirk Meyer. *Origins of Chinese Political Philosophy: Studies in the Composition and Thought of the Shangshu (Classic of Documents)*. Leiden; Boston: Brill, 2017.

Legge, James, Confucius, Mencius, Confucius, and Ming Zuoqiu. *The Chinese Classics.* 5 vols. Oxford: Clarendon Press, 1893.

伍參　潛龍勿用：選自《周易》（*Book of Change*）

解題

　　《周易》是周代（前1046-前256）的易官（巫覡）編輯的占筮之書，後來經過增益成為儒家（儒教）公認的五經之一，到了漢代更是被列為群經之首。學者認為「易」之取名有變易（窮究事物的變化）、簡易（執簡馭繁）、不易（永恆不變）三義。《周易》從天地萬物中抽取陰、陽兩種基本屬性，並組成一套八卦爻符的符號系統。《周易》的內容包括《易經》和《易傳》兩部分。《易經》主要是由六十四卦、三百八十四爻，以及解釋卦、爻的卦辭和爻辭組成；《易傳》是儒家學者對《易經》所作的解釋，共有七種十篇，舊稱「十翼」。《周易》以占斷天人變化的法則來啟示人們遵法自然就可以趨吉避凶。千餘年來《易經》對哲學、文學、藝術、宗教、政治，以及天文、曆法、律呂等中華文化的方方面面都有深遠的影響。古來注釋《周易》的大家甚多，如東漢鄭玄（127-200，《周易注》）、三國魏王弼（《周易注疏》）、唐孔穎達（574-648，《周易正義》）、宋儒程頤（1033-1107，《周易程氏傳》），以及近人高亨（1900-1986，《周易古經今注》）和蘇淵雷（1908-1995，《易通》）等。[1]易學的研究長盛不衰，近代以來《周易》更是被譯成多種外文行銷世界，迄今為止，各種相關的易學著作已經超過了六千種。在學術圈的解讀之外，《周易》依然被當做

1　除了中國，日本也注重對《周易》的研究，比如學者柏舟宗超（日：Hakusho Shūchō，十五世紀）所作的注釋《周易抄》（*Shūekishō*, 1477年）；易學家高島嘉右衛門（日：Takashima Kaemon, 1831-1914）的《高島易斷》（日：*Takashimaekidan*, 1894年）等都是東洋的易學名作。

一種卜筮之術流行於民間，南懷瑾、李居明等人也都從宗教實踐的角度對《周易》進行了評述。

以下的選段是《周易》六十四卦中最重要的「乾卦」（卦形為☰）。此卦之德，有純陽之性，代表了天、陽性和剛健。乾卦中的「天」體現著萬物之本、亨通、和諧有利、貞正堅固這四種德性；乾卦的象辭也包含了「天行健，君子以自強不息」這樣的名言，象徵著中華民族文化日新月異的一面。

原文

乾。元。亨。利。貞。[2]

初九。潛龍。勿用。

九二。見龍在田。利見大人。

九三。君子終日乾乾。夕惕若。厲。无咎。

九四。或躍在淵。无咎。

九五。飛龍在天。利見大人。

上九。亢龍。有悔。

用九。見群龍无首。吉。

彖曰：大哉乾元。萬物資始。乃統天。雲行雨施。品物流行。大明終始。六位時成。時乘六龍以御天。乾道變化。各正性命。保合太和。乃利貞。首出庶物。萬國咸寧。

象曰：天行健。君子以自強不息。

潛龍勿用。陽在下也。見龍在田。德施普也。終日乾乾。反覆道也。或躍在淵。進无咎也。飛龍在天。大人造也。亢龍有悔。盈不可久也。用九。天德不可為首也。

---

2 此處選文的標點沿用了徐芹庭先生的譯注格式。

　　文言曰。元者、善之長也。亨者、嘉之會也。利者、義之和也。貞者、事之幹也。君子體仁足以長人。嘉會足以合禮。利物足以和義。貞固足以幹事。君子行此四德者。故曰。乾。元、亨、利、貞。[3]

　　初九曰。潛龍。勿用。何謂也。子曰。龍德而隱者也。不易乎世。不成乎名。遯世無悶。不見是而無悶。樂則行之。憂則違之。確乎其不可拔。潛龍也。

　　九二曰。見龍在田。利見大人。何謂也。子曰。龍德而正中者也。庸言之信。庸行之謹。閑邪存其誠。善世而不伐。德博而化。易曰。見龍在田。利見大人。君德也。

　　九三曰。君子終日乾乾，夕惕若，厲无咎。何謂也。子曰，君子進德修業。忠信。所以進德也。修辭立其誠。所以居業也。知至至之。可與幾也。知終終之。可與存義也。是故居上位而不驕。在下位而不憂。乾乾因其時而惕。雖危无咎矣。

　　九四曰。或躍在淵。无咎。何謂也。子曰。上下無常。非為邪也。進退无恆。非離群也。君子進德修業。欲及時也。故无咎。

　　九五曰。飛龍在天。利見大人。何謂也。子曰。同聲相應。同氣相求。水流濕。火就燥。雲從龍。風從虎。聖人作而萬物睹。本乎天者親上。本乎地者親下。則各從其類也。

　　上九。亢龍。有悔。何謂也。子曰。貴而無位。高而无民。賢人在下位而无輔。是以動而有悔也。

　　潛龍勿用。下也。見龍在田。時舍也。終日乾乾。行事也。或躍

3　「元亨利貞」這四個字是《易經》術語，說的是乾卦的四種現象，在其他的卦辭中也有應用，歷來解釋不一，有君子四德、純陽的四種功能、祭祀占問等說法。從宗教學的角度來看，元指的是宇宙的本體，萬物之始；亨表示通達無礙，嘉慧集合；利指的是物性和諧，各得其宜；貞意味著中正完整、萬物之成，也就是說這一卦代表了宇宙生命最重要的功能。

在淵。自試也。飛龍在天。上治也。亢龍有悔。窮之災也。乾元用九。天下治也。

潛龍勿用。陽氣潛藏。見龍在田。天下文明。終日乾乾。與時偕行。或躍在淵。乾道乃革。飛龍在天。乃位乎天德。亢龍有悔。與時偕極。乾元用九。乃見天則。

乾元者。始而亨者也。利貞者。性情也。乾始能以美利利天下。不言所利。大矣哉。大哉乾乎。剛健中正。純粹精也。

六爻。發揮。旁通情也。時乘六龍以御天也。雲行雨施。天下平也。

君子以成德為行。日可見之行也。潛之為言也。隱而未見。行而未成。是以君子弗用也。

君子學以聚之。問以辯之。寬以居之。仁以行之。《易》曰。見龍在田。利見大人。君德也。

九三。重剛而不中。上不在天。下不在田。故乾乾因其時而惕。雖危无咎矣。

九四。重剛而不中。上不在天。下不在田。中不在人。故或之。或之者。疑之也。故无咎。

夫大人者。與天地合其德。與日月合其明。與四時合其序。與鬼神合其吉凶。先天而天弗違。後天而奉天時。天且弗違。而況於人乎。況於鬼神乎。

亢之為言也。知進而不知退。知存而不知亡。知得而不知喪。其唯聖人乎。知進退存亡而不失其正者。其唯聖人乎![4]

---

4 比較宗教學認為和亞伯拉罕宗教（Abrahamic Religions）中的先知（prophet）一樣，聖人在儒教中扮演了類似的角色。因此乾卦中的聖人展現了一個「大人」的得道境界，他知道進退得失存亡的界限，才能避免「亢龍有悔」的窘境。

出處

南懷瑾、徐芹庭　《周易今注今譯》（重慶：重慶出版社，2011年），
　　　頁1-29。

延伸閱讀書目

高　亨　《周易古經今注》，北京：中華書局，1984年。

高森良人　《現代語訳周易》，東京：金の星社，1929年。

森脅秀正　《周易釋詁》，東京：竜渓書舍，1981年。

蘇淵雷　《易通》，臺中：文聽閣圖書公司，2008年。

夏應銓　《乾坤兩卦解》，臺北：經學文化事業公司，2014年。

有易書房主人　《乾卦的智慧》，上海：上海書店出版社，2004年。

Karcher, Stephen L. *I Ching: The Classic Chinese Oracle of Change: A Complete Translation with Concordance*. London: Vega, 2002.

Legge, James. *I Ching: Book of Changes*. New York: Gramercy Books, 1996.

Pearson, Margaret. *The Original I Ching: An Authentic Translation of the Book of Changes*. North Clarendon, VT: Tuttle Pub., 2011.

Shaughnessy, Edward L. *I Ching: The Classic of Changes*. Classics of Ancient China. New York: Ballantine Books, 1998.

伍肆　慎獨與至誠：選自《中庸》
（*The Doctrine of the Mean*）

解題

　　《中庸》原為儒家經書《禮記》中的第三十一篇，後經過朱熹的章句之後提升為科舉考試必讀的四書之一，對宋以後的中國文化影響極大。經學大師鄭玄的考證認為《中庸》為孔丘之孫子思（孔伋，前491-前431）所作。各家的注疏表明，「中庸」是中和之為用，是不偏不倚，追求折衷主義的意思，因此「執其中道」是極為重要的儒教道德準則。儒家經典的一些章節，如《尚書》〈酒誥〉和《論語》〈雍也〉也把中庸當作一種道德規範。從儒家的宗教性視角來看，《中庸》的重點還在於「天人合一」的自我實踐，以及達到「至誠」的聖人境界，本書多處論及慎獨、誠心和天理並認為「誠」是世界的本原，行文中帶有宗教倫理的色彩。儒者的修身達至這一層次，需要經過五個步驟的實踐：博學、審問、慎思、明辨、篤行；朱熹也把這種「為學之序」列為白鹿洞書院的學規之一，其目的是為了在日常生活中貫徹這種心法。除了個人的精神轉化，儒教認為《中庸》也是天地萬物的運作法則，因此《中庸》的世界觀兼顧了治國平天下的理想，並提出相關的九條道德準則（九經）：修身、尊賢、親親、敬大臣、體群臣、子庶民、來百工、柔遠人、懷諸侯。重要的《中庸》注疏包括鄭玄的《禮記‧中庸注》、朱熹的《中庸章句》、戴震（1724-1777）的《中庸補注》等。今人還有杜維明對《中庸》的宗教性詮釋可資參考。[1]

1　杜維明將中庸翻譯為centrality and commonality，他還認為「終極的自我轉化」是儒學宗教性的關鍵，參看 Tu, Weiming. *Centrality and Commonality: An Essay on*

以下章節來自《中庸》的第一和第三部分，第一部分的選文闡述了君子的精神修養和自我實現，第三部分主要討論了「誠」的世界觀。

原文

第一章

　　天命之謂性，率性之謂道，修道之謂教。道也者，不可須臾離也，可離非道也。是故君子戒慎乎其所不睹，恐懼乎其所不聞。莫見乎隱，莫顯乎微，故君子慎其獨也。[2]喜怒哀樂之未發，謂之中；發而皆中節，謂之和。中也者，天下之大本也；和也者，天下之達道也。致中和，天地位焉，萬物育焉。

第二章

　　仲尼曰：「君子中庸，小人反中庸。君子之中庸也，君子而時中；小人之中庸也，小人而無忌憚也。」

第三章

　　子曰：「中庸其至矣乎！民鮮能久矣！」

第四章

　　子曰：「道之不行也，我知之矣：知者過之，愚者不及也。道之

Confucian Religiousness. Suny Series in Chinese Philosophy and Culture. Albany: State University of New York Press, 1989；杜維明著，段德智譯，林同奇校《論儒學的宗教性：對〈中庸〉的現代詮釋》，武漢：武漢大學出版社，1999年。

2　慎獨：《中庸》提出的精神訓練的方法，指的是君子在獨處之時，行為舉止依然謹慎小心，非禮不動，這是《中庸》所強調的「人道」的實踐方式，這種道是隱微而不可缺的。

不明也，我知之矣：賢者過之，不肖者不及也。人莫不飲食也。鮮能知味也。」

第五章

子曰：「道其不行矣夫。」

第六章

子曰：「舜其大知也與！舜好問而好察邇言，隱惡而揚善，執其兩端，用其中於民，其斯以為舜乎！」

第十一章

子曰：「素隱行怪，後世有述焉，吾弗為之矣。君子遵道而行，半途而廢，吾弗能已矣。君子依乎中庸。遯世不見知而不悔，唯聖者能之。」

第十二章

君子之道費而隱。夫婦之愚，可以與知焉，及其至也，雖聖人亦有所不知焉。夫婦之不肖，可以能行焉，及其至也，雖聖人亦有所不能焉。天地之大也，人猶有所憾。故君子語大，天下莫能載焉；語小，天下莫能破焉。《詩》云：「鳶飛戾天，魚躍於淵。」言其上下察也。君子之道，造端乎夫婦，及其至也，察乎天地。

第十三章

子曰：「道不遠人。人之為道而遠人，不可以為道。《詩》云：『伐柯伐柯，其則不遠。』執柯以伐柯，睨而視之。猶以為遠。故君子以人治人，改而止。忠恕違道不遠，施諸己而不願，亦勿施於人。

君子之道四，丘未能一焉：所求乎子以事父，未能也；所求乎臣以事君，未能也；所求乎弟以事兄，未能也；所求乎朋友先施之，未能也。庸德之行，庸言之謹，有所不足，不敢不勉，有餘不敢盡。言顧行，行顧言，君子胡不慥慥爾？」

第二十一章

自誠明，謂之性；自明誠，謂之教。誠則明矣，明則誠矣。

第二十二章

唯天下至誠，為能盡其性；能盡其性，則能盡人之性；能盡人之性，則能盡物之性；能盡物之性，則可以贊天地之化育；可以贊天地之化育，則可以與天地參矣。[3]

第二十三章

其次致曲，曲能有誠，誠則形，形則著，著則明，明則動，動則變，變則化，唯天下至誠為能化。

第二十四章

至誠之道，可以前知。國家將興，必有禎祥；國家將亡，必有妖孽。見乎蓍龜，動乎四體。禍福將至：善，必先知之；不善，必先知之。故至誠如神。

---

3 「誠」可以簡單地翻譯成sincerity，代表了上天的道（先天的本性），實踐誠的人是合乎中道的聖人，至誠是非凡的誠意和真心（佛教也有一個名詞叫「至誠心」）。《中庸》似乎認為，君子只有到達至誠，自我實現之後才能實現天人合一的理想。

第二十五章

誠者自成也，而道自道也。誠者物之終始，不誠無物。是故君子誠之為貴。

誠者，非自成己而已也，所以成物也。成己，仁也；成物，知也。性之德也，合外內之道也，故時措之宜也。

第二十六章

故至誠無息。不息則久，久則徵，徵則悠遠，悠遠則博厚，博厚則高明。

博厚，所以載物也；高明，所以覆物也；悠久，所以成物也。博厚配地，高明配天，悠久無疆。如此者，不見而章，不動而變，無為而成。

天地之道，可一言而盡也。其為物不貳，則其生物不測。天地之道：博也，厚也，高也，明也，悠也，久也。今夫天，斯昭昭之多，及其無窮也，日月星辰系焉，萬物覆焉。今夫地，一撮土之多，及其廣厚，載華嶽而不重，振河海而不泄，萬物載焉。今夫山，一卷石之多，及其廣大，草木生之，禽獸居之，寶藏興焉。今夫水，一勺之多，及其不測，黿鼉蛟龍魚鱉生焉，貨財殖焉。

出處

王國軒譯注　《大學・中庸》（北京：中華書局，2007年），頁46-57、68-73、104-115。

延伸閱讀書目

大川周明　《中庸新注》，東京：大阪屋號書店，1942年。

杜維明著，段德智譯，林同奇校　《論儒學的宗教性：對〈中庸〉的
　　　　現代詮釋》，武漢：武漢大學出版社，1999年。

關儀一郎編　《日本名家四書注釈全書》，東京：鳳出版，1973年。

辜鴻銘譯，王京濤評述　《大學・中庸：中英雙語評述本》，北京：中
　　　　華書局，2017年。

黃忠天　《中庸釋疑》，臺北：萬卷樓圖書公司，2015年。

宋天正注譯　《中庸今注今譯》，臺北：臺灣商務印書館，1977年。

武內義雄　《易と中庸の研究》，東京：岩波書店，1943年。

張　卉　《〈中庸〉學研究》，成都：四川大學出版社，2018年。

朱熹集注　《宋本大學章句》，北京：國家圖書館出版社，2016年。

朱熹章句，諸橋轍次校注　《大學中庸章句》，東京：富士書店，1950
　　　　年。

Ames, Roger T., and David L. Hall. *Focusing the Familiar: A Translation and Philosophical Interpretation of the Zhongyong.* Honolulu: University of Hawai'i Press, 2001.

Confucius, and James Legge. *Confucian Analects, the Great Learning, and the Doctrine of the Mean.* New York: Dover Publications, 1971.

Moran, Patrick Edwin, and Laozi. *Three Smaller Wisdom Books: Lao Zi's Dao De Jing, the Great Learning (Da Xue), and the Doctrine of the Mean (Zhong Yong).* Lanham: University Press of America, 1993.

Plaks, Andrew H. *Ta Hsüeh and Chung Yung (the Highest Order of Cultivation and on the Practice of the Mean).* Penguin Classics.

London; New York: Penguin Books, 2003.

Pound, Ezra, and Confucius. *Confucius: The Great Digest, the Unwobbling Pivot, and the Analects*. New York: New Directions Pub. Corp., 1969.

Roberts, Holly. *Doctrine of Inner Peace (Doctrine of the Mean)*. New York: Anjeli Press, 2008.

伍伍　君子與禮：選自《論語》（*Analects*）

解題

　　國際宗教學界認為中國的儒家不僅是哲學流派，而且還是一種在東亞廣為傳播的名為儒教的代表性宗教。早期來華的基督教傳教士陸續把儒學的四書五經翻譯成拉丁文等歐洲文字，這其中也包括中國文化的核心經典《論語》（*The Analects of Confucius*）。《論語》以僅存的《魯論語》文本為基礎，記錄了儒家宗師孔子（孔丘，Confucius，前551-前479）的言行及其孔子和弟子之間的對話。這部成書於西元前五世紀的經典經過不斷地編纂和追記，最終被整理成一部長約一萬兩千字的語錄體文集，分為二十篇共四九二章。《論語》的主旨在於天下歸仁的理想和克己復禮的實踐，和《薄伽梵歌》等宗教典籍不同，這部儒教的聖籍帶有濃厚的現世主義色彩，宗教和鬼神的內容並不多見。古今中外的《論語》研究和著述超過三千種，重要的注本有何晏（？-249）《論語集解》、鄭玄的《論語注》（即《十三經注疏》本）、皇侃（488-545）的《論語義疏》、朱熹的《論語集注》、邢昺（932-1010）的《論語注疏》以及劉寶楠（1791-1855）的《論語正義》等。《論語》對於整個東亞（如日本和韓國）以及漢語文化圈（如新加坡和越南）都有著不可磨滅的影響。[1]日本知名的《論語》注釋有

1　以韓國學者的論語研究為例，《國際儒藏‧韓國編》中彙編的《論語卷》就多達六冊，參看《國際儒藏韓國編四書部》編纂委員會編：《國際儒藏‧韓國編‧四書部‧論語卷》一～六冊，北京：中國人民大學出版社，2010年。《論語卷》一共收錄了韓國成均館大學校（Sungkyunkwan University）編的「韓國經學數據集成」中注解《論語》的著作一一六種。

伊藤仁齋（日：伊藤仁斎 Itō Jinsai, 1627-1705）的《論語古義》（日：
Rongokogi, 1712年）以及荻生徂徠（日：Ogyū Sorai, 1666-1728）的《論
語征》（日：*Rongochō,* 1737年）。以下選集來自今人楊伯峻（190-1992）
的《論語譯注》，和哲學性質的《論語》文選不同，下面的幾段選文
主要圍繞君子與天命、鬼神與祭祀等帶有宗教色彩的話題展開，其中
也包括了一些膾炙人口的格言警句。

原文

2.5　孟懿子問孝。子曰：「無違。」樊遲御，子告之曰：「孟孫
問孝于我，我對曰，無違。」樊遲曰：「何謂也？」子曰：「生，事之
以禮；死，葬之以禮，祭之以禮。」

2.24　子曰：「非其鬼而祭之，諂也。見義不為，無勇也。」

3.10　子曰：「禘自既灌而往者，吾不欲觀之矣。」[2]

3.12　祭如在，祭神如神在。子曰：「吾不與祭，如不祭。」

3.13　王孫賈問曰：「與其媚於奧，寧媚於竈，何謂也？」子
曰：「不然；獲罪於天，無所禱也。」

3.14　子曰：「周監於二代，郁郁乎文哉！吾從周。」

3.15　子入太廟，每事問。或曰：「孰謂鄹人之子知禮乎？入太
廟，每事問。」子聞之，曰：「是禮也。」

4.11　子曰：「君子懷德，小人懷土；君子懷刑，小人懷惠。」

6.23　子曰：「知者樂水，仁者樂山。知者動，仁者靜。知者
樂，仁者壽。」

2　禘：天子在祖廟或太廟中對先祖進行的盛大祭祀。這一段的本意是說孔子因為魯國
　　舉行禘禮的僭越行為而不欲觀禮，但同時也揭示了上古帝王在太廟祭祖這一上古國
　　家宗教的特色。

7.35　子疾病，子路請禱。子曰：「有諸？」子路對曰：「有之；《誄》曰：『禱爾於上下神祇。』」子曰：「丘之禱久矣。」³

8.7　曾子曰：「士不可以不弘毅，任重而道遠。仁以為己任，不亦重乎？死而後已，不亦遠乎？」

10.6　君子不以紺緅飾，紅紫不以為褻服。當暑，袗絺綌，必表而出之。緇衣，羔裘；素衣，麑裘；黃衣，狐裘。褻裘長，短右袂。必有寢衣，長一身有半。狐貉之厚以居。去喪，無所不佩。非帷裳，必殺之。羔裘玄冠不以吊。吉月，必朝服而朝。

10.18　君賜食，必正席先嘗之。君賜腥，必熟而薦之。君賜生，必畜之。侍食於君，君祭，先飯。

11.12　季路問事鬼神。子曰：「未能事人，焉能事鬼？」曰：「敢問死。」曰：「未知生，焉知死？」

15.32　子曰：「君子謀道不謀食。耕也，餒在其中矣；學也，祿在其中矣。君子憂道不憂貧。」

16.7　孔子曰：「君子有三戒：少之時，血氣未定，戒之在色；及其壯也，血氣方剛，戒之在鬥；及其老也，血氣既衰，戒之在得。」

16.8　孔子曰：「君子有三畏：畏天命，畏大人，畏聖人之言。小人不知天命而不畏也，狎大人，侮聖人之言。」

3　誄：此處大意為祈禱文，這一節不僅提到向神祇祈禱病癒的行為，而且孔子也承認自己已經祈禱很久了。儘管孔子對神靈鬼怪的存在不置可否，但《論語》3.13中也論及向房間西南隅（奧）的神主以及灶神祈禱的行為，由此也透露出上古宗教和泛神信仰的一些蛛絲馬跡。

出處

楊伯峻　《論語譯注》（北京：中華書局，2012年），頁17、18、29、
　　　　36-39、52、87、108、114、141、149、159、236、246。

延伸閱讀書目

戴　維　《論語研究史》，長沙：嶽麓書社，2011年。

何晏注，邢昺疏，唐玄宗注　《論語注疏／孝經注疏》，上海：上海古
　　　　籍出版社，1990年。

加地伸行全訳注　《論語》，東京：講談社，2009年。

吉川幸次郎著　《論語》，東京：朝日新聞社，1978年。

劉　萍　《〈論語〉與近代日本》，北京：中國青年出版社，2015年。

南懷瑾著述　《論語別裁》，上海：復旦大學出版社，2003年。

松村吉助　《論語講義：東洋思想研究》，東京：道會，1993年。

韋利（Waley）英譯，楊伯峻今譯　《論語》，長沙：湖南人民出版社，
　　　　2008年。

宇田健斎　《論語対訳》卷一，京都：甘冥堂，1879年。

朱熹注　《大學中庸論語》，上海：上海古籍出版社，1987年。

Confucius, and Burton Watson. *The Analects of Confucius*. Translations
　　　　from the Asian Classics. New York: Columbia University Press,
　　　　2007.

Confucius, Roger T. Ames, and Henry Rosemont. *The Analects of Confucius:
　　　　A Philosophical Translation*. Classics of Ancient China. New
　　　　York: Ballantine Books, 1999.

Confucius, Simon Leys, and Michael Nylan. *The Analects: The Simon Leys Translation, Interpretations*. A Norton Critical Edition. New York: W.W. Norton & Company, 2014.

伍陸　浩然之氣：選自《孟子》（*Mencius*）

解題

　　儒教的核心典籍《孟子》記錄了戰國思想家孟子（孟軻，英：Mencius，前371-前289）同其門人萬章等人的言行和對話，屬儒家必讀的四書五經之一。《孟子》全書原為十一篇（《漢書》〈藝文志〉），今存七篇，分別是梁惠王、公孫丑、滕文公、離婁、萬章、告子和盡心，每篇還可分為上下兩個部分（十四卷），一共二六一章。孟軻是儒家思孟學派的創始人，祖籍山東鄒縣，曾經就學於孔子之孫子思的門人，宋以後被尊稱為「亞聖」。孟子的一生遵從孔子的教誨，曾經四處遊說戰國時期的君主（如梁惠王〔前400-前319〕）實行「王道」和「仁政」，無奈他的主張並不契合各國的實際，一直不被見用，他的理想主義氣質和特立獨行的人格在《孟子》一書中卻得到充分地體現。《孟子》一書中引人注目的學說還包括心性學說、重民思想、仁義禮智（四端）的道德觀念、以及大丈夫的氣概。《孟子》的重要注疏包括東漢趙岐（？-201）的《孟子注疏》、朱熹的《孟子集注》、清人焦循（1763-1820）的《孟子正義》、戴震的《孟子字義疏證》等。以下的章節主要選自卷三〈公孫丑上〉，也就是孟子和門徒公孫丑之間的對話，整個段落言近旨遠，氣勢磅礴，描述了孟子眼中剛健充沛的「浩然之氣」，帶有一定的儒教神秘主義色彩。

原文

　　3.2　公孫丑問曰：「夫子加齊之卿相，得行道焉，雖由此霸王，

不異矣。如此,則動心否乎?」

孟子曰:「否;我四十不動心。」

曰:「若是,則夫子過孟賁遠矣。」

曰:「是不難,告子先我不動心。」

曰:「不動心有道乎?」

曰:「有。北宮黝之養勇也:不膚撓,不目逃,思以一豪挫於人,若撻之於市朝;不受於褐寬博,亦不受於萬乘之君;視刺萬乘之君,若刺褐夫;無嚴諸侯,惡聲至,必反之。孟施舍之所養勇也,曰:『視不勝猶勝也;量敵而後進,慮勝而後會,是畏三軍者也。舍豈能為必勝哉?能無懼而已矣。』孟施舍似曾子,北宮黝似子夏。夫二子之勇,未知其孰賢,然而孟施舍守約也。昔者曾子謂子襄曰:『子好勇乎?吾嘗聞大勇於夫子矣:自反而不縮,雖褐寬博,吾不惴焉;自反而縮,雖千萬人,吾往矣。』孟施捨之守氣,又不如曾子之守約也。」[1]

曰:「敢問夫子之不動心與告子之不動心,可得聞與?」

「告子曰:『不得於言,勿求於心;不得於心,勿求於氣。』不得於心,勿求於氣,可;不得於言,勿求於心,不可。夫志,氣之帥也;氣,體之充也。夫志至焉,氣次焉;故曰:『持其志,無暴其氣。』」

「既曰:『志至焉,氣次焉,』又曰:『持其志,無暴其氣者,』何也?」曰:「志壹則動氣,氣壹則動志也,今夫蹶者趨者,是氣也,而反動其心。」「敢問夫子惡乎長?」

曰:「我知言,我善養吾浩然之氣。」

---

1 北宮黝:戰國時齊國的勇士;褐夫:貧賤之人;曾子(前505-前436):曾參,春秋時期的思想家,《孝經》的著者;子夏(前518-前425?):孔門的十大弟子之一,原名卜商。

「敢問何謂浩然之氣？」

曰：「難言也。其為氣也，至大至剛，以直養而無害，則塞於天地之間。其為氣也，配義與道；無是，餒也。是集義所生者，非義襲而取之也。行有不慊於心，則餒矣。我故曰：告子未嘗知義，以其外之也。必有事焉，而勿正，心勿忘，勿助長也。[2]無若宋人然：宋人有閔其苗之不長而揠之者，芒芒然歸，謂其人曰：『今日病矣！予助苗長矣！』其子趨而往視之，苗則槁矣。天下之不助苗長者寡矣。以為無益而舍之者，不耘苗者也；助之長者，揠苗者也——非徒無益，而又害之。」

「何謂知言？」

曰：「詖辭知其所蔽，淫辭知其所陷，邪辭知其所離，遁辭知其所窮——生於其心，害於其政；發於其政，害於其事。聖人復起，必從吾言矣。」

「宰我、子貢善為說辭，冉牛、閔子、顏淵善言德行，孔子兼之，曰：『我於辭命，則不能也。』然則夫子既聖矣乎？」

曰：「惡！是何言也？昔者子貢問於孔子曰：『夫子聖矣乎？』孔子曰：『聖則吾不能，我學不厭，而教不倦也。』子貢曰：『學不厭，智也；教不倦，仁也。仁且智，夫子既聖矣乎。』夫聖，孔子不居，是何言也？」

「昔者竊聞之：子夏、子游、子張皆有聖人之一體，冉牛、閔子、顏淵則具體而微，敢問所安。」

---

2 這一段也許可以體現《孟子》一書的宗教性。孟子眼中的「浩然之氣」指的是天地間剛健的精神，也可以引申為萬物的生命力之源泉。長養這種浩然氣能夠賦予儒者以道德和行動的勇氣。浩然之氣很少出現在其他的儒家經典之中，以至於有的學者認為這種理念可能來自於道教。浩然之氣也影響了日本的文化，因此日語也照搬了這個習語（日：浩然の気kōzennoki，英：universal life force）。

曰：「姑舍是。」

曰：「伯夷、伊尹何如？」

曰：「不同道。非其君不事，非其民不使；治則進，亂則退，伯夷也。何事非君，何使非民；治亦進，亂亦進，伊尹也。可以仕則仕，可以止則止，可以久則久，可以速則速，孔子也。皆古聖人也，吾未能有行焉；乃所願，則學孔子也。」

「伯夷、伊尹於孔子，若是班乎？」

曰：「否；自有生民以來，未有孔子也。」

曰：「然則有同與？」

曰：「有。得百里之地而君之，皆能以朝諸侯，有天下；行一不義，殺一不辜，而得天下，皆不為也。是則同。」

曰：「敢問其所以異。」

曰：「宰我、子貢、有若，智足以知聖人，汙不至阿其所好。宰我曰：『以予觀於夫子，賢於堯、舜遠矣。』子貢曰：『見其禮而知其政，聞其樂而知其德，由百世之後，等百世之王，莫之能違也。自生民以來，未有夫子也。』有若曰：『豈惟民哉？麒麟之於走獸，鳳凰之於飛鳥，泰山之於丘垤，河海之於行潦，類也。聖人之於民，亦類也。出於其類，拔乎其萃，自生民以來，未有盛於孔子也。』」

7.12　孟子曰：「居下位而不獲於上，民不可得而治也。獲於上有道，不信於友，弗獲於上矣。信於友有道，事親弗悅，弗信於友矣。悅親有道：反身不誠，不悅於親矣。誠身有道，不明乎善，不誠其身矣。是故誠者，天之道也；思誠者，人之道也。至誠而不動者，未之有也；不誠，未有能動者也。」

8.25　孟子曰：「西子蒙不潔，則人皆掩鼻而過之；雖有惡人，

齊戒沐浴，則可以祀上帝。」[3]

出處

楊伯峻　《孟子譯注》（北京：中華書局，2011年），頁55-58、158、
　　　180。

延伸閱讀書目

金谷治訳注　《中國古典選5：孟子》，大阪：朝日新聞社，1966年。

金良年　《孟子譯注》，上海：上海古籍出版社，2012年。

李申譯注　《孟子全譯》，成都：巴蜀書社，2001年。

南懷瑾著述　《老子他說／孟子旁通》，上海：復旦大學出版社，2003
　　　年。

王世舜、韓慕君、王文清編著　《〈論語〉〈孟子〉詞典》，濟南：山
　　　東教育出版社，2004年。

宇野精一訳注　《全釈漢文大系2：孟子》，東京：集英社，1973年。

小林勝人訳注　《孟子》，東京：岩波書店，1994年。

Lyall, Leonard A. *Mencius*. London, New York: Longmans, Green and Co.,
　　　1932.

Mencius, and David Hinton. *Mencius*. Washington, DC: Counterpoint, 1998.

Mencius, and James Legge. *The Works of Mencius*. New York: Dover
　　　Publications, 1970.

3　《孟子》的7.12呼應了《中庸》第三部分的「至誠」學說，認為天道的本性在於抽象
　　的「誠」。8.25這一段是《孟子》之中少有的直接提及祭祀上帝的段落，古代文獻中
　　的上帝（或天帝）是指天道的至高主宰，同時儒家的上帝也是仁義禮智信的化身。

Mencius, and Lionel Giles. *The Book of Mencius*. London: J. Murray, 1942.

Mencius, and W. A. C. H. Dobson. *Mencius: A New Translation Arranged and Annotated for the General Reader*. UNESCO Collection of Representative Works: Chinese Series. Toronto: University of Toronto Press, 1963.

Mencius, P. J. Ivanhoe, and Irene Bloom. *Mencius*. Translations from the Asian Classics. New York: Columbia University Press, 2009.

伍柒 道體：選自《近思錄》
（*Reflections on Things at Hand*）

解題

　　《近思錄》為朱熹與南宋哲學家呂祖謙（1137-1181）合編的一部理學入門讀本。淳熙二年（1175），朱呂二人相約在建陽寒泉精舍讀儒學宗師周敦頤（1017-1073）、程顥（1032-1085）、程頤（1033-1107）和張載（1020-1077）四子的著作。兩人慨歎這些書籍「廣大閎博，若無津涯」，後學之人如無指津則茫然不識其梗概，於是摘錄四君子之全書中「切於日用」的言論共六二二條，分為道體、為學、致知、存養、克己、家道、出處、治體、治法、政事、教學、警戒、辨異端、觀聖賢等十四類，書名則取《論語》中「切問而近思」之義。[1] 這部擷英之可以用作初學者的五經階梯和入聖之基，《四庫全書總目提要》也稱此書為後來「性理諸書之祖」，因此《近思錄》確立了「濂洛關閩」之學的道統，實為東亞朱子學（日：shushigaku）寶貴的學術史資料。可資參考的《近思錄》東亞注本包括南宋葉采有《近思錄集解》、清人茅星來（1678-1748）的《近思錄集注》；朝鮮則有鄭曄（韓：Jeong Yup, 1563-1625）的《近思錄釋疑》、朴履坤（韓：Park Yi-gon, 1730-1783）的《近思錄釋義》；日本的重要評注包括貝原篤信

1　朱熹（1130-1200）和呂祖謙（1137-1181）從程顥（1032-1085）、程頤（1033-1107）的《二程遺書》、張載（1020-1077）的《經學理窟》和《正蒙》（包括其中的《西銘》），以及周敦頤（1017-1073）的《易通》和《太極圖說》中節選語錄，列其名義於《近思錄》中，分別代表了濂（濂溪周敦頤）、洛（洛陽的程顥和程頤）、關（關中張載）三派的理學思想，加上朱熹自己的「閩」派，一起並稱為宋代理學的濂洛關閩四大流派。

（日：Kaibara Ekiken, 1630-1714）的《近思錄備考》（日：近思錄備考 *Kinshirokubikō*）和佐藤一齋（日：佐藤一斎 SatōIssai, 1772-1859）的《近思錄欄外書》（日：近思錄欄外書 *Kinshirokurangaishu*）。以下選段來自《近思錄》的第一部分《道體》，這一篇是性理學問之綱領，論述了性之本原和道之體統的精微義理。

原文

1. 濂溪先生曰：無極而太極。太極動而生陽，動極而靜；靜而生陰，靜極復動。一動一靜，互為其根；分陰分陽，兩儀立焉。陽變陰合，而生水、火、木、金、土；五氣順布，四時行焉。五行，一陰陽也；陰陽，一太極也；太極，本無極也。五行之生也，各一其性。無極之真，二五之精，妙合而凝。「乾道成男，坤道成女」，二氣交感，化生萬物。萬物生生，而變化無窮焉；唯人也，得其秀而最靈。形既生矣，神發知矣。五性感動而善惡分、萬事出矣。聖人定之以中正仁義，而主靜，立人極焉。故聖人與天地合其德，日月合其明，四時合其序，鬼神合其吉凶。[2]君子修之吉，小人悖之凶。故曰：「立天之道，曰陰與陽；立地之道，曰柔與剛；立人之道，曰仁與義。」又曰：「原始反終，故知生死之說。」大哉《易》也，斯其至矣！

5. 乾，天也。天者，天之形體；乾者，天之性情。乾，健也，健而無息之謂乾。夫天，專言之，則道也，天且弗違是也；分而言之，則以形體謂之天，以主宰謂之帝，以功用謂之鬼神，以妙用謂之神，以性情謂之乾。

---

2 此處是通過《易經》來描述聖人的境界。聖人的心性湛然無欲，其德廣大，仁義中正，才能合道於天地。

8. 鬼神者，造化之跡也。

9. 《剝》之為卦，諸陽消剝已盡，獨有上九一爻尚存，如碩大之果不見食，將有復生之理。上九亦變則純陰矣。然陽無可盡之理，變於上則生於下，無間可容息也。聖人發明此理，以見陽與君子之道不可亡也。或曰：「《剝》盡則為純《坤》，豈復有陽乎？」曰：以卦配月，則《坤》當十月。以氣消息言，則陽剝為《坤》，陽來為復，陽未嘗盡也。《剝》盡於上，則復生於下矣。故十月謂之陽月，恐疑其無陽也。陰亦然。聖人不言耳。

10. 一陽復於下，乃天地生物之心也。先儒皆以靜為見天地之心，蓋不知動之端乃天地之心也。非知道者，孰能識之？

18. 明道先生曰：天地生物，各無不足之理。常思天下君臣、父子、兄弟、夫婦，有多少不盡分處。

19. 「忠信所以進德」，「終日乾乾」，君子當終日對越在天也。蓋上天之載，無聲無臭。其體則謂之易，其理則謂之道，其用則謂之神。其命於人則謂之性，率性則謂之道，修道則謂之教。孟子去其中又發揮出浩然之氣，可謂盡矣。故說神「如在其上，如在其左右」，大小大事，而只曰「誠之不可揜如此夫」。徹上徹下，不過如此。形而上為道，形而下為器，須著如此說。器亦道，道亦器，但得道在，不繫今與後，己與人。

21. 「生之謂性」，性即氣，氣即性，生之謂也。人生氣稟，理有善惡。然不是性中元有此兩物相對而生也。有自幼而善，有自幼而惡，是氣稟有然也。善固性也，然惡亦不可不謂之性也。蓋「生之謂性」、「人生而靜」以上不容說，才說性時便已不是性也。凡人說性，只是說「繼之者善」也，孟子言性善是也。夫所謂「繼之者善」也者，猶水流而就下也。皆水也，有流而至海，終無所汙，此何煩人力之為也？有流而未遠，固已漸濁；有出而甚遠，方有所濁。有濁之多

者，有濁之少者。清濁雖不同，然不可以濁者不為水也。如此，則人不可以不加澄治之功。故用力敏勇則疾清，用力緩怠則遲清。及其清也，則卻只是元初水也。亦不是將清來換卻濁，亦不是取出濁來置在一隅也。水之清，則性善之謂也。故不是善與惡在性中為兩物相對，各自出來。此理，天命也。順而循之，則道也。循此而修之，各得其分，則教也。自天命以至於教，我無加損焉，此舜有天下而不與焉者也。

25. 天地萬物之理，無獨必有對，皆自然而然，非有安排也。每中夜以思，不知手之舞之足之蹈之也。

26. 中者，天下之大本，天地之間，亭亭當當，直上直下之正理。出則不是，唯敬而無失最盡。

38. 性即理也。天下之理，原其所自，未有不善。喜怒哀樂未發，何嘗不善？發而中節，則無往而不善。凡言善惡，皆先善而後惡；言吉凶，皆先吉而後凶；言是非，皆先是而後非。

43. 橫渠先生曰：氣坱然太虛，升降飛揚，未嘗止息。此虛實、動靜之機，陰陽、剛柔之始。浮而上者陽之清，降而下者陰之濁。其感遇聚結，為風雨，為霜雪，萬品之流形，山川之融結。糟粕煨燼，無非教也。[3]

44. 游氣紛擾，合而成質者，生人物之萬殊。其陰陽兩端循環不已者，立天地之大義。

45. 天體物不遺，猶仁體事而無不在也。「禮儀三百，威儀三千」，無一物而非仁也。「昊天曰明，及爾出王。昊天曰旦，及爾游衍」，無一物之不體也。

---

3 橫渠先生：張載，陝西眉縣橫渠鎮人，故又名張橫渠。本段的出處是張載《正蒙・太和篇第一》，本段論述宇宙天地間的元氣動靜沉降生生不息，其實都是道體的外化顯現。

46. 鬼神者，二氣之良能也。

47. 物之初生，氣日至而滋息；物生既盈，氣日反而游散。至之謂神，以其申也；反之謂鬼，以其歸也。

出處

程水龍　《〈近思錄〉集校集注集評》（上海：上海古籍出版社，2012年），頁3、27-28、35-37、49、53-54、62、76、78、99、110、113-118。

延伸閱讀書目

加藤常賢訳著，宇野哲人監修　《現代語訳近思録》，東京：金の星社三陽書院，1929年。

姜錫東　《〈近思錄〉研究》，北京：人民出版社，2010年。

久保天隨　《近思録》，東京：博文館，1914年。

茅星來著，朱幼文校點　《近思錄集注》，上海：華東師範大學出版社，2015年。

湯淺幸孫　《中國文明選4：近思録上》，大阪：朝日新聞社，1972年。

湯淺幸孫　《中國文明選5：近思録下》，大阪：朝日新聞社，1974年。

嚴佐之、顧宏義主編　《〈近思錄〉文獻叢考》，上海：上海古籍出版社，2018年。

張伯行撰，羅爭鳴校點　《近思錄集解》，上海：華東師範大學出版社，2015年。

朱高正著　《近思錄通解》，上海：華東師範大學出版社，2010年。

朱熹、呂祖謙編著，福田晃市訳解　《近思録：基礎からよく分か
　　　る：朱子學の入門書》，東京：明窓出版，2009年。

Zhu, Xi, and Allen John Wittenborn. *Further Reflections on Things at
　　　Hand: A Reader*. Lanham: University Press of America, 1991.

Zhu, Xi, Zuqian Lü, and Wing-tsit Chan. *Reflections on Things at Hand:
　　　The Neo-Confucian Anthology*. UNESCO Collection of Represent-
　　　ative Works: Chinese Series. New York: Columbia University
　　　Press, 1967.

伍捌　知行合一：選自《傳習錄》
（*Instruction for Practical Living*）

解題

　　王守仁，世稱陽明先生或王陽明（1472-1528），浙江餘姚人，自幼立志成聖做祖，並終其一生為之不懈努力，終於成為明代儒家的傑出學者。王陽明身為文臣，資兼武略，曾顯露出多方面的才能，他還從事講學，並修建書院廣收門徒，因此在他的身邊聚攏了一個較有影響力的陽明學派。王守仁的代表作是初刊於明正德十三年（1518）的對話集《傳習錄》，該書約三卷七萬字，書名取自《論語》〈學而〉中的「傳不習乎」，全書傳述了王陽明的倫理思想語錄和信札，收入《王文成公全書》。該書的單行本主要有清康熙年間（1654-1722）刻本、日本岡田群玉堂刻本、清道光年間（1782-1850）的叢書《學海類編》本，以及光緒年間（1875-1908）的《國粹叢書》本。《傳習錄》以分篇問答的形式，發揮了哲學家陸九淵（1139-1192）「吾心即是宇宙」的心學思想，批評了大儒朱熹的「知先行後」論，提出了「知行合一」的實踐學說，認為「知是行之始，行是知之成」。在《傳習錄》一書中，王陽明還全面闡述了他對格物致知的見解，倡言身心之學，標舉致良知、心物合一、與天地萬物一體等思想和具體的修習方法。從儒教的角度來看，他主張不必在心外求理或心外求物，而是要「求理於吾心」。在他看來「知善知惡是良知」，而人生的目的和意義就是「致良知」，並按照不學而能的「良知」去行事。王陽明不僅是中國首屈一指的大儒，而且他的理學思想也傳及日本，並逐漸發展為日式

的陽明學（日：Yōmeigaku）。[1]

原文

六

　　愛問：「昨聞先生『止至善』之教，已覺功夫有用力處。但與朱子『格物』之訓，思之終不能合。」

　　先生曰：「格物是止至善之功，既知至善，即知格物矣。」

　　愛曰：「昨以先生之教推之格物之說，似亦見得大略。但朱子之訓，其於《書》之『精一』，《論語》之『博約』，《孟子》之『盡心知性』，皆有所證據。以是未能釋然。」[2]

　　先生曰：「子夏篤信聖人，曾子反求諸己。篤信固亦是，然不如反求之切。今既不得於心，安可狃於舊聞，不求是當？就如朱子，亦尊信程子，至其不得於心處，亦何嘗苟從？『精一』、『博約』、『盡心』，本自與吾說吻合，但未之思耳。朱子格物之訓，未免牽合附會，非其本旨。精是一之功，博是約之功。曰仁既明知行合一之說，

1　十七世紀中國陽明學的相關書籍傳到日本，到了寬永（日：寬永 Kan'ei）年間（1624-1644）思想家中江藤樹（日：Nakae Touju, 1608-1648）首先倡導了日本的陽明學、並極大地影響了江戶後期的儒家學者大鹽平八郎（日：大塩平八郎 Ōshio Heihachirō, 1792-1837）、幕末的兵學者佐久間象山（日：Sakuma Shōzan, 1811-1864），以及二十世紀的小說家三島由紀夫（日：Mishima Yukio, 1925-1970）等人。

2　格物是宋明理學的認識論術語，指的是探知物之本末始終。此處談到南宋朱熹的格物之訓，出自他所撰的《四書章句集注》中的《大學章句》。「精一」指的是道德修養的精純和專一，出自《尚書》〈大禹謨〉「人心惟危，道心惟微，惟精惟一，允執厥中。」博約的意思是博文約禮，廣求學問，恪守禮法，語出《論語》〈雍也〉第二十七章：「君子博學於文，約之以禮，亦可以弗畔矣夫。」盡心知性是孟子提出的內省方法，指的是充分認識並培育人本來具有的德性，語自《孟子》〈盡心上〉：「盡其心者，知其性也；知其性，則知天也。」

此可一言而喻。盡心、知性、知天，是生知安行事；存心、養性、事天，是學知利行事；夭壽不貳，修身以俟，是困知勉行事。朱子錯訓『格物』，只為倒看了此意，以『盡心知性』為『物格知至』，要初學便去做生知安行事，如何做得？」

愛問：「『盡心知性』，何以為『生知安行』？」

先生曰：「性是心之體。天是性之原，盡心即是盡性。『惟天下至誠為能盡其性，知天地之化育。』存心者，心有未盡也。知天，如知州、知縣之知，是自己分上事，已與天為一；事天，如子之事父，臣之事君，須是恭敬奉承，然後能無失，尚與天為二，此便是聖賢之別。至於『夭壽不貳其心』，乃是教學者一心為善，不可以窮通夭壽之故，便把為善的心變動了，只去修身以俟命；見得窮通壽夭有個命在，我亦不必以此動心。事天雖與天為二，已自見得個天在面前；俟命便是未曾見面，在此等候相似：此便是初學立心之始，有個困勉的意在。今卻倒做了，所以使學者無下手處。」

愛曰：「昨聞先生之教，亦影影見得功夫須是如此。今聞此說，益無可疑。愛昨曉思格物的物字即是事字，皆從心上說。」

先生曰：「然。身之主宰便是心，心之所發便是意，意之本體便是知，意之所在便是物。如意在於事親，即事親便是一物；意在於事君，即事君便是一物；意在於仁民愛物，即仁民愛物便是一物；意在於視聽言動，即視聽言動便是一物。所以某說無心外之理，無心外之物。《中庸》言『不誠無物』，《大學》『明明德』之功，只是個誠意。誠意之功，只是個格物。」[3]

3　不誠無物出自《中庸》第二十五章：「誠者物之始終，不誠無物。是故君子誠之為貴。」如果從人道的角度來理解，不誠無物是說人心如有不實，則相當於虛妄無物，所以君子是以誠為貴。「明明德」是儒家道德修養的三綱領之一，意思是彰明完美而光明的德性，出自《大學》的開篇：「大學之道，在明明德，在親民，在止於至善。」

一六

問立志。

先生曰：「只念念要存天理，即是立志。能不忘乎此，久則自然心中凝聚，猶道家所謂結聖胎也。此天理之念常存，馴至於美大聖神，亦只從此一念存養擴充去耳。」[4]

三九

一日，論為學工夫。

先生曰：「教人為學，不可執一偏。初學時心猿意馬，拴縛不定。其所思慮，多是人欲一邊。故且教之靜坐、息思慮。久之，俟其心意稍定，只懸空靜守，如槁木死灰，亦無用，須教他省察克治。省察克治之功，則無時而可間，如去盜賊，須有個掃除廓清之意。無事時將好色、好貨、好名等私逐一追究，搜尋出來，定要拔去病根，永不復起，方始為快。常如貓之捕鼠，一眼看著，一耳聽著，才有一念萌動，即與克去，斬釘截鐵，不可姑容，與他方便，不可窩藏，不可放他出路，方是真實用功，方能掃除廓清。到得無私可克，自有端拱時在。雖曰何思何慮，非初學時事。初學必須思，省察克治，即是思誠，只思一個天理。到得天理純全，便是何思何慮矣。」

九九

希淵問：「聖人可學而至。然伯夷、伊尹於孔子才力終不同，其同謂之聖者安在？」

---

4 道家的聖胎以母體懷胎為喻，指精氣神凝結而成的內丹，又稱金丹，如內丹修煉的著作《悟真篇》（1075年）中所說：「三家相見結嬰兒，嬰兒是一含真氣，十月胎圓入聖基。」

　　先生曰：「聖人之所以為聖，只是其心純乎天理，而無人欲之雜。猶精金之所以為精，但以其成色足而無銅鉛之雜也。人到純乎天理方是聖，金到足色方是精……後世不知作聖之本是純乎天理，卻專去知識才能上求聖人，以為聖人無所不知，無所不能，我須是將聖人許多知識才能逐一理會始得。故不務去天理上著工夫，徒弊精竭力，從冊子上鑽研，名物上考索，形跡上比擬，知識愈廣而人欲愈滋，才力愈多而天理愈蔽。正如見人有萬鎰精金，不務煅煉成色，求無愧於彼之精純，而乃妄希分兩，務同彼之萬鎰，錫鉛銅鐵雜然而投，分兩愈增而成色愈下，既其梢末，無復有金矣。」

　　時曰仁在傍，曰：「先生此喻足以破世儒支離之惑，大有功於後學。」

　　先生又曰：「吾輩用力只求日減，不求日增。減得一分人欲，便是複得一分天理，何等輕快脫灑！何等簡易！」

一二六

　　蕭惠問死生之道。

　　先生曰：「知晝夜即知死生。」

　　問晝夜之道。

　　曰：「知晝則知夜。」

　　曰：「晝亦有所不知乎？」

　　先生曰：「汝能知晝！懵懵而興，蠢蠢而食，行不著，習不察，終日昏昏，只是夢晝。惟息有養，瞬有存，此心惺惺明明，天理無一息間斷，才是能知晝。這便是天德，便是通乎晝夜之道而知，更有甚麼死生？」

二六二

一友靜坐有見，馳問先生。答曰：「吾昔居滁時，見諸生多務知解，口耳異同，無益於得，姑教之靜坐，一時窺見光景，頗收近效。久之，漸有喜靜厭動、流入枯槁之病。或務為玄解妙覺，動人聽聞。故邇來只說致良知。良知明白，隨你去靜處體悟也好，隨你去事上磨練也好，良知本體原是無動無靜的。此便是學問頭腦。我這個話頭，自滁州到今，亦較過幾番，只是『致良知』三字無病。醫經折肱，方能察人病理。」

三三○

問：「先儒謂『鳶飛魚躍』與『必有事焉』，同一活潑潑地。」

先生曰：「亦是。天地間活潑潑地，無非此理，便是吾良知的流行不息，致良知便是必有事的工夫。此理非惟不可離，實亦不得而離也。無往而非道，無往而非工夫。」

三三一

先生曰：「諸公在此，務要立個必為聖人之心，時時刻刻，須是一棒一條痕，一摑一掌血，方能聽吾說話句句得力。若茫茫蕩蕩度日，譬如一塊死肉，打也不知得痛症，恐終不濟事。回家只尋得舊時伎倆而已，豈不惜哉！」

出處

王守仁撰，王曉昕譯注　《傳習錄譯注》（北京：中華書局，2018年），頁24-25、55、77、134-135、177-178、434、511-521。

延伸閱讀書目

陳榮捷　《王陽明〈傳習錄〉詳注集評》，上海：華東師範大學出版社，2009年。

顧久譯，王陽明著　《傳習錄全譯》，貴陽：貴州人民出版社，1998年。

吉田公平　《伝習録：「陽明學」の真髓》，東京：たちばな出版，1995年。

王陽明著，溝口雄三訳　《伝習録》，東京：中央公論新社，2005年。

吳　震　《〈傳習錄〉精讀》，上海：復旦大學出版社，2011年。

中田勝著　《王陽明、徐愛「伝習録集評」》，東京：明德出版社，2016年。

Chung, Edward Y. J. *The Great Synthesis of Wang Yangming Neo-Confucianism in Korea.* Lanham: Lexington Books, 2020.

Lu, Jiuyuan, Yangming Wang, P. J. Ivanhoe, and Huineng. *Readings from the Lu-Wang School of Neo-Confucianism.* Indianapolis: Hackett Pub. Co., 2009.

Wang, Yangming and Julia Ching. *The Philosophical Letters of Wang Yang-Ming.* Canberra: Australian National University Press, 1972.

Wang, Yangming and Wing-tsit Chan. *Instructions for Practical Living, and Other Neo-Confucian Writing.* Records of Civilization: Sources and Studies 68. New York: Columbia University Press, 1963.

神道教

伍玖　神武天皇：選自《古事記》（*Kojiki*）

解題

　　《古事記》（日：*Kojiki*，英：*Records of Ancient Matters*）不僅是日本最早的歷史文學著作和皇家譜系，同時也是其民族信仰神道教（Shinto 或 Shintoism）的基本典籍之一。該書將神道稱作本教（日：honkyō）或神習（日：shinshū），日本皇室的祖先神天照大神（日：Amaterasu Oomikami）也出自於本書的構想。奈良朝（710-784）和銅（日：Wadō）四年（711），日本的第四十三代君主元明天皇（日：Genmei Tennō, 707-715年在位）敕命朝臣太安萬侶（日：Ō no Yasumaro, ?-723，亦稱安萬侶）根據舍人（日：toneri）稗田阿禮（日：Hieda no Are，活躍於七世紀後到八世紀初）記誦的《帝紀》（日：*Teiki*）和《舊辭》（日：*Kyūji*）撰錄成書，是為《古事記》。全書分為上中下三卷，上卷從天地的創造開始追溯到神代（日：kamiyo）的傳說；中下兩卷記錄了傳說中的第一代神武天皇（日：Jimmu Tennō）到第三十三代推古天皇（日：Suiko Tennō, 592-628年在位）之間的人皇譜系和歷史事件，其中也包含了一一二首古歌謠和短篇說話（日：setsuwa）。[1]《古

1　舍人：日本律令制體系中的下級文官，一般擔任天皇的近侍；帝紀：皇室的系譜和年代記；舊辭：口誦的神話和傳說；《帝紀》和《舊辭》據說都是失傳的古代文獻。說話：散文體的口頭文學作品，以神話和民間故事居多。

事記》最有名的注解是江戶國學者本居宣長（日：Motoori Norinaga, 1730-1801）的《古事記傳》（日：古事記伝 *Kojikiden*, 1822年）。目前《古事記》至少有三個中文譯本，其中以民俗學者周作人（1885-1967）的譯本流傳較廣。

原文

一　天地始分的時候，生成於高天原的諸神之名號是：天之御中主神，其次是高御產巢日神，其次是神產巢日神。此三神並是獨神，且是隱身之神。

世界尚幼稚，如浮脂然，如水母然，漂浮不定之時，有物如蘆芽萌長，便化為神，名曰宇麻志阿斯訶備比古遲神，其次是天之常立神。此二神亦是獨神，且是隱身之神。

以上五神為別天神。

二　其次生成的諸神的名號是：國之常立神，其次是豐雲野之神。此二神亦是獨神，且是隱身之神。其次生成的諸神的名號是：宇比地邇神，其次是妹須比邇神，其次是角杙神，其次是妹活杙神，其次是意富鬥能地神，其次是妹大鬥乃辨神，其次是淤母陀琉神，其次是妹阿夜訶志古泥神，其次是伊耶那岐神，其次是妹伊耶那美神。

以上自國之常立神至伊耶那美神，並稱神世七代。（以上二神是獨神，各為一代，其次成雙的十神，各合二神為一代。）

……

一六　伊耶那岐命欲見其妹伊耶那美命，遂追往至於黃泉之國。[2]

2　伊耶那岐命：又譯伊邪那岐命或伊弉諾尊（日：Izanaginomikoto），是天照大神和男神素戔嗚尊（日：素戔嗚尊Susanoonomikoto）的父神；伊耶那美命：又譯伊邪那美命或伊奘冉尊（日：Izanaminomikoto），伊弉諾尊的配偶，兩人是兄妹神祇，根據

女神自殿堂的羨門出來，伊耶那岐命乃說道：

「親愛的妹子，我和你所造的國土尚未完成，請回去吧。」伊耶那美命答道：「可惜你不早來，我已吃了黃泉灶火所煮的食物了。但承親愛的吾兄遠道而來，我願意回去。且去和黃泉之神相商，請你切勿窺看我。」

這樣說了，女神退入殿內，歷時甚久。耶伊那岐命不能復待，拿下左鬢所插的木櫛，取下旁邊的一個櫛齒，點起火來，進殿看時，乃見女神身上蛆蟲聚集，膿血流溢，大雷在其頭上，火雷在其胸上，黑雷在其腹上，拆雷在其陰上，稚雷在其左手，土雷在其右手，鳴雷在其左足，伏雷在其右足，合計生成雷神八尊。

……

二八　於是八百萬眾神聚集於天安之河原，依了高御產巢日神之子思兼神的計劃，招集長夜之長鳴鳥使之鳴唱，取天安之河上的天堅石，采天金山的鐵，招冶工天津麻羅，使伊斯許理度賣命作鏡，使玉祖命作美麗的八尺勾玉的串飾，使天兒屋命布刀玉命取天香山牡鹿的整個肩骨，又取天香山的樺皮，舉行占卜，拔取天香山連根的神木，上枝掛著美麗的八尺勾玉的串飾，中枝掛著八尺之鏡，下枝掛著青布白布，作為御幣，使布刀玉命持幣，天兒屋命致禱。又使天手力男命立在岩戶的旁邊，天宇受賣命以天香山的日影蔓束袖，以葛藤為發鬘，手持天香山的竹葉的束，覆空桶於岩戶之外，腳踏作響，壯如神憑，胸乳皆露，裳紐下垂及於陰部。於是高天原震動，八百萬眾神哄然大笑。

二九　天照大御神覺得詫異，稍開天之岩戶從裡邊說道：「我隱居此處，以為高天原自然黑暗，葦原中國也都黑暗了，為甚天宇受賣

《古事記》和《日本書紀》（日：*Nihonshoki*）的記載，兩人在黃泉比良版（日：Yomotsu Hirasaka，又名黃泉平版）訣別。

命還在舞蹈，八百萬眾神這樣歡笑呢？」於是天宇受賣命回答道：

「因為有比你更高貴的神到來了，所以大家歡喜笑樂。」這樣說著的時候，天兒屋命及布刀玉命舉起鏡來，給天照大御神看。天照大御神更覺得詫異，略略走出門外來看，隱藏著的天手力男命即握住她的手，拉了出來。布刀玉命急忙將注連掛在後面，說道：

「以內不得進去。」天照大御神即出岩戶，高天原與葦原中國都自然明亮起來了。於是八百萬眾神共議，罰速須佐之男命使出祓罪獻物千台，並切取上須，拔去手腳指爪，驅逐出去。[3]

……

七四　神倭伊波禮毗古命（神武天皇）同其兄五瀨命二人，在高千穗之宮，商議道：「住在什麼地方，才可以使天下太平呢？還是要往東方方面去才行吧。」即從日向出發，前往築紫。在到了豐國的宇沙的時候，其地居人有名宇沙都毗古、宇沙都比賣者二人，造作一所一足騰宮，加以宴饗。便從那裡遷移，在築紫的岡田宮住了一年。再從那裡上去，在阿岐國的多祁理宮住了七年。再從那裡上去，在吉備的高島宮住了八年。

七五　爾時從那地方上去的時候，有人乘龜甲垂釣，振羽而來，遇於速吸之門。乃呼而問道：

「你是什麼人？」答道：「我乃是本地的神，名為宇豆毗古。」又問道：「你知道海路麼？」答道：「知道得很清楚。」又問他道：「那麼，你能給我做嚮導麼？」答道：「我當從命。」於是即以竹篙渡過

3　天照大御神：即天照大神、伊弉諾尊之女；高天原（日：Takamagahara）：日本神話中由天照大神支配的天上的王國；葦原中國（日：葦原の國Ashiharanokuni）：又名「葦原の中つ國」（日：Ashiharanonakatsukuni），是和高天原以及黃泉相對的地上的世界，也就是日本國的異稱；八百萬眾神（日：八百萬の神yaoyorozunokami）：《古事記》中神祇的總稱，代表了神道所信仰的眾多神靈；須佐之男命（日：Susanoon-omikoto）：即素戔嗚尊。

去，引人御舟，賜號為槁根津日子。是為倭國造等的先祖。

　　七六　從那地方上去的時候，經過浪速之渡，停泊於青雲之白肩津。爾時登美的那賀須泥毗古興兵以待，乃交戰，取御舟中的楯牌下來，故其地稱作循津，今日猶叫作日下之蓼津也。於是與那賀須泥毗古交戰的時候，五瀨命的手被登美毗牌古的箭射傷甚重。五瀨命說道：

　　「我乃日神之御子，今向日而戰，不祥，故為賤奴所傷。自今以後當迂迴過去，背了日光，予以一擊吧。」這樣說了，便轉到南方去，到了血沼海，即在這裡洗手，故名血沼海。又從那地方回轉過去，到了紀國的男之水門，說道：

　　「我為賤奴所傷，乃至命終了嗎？」雄武的叫著，即升遐了。故其水門稱作男之水門。陵就在紀國的灶山。

出處

安萬侶著，周作人譯　《古事記》（北京：中國對外翻譯出版公司，
　　　　2000年），頁3、8、14、15、59、60。

延伸閱讀書目

安萬侶著，周啟明譯　《古事記》，北京：人民文學出版社，1963年。
安萬侶著，李濯凡注　《古事記》，長春：吉林出版集團，2018年。
本居宣長　《本居宣長全集：古事記伝》，東京：吉川弘文館，1926
　　　　年。
荻原淺男、鴻巢隼夫校注訳　《古事記‧上代歌謠》，東京：小學館，
　　　　1973年。

津田左右吉　《古事記及び日本書紀の研究》，東京：每日ワンズ，
　　　2020年。

青木和夫校注，石母田正、小林芳規校注　《日本思想大系：古事
　　　記》，東京：岩波書店，1982年。

三浦佑之注釈　《口語訳古事記》，東京：文藝春秋，2006年。

唐更強　《以日本〈古事記〉中「伊耶那岐命」、「伊耶那美命」為中
　　　心的幾個神話的考察》，廣州：世界圖書出版公司，2016年。

武田佑吉編　《日本古典鑒賞講座第2卷：古事記・風土記・記紀歌
　　　謠》，東京：角川書店，1967年。

莊培章　《從〈古事記〉探究日本皇室起源的神話》，北京：社會科
　　　學文獻出版社，2018年。

Chamberlain, Basil Hall. *The Kojiki: Records of Ancient Matters*. Rutland,
　　　Vt.: C.E. Tuttle Co., 1982.

Ō, Yasumaro, and Heldt, Gustav. *The Kojiki*. Translations from the Asian
　　　Classics. New York: Columbia University Press, 2014.

Russell, Jesse, and Ronald Cohn. *Kojiki*. Edinburgh: Bookvika Publishing/
　　　Lennex, 2012.

Waylon Christian, Terryn. *Japanese Creation Myth: Japanese Mythology,
　　　Japanese Archipelago, Nihon Shoki, Shinto, Kojiki, Amenomin-
　　　akanushi, Kamiyonanayo*. Beau Bassin: Betascript Publishing,
　　　2011.

陸拾　富士山：選自《萬葉集》（*Man'yōshū*）

解題

　　《萬葉集》（日：萬葉集 *Man'yōshū*，英：*Collection of Ten Thousand Leaves*）是日本現存最古老的和歌（日：waka）總集，於奈良時代末期由大伴家持（日：Ōtomo no Yakamochi, 717？-785）編輯成書，全書用中文注音的「萬葉假名」（日：萬葉仮名 Man'yōgana）寫成，一共二十卷。《萬葉集》一共收錄了五世紀初仁德天皇（日：仁德天皇 Nintoku Tennō）到八世紀淳仁天皇（日：Junnin Tennō, 758-764年在位）天平寶字（日：Tenpyō-hōji）三年（759）約三五〇年間的四千五百多首抒情詩作。[1]《萬葉集》不僅在日本文學史上的地位相當於中國的《詩經》，而且也是日本民間神道的原始文獻之一。此處的節選來自本書中詠歎富士山（日：Fujisan）的詩作。富士山位於東京以西約八十公里處，高達三七七六米，是日本的最高峰。富士山不僅是日本文人描摹讚譽的對象，而且還象徵著神道教流行的山嶽信仰，被尊為日本的三靈山之一。神道教的久須志神社（日：Kusushi Jinja）和本宮淺間大社（日：Hongū Sengen Taisha）都坐落於富士山頂之上，其中的淺間大社還是日本全國約一千三百個淺間神社的總本社。以下選出的兩首詩，作者分別是奈良朝的著名歌人高橋蟲麻呂（日：Takahashi

---

1　日本學界有關《萬葉集》的注疏和研究可謂汗牛充棟，迄今各類出版物已超過一萬，特試舉幾例：江戶歌人賀茂真淵（日：Kamo no Mabuchi, 1697-1769）的《萬葉集考》（日：萬葉集考ま *Man'yōshūkō*）；江戶國學者加藤千蔭（日：Katō Chikage, 1735-1808）的《萬葉集略解》（日：*Man'yōshūryakugen*）；江戶國學巨擘本居宣長（日：Motoori Norinaga, 1730-1801）的《萬葉集玉小琴》（日：萬葉集玉の小琴 *Man'yōshūtamanoogoto*）等，都是其中的佳作。

no Mushimaro, 717-724）和山部赤人（日：Yamabe Akahito，活躍於西元736年）。

原文

詠不盡山歌一首併短歌

[3-319]甲斐與駿河，

兩國界當中，

富士山高聳，

清光永晝瑩。

天雲難湧進，

高鳥不飛登。

降雪常將火焰滅，

火焰又將積雪融。

仰望此神嶺，

無以呼其名。

所謂石花海，

構堰湖水盈；

人渡富士川，

激流沖之成。[2]

2　這組短歌作於奈良時代的養老三年（719）。甲斐（日：Kai），舊國名，又名甲州
　（日：Kōshū），位於今天的山梨縣（日：山梨県Yamanashiken）；駿河（日：
　Suruga），又名駿州（Sunshū），位於今天的靜岡縣（日：靜岡県Shizuokaken）的中
　部；石花海（日：Senoumi），位於富士山北麓的海域，時至今日這片水域已經成為
　一個優良的漁場；富士川（日：Fujikawa），靠近富士山西側峽谷的一條河流，流經
　山梨縣和靜岡縣並最終流入駿河海灣。

威儀鎮大和，

全在神之功。

雄姿成國寶，

駿河地之靈。

富士容偉麗，

望之怡心胸。

反歌³

[3-320]六月十五日，

富峰積雪融。

中宵雪又降，

裝點此靈峰。

[3-321]富士高山嶺，

雲懷敬畏情。

躊躇難離去，

峰巔駐秀容。

山部宿彌赤人望不盡山歌一首併短歌⁴

[3-317]天地初分時，

3　反歌（日：hanka）是日本和歌的一種樣式，系模仿中國漢賦的「反辭」而得名，一
　般附在較為複雜的長歌（日：chōka）之後，詠歎長歌的未盡之意。在《萬葉集》之
　中，大多數的長歌之後都附有一到二首反歌。

4　山部宿彌赤人（日：Yamabe no Sukune Akahito）也就是山部赤人，宿彌（日：宿禰
　Sukune）是古代日本貴人的敬稱，相當於他們自稱的「臣下」（日：shinka）。

富士駿嶺懸。
聖潔神瑞氣，
高臨駿河灣。
仰望靈峰立廣宇：
驕陽為其隱光影，
皓月清輝斂玉顏，
白雲不行佇峰頂，
瑞雪不時飄九天。
後世永稱頌，
崇高富士山。

反歌

[3-318]路出田兒浦
仰望富士山
瑩瑩白似玉
瑞雪降山巔。

出處

李芒譯　《萬葉集選》（北京：人民文學出版社，1998年），頁110-
　　111、181-182。

延伸閱讀書目

芳賀紀雄監修，鐵野昌弘、奧村和美編　《萬葉集研究》，東京：塙
　　書房，2017年。

日本文學研究資料刊行會編　《萬葉集》，東京：有精堂出版，1980年。

趙樂甡譯　《萬葉集》，南京：譯林出版社，2002年。

折口信夫　《萬葉集》，東京：岩波書店，2017年。

中西進著，王曉平譯　《水邊的婚戀：萬葉集與中國文學》，成都：
四川人民出版社，1995年。

佐竹昭広、山田英雄、工藤力男、大谷雅夫、山崎福之校注　《萬葉
集》，東京：岩波書店，2016年。

Wilson, Graeme. *From the Morning of the World: Poems from the Manyoshu: The First Anthology of Japanese Poetry.* London:The Harvill Press, 1991.

Yasuda, Kenneth. *Land of the Reed Plains; Ancient Japanese Lyrics from the Manyoshu.* Rutland, Vt.: C. E. Tuttle Co, 1972.

致謝

這本書是我多年來教學和思考的成果。編撰《世界宗教文選》，即便是簡單的第一版，也唯有在很多人、很多機構的通力協助之下才能完成。

首先，我要感謝 UIC 為我提供了十一年（2012-2023）的教學機會，讓我能持續改進世界宗教的系列課程。與此同時我也依託學校而獲批多項研究、教學和出版基金，使我能夠專注於本書的編撰。

其次，我要感謝UIC的同學們，他們對書稿提出了寶貴的意見和反饋。我還要感謝通識教育辦公室（GEO）的助教，她們的校對工作對書稿的完善起到了重要的作用。

特別感謝我的家人，她們的耐心和付出使得我的寫作過程更加順利。沒有她們的支持，我無法完成這個項目。

最後，我還要感謝促成本書出版的陳致教授，正是他和陳灝哲博士的推薦使我能夠順利地和萬卷樓出版公司接洽。當然，我還要衷心感謝萬卷樓的各位主編及其編輯團隊，在書稿即將付梓的階段，他們的專業知識和細心校對也使得本書更加準確和可靠。

王翔

參考書目 *

中日文文獻

阿爾道斯・赫胥黎（Aldous Huxley）著，王子寧、張卜天譯　《長青哲學》，北京：商務印書館，2018年。

阿利斯特・麥格拉思（Alister McGrath）編，蘇欲曉譯　《基督教文學經典選讀》，北京：北京大學出版社，2004年。

艾美・史密特（Amy Schmidt）著，周和君譯　《佛陀的女兒：南傳佛教大修行人的傳奇心靈》，臺北：橡樹林文化，2003年。

安德烈・舒拉基（Andre Chouraqui）著，吳模信譯　《猶太教史》，北京：商務印書館，2001年。

安薩里（Al-Ghazālī）、賈米（Jami）、魯米（Rumi）著，康有璽譯《光龕／蘇萊曼和艾卜斯／春園（節譯）／愛的火焰》，北京：宗教文化出版社，2013年。

安薩里（Al-Ghazālī）編著　《迷途指津／致孩子／箴言錄》，北京：宗教文化出版社，2013年。

---

* 本書的「參考書目」收錄了每一段文選的「出處」以及「延伸閱讀書目」中列出的部分書籍，同時還增加了一些文選中沒有出現過的文獻，以供有興趣的讀者參考。編者將參考書目分為「中日文文獻」（第一部分）以及「西文文獻」（第二部分）兩個部分並分別按照作者的拼音發音和英文字母的順序排序。對於日文文獻中出現的少量外國作者，也就是以片假名來拼寫姓名的作家或編者，筆者將他們放在第一部分的結尾單獨列出。如果列出了同一作者的多種出版物，則按照文獻的出版年代順序來排序。對於同一作者在同一年代出版的多種出版物，則按照文獻的拼音或英文字幕順序來排序。

安薩里（Al-Ghazālī）著，薩里赫・艾哈邁德・沙米編，張維真譯
　　《聖學復蘇精義》，北京：商務印書館，2001年。

安萬侶著，鄒有恆、呂元明譯　《古事記》，北京：人民文學出版
　　社，1979年。

安萬侶著，周啟明譯　《古事記》，北京：人民文學出版社，1963年。

艾布・臥法・伍奈米著，潘世昌譯　《伊斯蘭蘇菲概論》，北京：商
　　務印書館，2013年。

埃利・巴爾納（Elie Barnavi）著，劉精忠等譯　《世界猶太人歷
　　史》，北京：中國人民大學出版社，2007年。

埃馬紐埃爾・勒維納斯（Emmanuel Levinas）著，關寶豔譯　《塔木
　　德四講》，北京：商務印書館，2002年。

奧古斯丁（Augustine）著，許一新譯　《論信望愛》，北京：生活・
　　讀書・新知三聯書店，2009年。

奧古斯丁（Augustine）著，張暉、謝敬編譯　《懺悔錄》，北京：北
　　京出版社，2012年。

奧立弗・約翰遜（Oliver Johnson）、詹姆斯・霍爾沃森（James
　　Halverson）編，馬婷、王維民等譯，楊恆達校　《世界文明
　　的源泉上》第三版，北京：北京大學出版社，2010年。

奧斯曼・努日・托普巴希（Osman Nuri Topbas）著，楊穎、康有璽譯
　　《蘆笛：來自心靈的樂章》，銀川：寧夏人民出版社，2016
　　年。

白圖泰（Ibn Battuta）、朱笛筆錄，李光斌譯　《異境奇觀：伊本・白
　　圖泰遊記》，北京：海洋出版社，2008年。

阪本幸男　《法華經の中國的展開》，京都：平楽寺書店，1975年。

保羅・阿爾托依茲（Paul Althaus）著，段琦、孫善玲合譯　《馬丁路
　　德神學》，新竹：中華信義神學院，1999年。

本居宣長　《本居宣長全集：古事記伝》，東京：吉川弘文館，1926年。

濱久雄　《東洋易學思想論考》，東京：明德出版社，2016年。

波多野太郎著　《老子道德経研究》，東京：國書刊行會，1979年。

布哈里（Bukhari）輯錄，祁學義譯　《布哈里聖訓實錄全集》，北京：
　　　　商務印書館，2018年。

蔡德貴　《阿拉伯哲學史》，濟南：山東大學出版社，1992年。

陳鼓應　《莊子淺說》，香港：商務印書館，2009年。

陳鼓應注譯　《莊子今注今譯》，北京：商務印書館，2016年。

陳夢家　《尚書通論》，北京：中華書局，2005年。

陳　來　《有無之境——王陽明哲學的精神》，北京：人民出版社，
　　　　1991年。

陳榮捷（Chan Wing-Tsit）　《中國哲學文獻選編》，南京：江蘇教育
　　　　出版社，2000年。

陳榮捷　《王陽明〈傳習錄〉詳注集評》，上海：華東師範大學出版
　　　　社，2009年。

程水龍　《〈近思錄〉集校集注集評》，上海：上海古籍出版社，2012
　　　　年。

池田末利訳注　《全釈漢文大系11：尚書》，東京：集英社，1975年。

川崎信定譯　《原典訳〈チベット死者の書〉》，東京：築摩書房，
　　　　1994年。

川田熊太郎等著，李世傑譯　《華嚴思想》，臺北：法爾出版社，
　　　　1989年。

村上重良著，聶長振譯　《國家神道》，北京：商務印書館，1990年。

村治笙子、片岸直美文、寫真仁田三夫　《図說エジプトの「死者の
　　　　書」》，東京：河出書房新社，2002年。

大德蘭（Teresa of Avila）著，加爾默羅聖衣會譯　《聖女大德蘭自
　　　　傳》，臺北：星火文化有限公司，2010年。

大久保幸次、鏡島寛之　《コーラン研究》，東京：刀江書院，1950
　　　年。

丹尼斯・舍爾曼（Dennis Sherman）著，趙立行譯　《西方文明史讀
　　　本》，上海：復旦大學出版社，2018年。

道元著，何燕生譯　《正法眼藏》，北京：宗教文化出版社，2003年。

德隆瓦洛・默基瑟德（Drunvalo Melchizedek），羅孝英譯　《生命之
　　　花的靈性法則2》，臺北：方智，2013年。

德善義和　《マルティン・ルター：ことばに生きた改革者》，東
　　　京：岩波書店，2012年。

荻原雲來譯著　《法句経》，東京：岩波書店，1955年。

杜維明　《青年王陽明》，北京：生活・讀書・新知三聯書店，2013年。

丁士仁譯著　《阿拉伯哲學名著譯介》，北京：中國社會科學出版社，
　　　2014年。

番場裕之　《実践「ヨーガ・スートラ」入門》，東京：春秋社，2008
　　　年。

方廣錩編纂　《般若心經譯注集成》，武漢：湖北科學技術出版社，
　　　2011年。

馮　象　《寬寬信箱與出埃及記》，北京：生活・讀書・新知三聯書
　　　店，2012年。

弗雷德・勒納（Fred Lerner）著，沈英、馬幸譯　《圖書館的故事：從
　　　文字初創到計算機時代》，北京：北京時代華文書局，2014年。

仏陀瞿沙（Buddhaghosa）著，石黒彌致訳注　《清浄道論》，東京：
　　　東洋文庫，1936年。

傅格森（Ferguson）著，張宇棟譯《日光之上》，北京：團結出版
　　　社，2012年。

福井文雅　《般若心経の歴史的研究》，東京：春秋社，1987年。

傅佩榮主編　《世界文明原典選讀》，臺北：立緒文化事業有限公司，
　　　　2017年。

福永光司　《莊子外篇》，東京：朝日新聞社，1966年。

傅有德　《現代猶太哲學》，北京：人民出版社，1999年。

傅有德主編　《猶太研究第13輯》，濟南：山東大學出版社，2015年。

岡田武彥著，楊田、馮瑩瑩、袁斌、孫逢明譯　《王陽明大傳：知行
　　　　合一的心學智慧》，重慶出版社，2015年。

蓋瑞・施耐德（Gary Snyder）著，西川譯　《水面波紋》，南京：譯
　　　　林出版社，2017年。

蓋瑞・斯奈德（Gary Snyder）著，譚瓊林、陳登譯　《禪定荒野：行
　　　　于道，醉於野，在青山中修行，與萬物平起平坐》，臺北：
　　　　果力文化，2018年。

高島吞象　《高島易斷：易經活解活斷800例》，北京：北京圖書館出
　　　　版社，1997年。

高　亨　《周易古經今注》，北京：中華書局，1984年。

高建章　《錫克・辛格・阿卡利──錫克民族與錫克教》，成都：四
　　　　川民族出版社，1994年。

高楠順次郎、平川彰著，釋顯如、李鳳媚譯　《南傳大藏經解題》，
　　　　貴陽：貴州大學出版社，2013年。

高森良人　《現代語訳周易》，東京：金の星社，1929年。

關麟征講演　《周易乾坤二卦正義》，臺中：文听閣圖書有限公司，
　　　　2008年。

貴田晃、山口謠司編集　《大秦景教流行中國碑翻訳資料》，東京：
　　　　大東文化大學人文科學研究所，2007年。

荷　馬（Homer）著，丁麗英譯　《伊利亞特》，南京：江蘇人民出版
　　　　社，2010年。

黃寶生譯　《奧義書》，北京：商務印書館，2010年。

黃寶生譯　《薄伽梵歌》，北京：商務印書館，2011年。

黃寶生　《巴漢對勘〈法句經〉》，上海：中西書局，2015年。

黃根春編著　《二十世紀馬太福音研究文集》，香港：基督教文藝出
　　　版社，1998年。

戶松學瑛譯　《薄伽梵歌：原文対訳》，東京：山喜房仏書林，1975
　　　年。

哈佛委員會（Harvard Committee）著，李曼麗譯　《哈佛通識教育紅
　　　皮書》，北京：北京大學出版社，2010年。

海雲繼夢　《智慧行華嚴經淨行品講記》，北京：宗教文化出版社，
　　　2005年。

海雲繼夢　《普賢三昧：華嚴經普賢三昧品講記》，新北：空庭書
　　　苑，2018年。

河村孝照編著　《法華経読誦音義寶典》，東京：國書刊行會，1977年。

河上公章句，王弼注，唐子恆、邊家珍點校　《老子道德經・王弼道
　　　德經注》，南京：鳳凰出版社，2017年。

和田萃　《古事記と太安萬侶》，東京：吉川弘文館，2014年。

河田清史　《ラーマーヤナ：インド古典物語》，東京：第三文明
　　　社，1993年。

何晏注，邢昺疏，唐玄宗注　《論語注疏／孝經注疏》，上海：上海
　　　古籍出版社，1990年。

侯　健　《推而行之：〈中庸〉英譯研究》，北京：科學出版社，2015
　　　年。

胡孚琛　《魏晉神仙道教：抱朴子內篇研究》，北京：人民出版社，
　　　1989年。

惠能原著，鄧文寬校注　《六祖壇經：敦煌〈壇經〉讀本》，瀋陽：
　　　遼寧教育出版社，2005年

慧能著，郭朋校釋　《壇經校釋》，北京：中華書局，1983年。

加地伸行全訳注　《論語》，東京：講談社，2009年。

賈利爾・杜斯特哈赫選編　《阿維斯塔：瑣羅亞斯德教聖書》，北京：商務出版社，2005年。

加藤常賢訳著，宇野哲人監修　《現代語訳近思録》，東京：金の星社三陽書院，1929年。

姜錫東　《〈近思錄〉研究》，北京：人民出版社，2010年。

江亦麗　《獅子勇士：錫克教史話》，臺北：東大圖書公司，2003年。

吉川幸次郎著　《論語》，東京：朝日新聞社，1978年。

吉田公平　《伝習録：「陽明學」の真髓》，東京：たちばな出版，1995年。

金倉圓照　《印度精神文化の研究》，東京：培風館出版，1944年。

金鼎漢　《錫克教〈阿迪經〉的晨歌》，《世界宗教資料》，1994年第3期，頁11-18。

金岡秀友　《般若心経》，東京：講談社，1873年。

金穀治訳注　《中國古典選5：孟子》，大阪：朝日新聞社，1966年。

金良年　《孟子譯注》上海：上海古籍出版社，2012年。

金壽福　《古埃及〈亡靈書〉》，北京：商務印書館，2016年

傑拉爾丁・布魯克斯（Geraldine Brooks）著，孫法理譯　《書之人》，上海：上海譯文出版社，2015年。

津田左右吉　《〈古事記〉及び〈日本書紀〉の研究》，東京：毎日ワンズ，2020年。

季羨林主編　《季羨林文集第十七卷：羅摩衍那（一）》，南昌：江西教育出版社，1995年。

坎斯坦勒拉尼（Qastallani）注釋，穆斯塔發・本・穆罕默德艾瑪熱編，穆薩・寶文安哈吉、買買提・賽來哈吉譯　《布哈里聖訓實錄精華》，北京：中國社會科學出版社，2004年。

鎧淳訳　《完訳バガヴァッド・ギーター》，東京：中央公論社，1998年。

魯　米　（Rumi）著，梁永安譯　《在春天走進果園》，新北：立緒文化事業公司，1998年。

克利福德（Cliffod）著，祝帥譯　《智慧文學》，上海：華東師範大學出版社，2010年。

空甫《中庸・大學の仏教的解釈》，東京：青山ライフ出版，2013年。

朗文（Tremper Longman III）著，段素革譯　《怎樣閱讀〈出埃及記〉》，北京：宗教文化出版社，2010年。

賴永海主編，陳秋平譯注　《金剛經／心經》，北京：中華書局，2010年。

蓮華生（Padmasambava）著，徐進夫譯　《西藏度亡經》，北京：宗教文化出版社，1995年。

蓮華生（Padmasambava）著，祁正賢譯　《藏傳佛教寧瑪派──度亡經》，西寧：青海民族出版社，2012年。

李居明　《學好易經》，北京：華齡出版社，2010年。

李浴華、馬銀華譯注　《論語／大學／中庸》，太原：山西古籍出版社，2003年。

鈴木大拙編　《韶州曹渓山六祖師壇経》，東京：岩波書店，1990年。

鈴木由次郎　《周易參同契》，東京：明德出版社，1990年。

林　太　《〈梨俱吠陀〉精讀》，上海：復旦大學出版社，2008年。

林悟殊《唐代景教再研究》，北京：中國社會科學出版社，2003年。

劉介廉　《五功釋義》，北平：清真書報社，1931年。

劉清虔編　《世界文明原典選讀 IV：猶太教文明經典》，新北：立緒文化事業有限公司，2017年。

劉昭瑞　《〈老子想尔注〉導讀與譯注：敦煌寫卷本》，南昌：江西人民出版社，2012年。

劉小楓主編，楊德友等譯　《二十世紀西方宗教哲學文選》，上海：
　　　三聯書店上海分店，1991年。

劉戰魁編著　《薄伽梵歌評鑒》，北京：社會科學文獻出版社，2011年。

陸九淵　《象山語錄／陽明傳習錄》，上海：上海古籍出版社，2000年。

羅摩南達・普拉薩德（Ramananda Prasad）著，王志成、靈海譯
　　　《九種奧義書》，北京：商務印書館，2017年。

金宜久著　《中國伊斯蘭探秘：劉智研究》，北京：中國人民大學出版
　　　社，2010年。

馬丁・布伯（Martin Buber）著，張健、韋海英譯　《人與人》，北京：
　　　作家出版社，1992年。

馬丁・布伯著，楊俊傑譯　《我與你》，杭州：浙江人民出版社，2017
　　　年。

馬丁・路德（Martin Luther）著，馬丁・路德著作翻譯小組譯　《馬
　　　丁・路德文選》，北京：中國社會科學出版社，2003年。

馬丁・路德著；顧華德譯《馬丁・路德桌邊談話》，新北：橄欖出版公
　　　司，2017年。

邁克爾・萊特曼（Michael Laitman）著，李旭大譯　《卡巴拉智慧：
　　　如何在不確定的世界找到和諧的生活》，天津社會科學院出版
　　　社，2010年。

馬堅譯　《古蘭經》，北京：中國社會科學出版社，2013年。

馬堅、王靜齋　《古蘭經漢譯注釋彙集》，香港：香港天馬出社，2006
　　　年。

麥克斯・繆勒（Friedrich Max Müller）著，陳觀勝、李培茱譯　《宗
　　　教學導論》，上海：上海人民出版社，1989年。

麥可・萊特曼（Michael Laitman），周友恆編譯　《卡巴拉科學及生
　　　命的意義》，臺北：樂果文化事業有限公司，2013年。

茅星來著，朱幼文校點　《近思錄集注》，上海：華東師範大學出版
　　　　社，2015年。

馬宗軍　《周易參同契研究》，濟南：齊魯書社，2013年。

毛　迅　《〈卡比爾百吟〉選譯》，《郭沫若學刊》，2006年第1期，頁
　　　　82-85。

梅沢伊勢三　《古事記及び日本書紀の成立に關する研究》，東京：
　　　　創文社，1962年。

美國芝加哥大學出版社編著，吳波〔等〕譯　《芝加哥手冊：寫作、
　　　　編輯和出版指南》，北京：高等出版社，2014年。

米歇爾‧普契卡（Michaela Puzicha）評注，杜海龍譯　《本篤會規評
　　　　注》，上海：上海三聯書店，2015年。

莫拉維（魯米 Rumi）著，穆宏燕譯　《瑪斯納維全集（一）》，長
　　　　沙：湖南文藝出版社，2002年。

莫理斯（Leon Morris）著，蔣黃心湄譯　《哥林多前書》，臺北：校
　　　　園書房出版社，1992年。

木村清孝　《華嚴経をよむ》，東京：日本放送出版協會，1994年。

木村清孝著，劉聯宗譯　《〈華嚴經〉的現代解讀》，高雄：佛光文化
　　　　事業公司，2020年。

穆薩‧穆薩威　《阿拉伯哲學：從鏗迭到伊本‧魯西德》，北京：商
　　　　務印書館，1996年。

牧野信也譯　《ハディース：イスラーム伝承集成》，東京：中央公
　　　　論新社，2001年。

南懷瑾　《易經雜說》，上海：復旦大學出版社，2002年。

南懷瑾　《老子他說／孟子旁通》，上海：復旦大學出版社，2003年。

南懷瑾　《論語別裁》，上海：復旦大學出版社，2003年。

南懷瑾　《莊子諵譁》，上海：上海人民出版社，2007年。

尼尼安・斯馬特（Ninian Smart）著，高師寧等譯　《世界宗教》，北京：北京大學出版社，2004年。

加藤常賢　《真古文尚書集釈》，東京：明治書院，1964年。

金景芳　《周易・繫辭傳新編詳解》，瀋陽：遼海出版社，1998年。

金宜久著　《中國伊斯蘭探秘：劉智研究》，北京：中國人民大學出版社，2010年。

井筒俊彦著，古勝隆一譯　《老子道徳経》，東京：慶應義塾大學出版會，2017年。

帕拉宏撒・尤迦南達（Paramhansa Yogananda）著，夏家駟等譯　《一個瑜伽行者的自傳》，廣州：廣東旅遊出版社，2014年。

帕坦伽利（Patañjali）著，王志成譯注　《〈瑜伽經〉直譯精解》，成都：四川人民出版社，2019年。

平川彰等著，林保堯譯　《法華思想》，北京：東方出版社，2019年。

橋本泰元、宮本久義、山下博司　《ヒンドゥー教の事典》，東京：東京堂出版，2005年。

青木和夫校注，石母田正、小林芳規校注　《日本思想大系：古事記》，東京：岩波書店，1982年。

青木洋司　《宋代における〈尚書〉解釈の基礎的研究》，東京：明德出版社，2014年。

屈萬里注譯，王雲五主編　《尚書今注今譯》，臺北：臺灣商務印書館，1969年。

饒宗頤　《老子想爾注校證》，香港：中華書局，2015年。

塞尼亞編譯　《塔木德》，上海：上海三聯書店，2015年。

三好迪監修，倉內ユリ子譯　《タルムード・ネズィキーンの巻シュヴオート篇》，東京：三貴，2004年。

三浦佑之注釈　《口語訳古事記》，東京：文藝春秋，2006年。

三枝充悳訳　《ダンマパダ法句経》，東京：青土社，1989年。

杉本正俊訳　《アエネーイス》，東京：新評論，2013年。

守屋洋訳　《孟子新訳：「孔子の正統な後継者」が唱えた理想的な
　　　　リーダーの心得》，東京：PHP研究所，2012年。

薩利赫・艾哈邁德・沙米著，張維真譯　《安薩里傳》，北京：華文
　　　　出版社，2017年。

森紀旦著　《マラナ・タ：楽しい〈日本聖公會祈禱書〉入門》，京
　　　　都：日本聖公會京都教區宣教局禮拜部，2018年。

沙吉難陀（Satchidananda）著，陳景圓譯　《巴坦加里的瑜伽經》，
　　　　北京：商務印書館國際有限公司，2018年。

山室軍平　《列王紀》，東京：教文館，1971年。

神保如天　《正法眼藏講義》，大藏經講座18，東京：名著出版，1976
　　　　年。

聖アウグスティヌス（St. Augustine）著，內村達三郎譯　《懺悔録》，
　　　　東京：一穂社，2005年。

聖ベネディクト（St. Benedict）著，古田暁譯　《聖ベネディクトの
　　　　戒律》，東京：ドン・ボスコ社，2006年。

聖トーマス・アクィナス（St. Thomas Aquinas）著，酒井瞭吉譯　《神
　　　　在す：異教徒に與ふる大要》第1巻，東京：中央出版社，
　　　　1944年。

施萊爾馬赫（Schleiermacher）著，鄧安慶譯　《論宗教》，北京：人
　　　　民出版社，2011年。

辻直四郎訳　《リグ・ヴェーダ讚歌》，東京：岩波書店，1978年。

辻口雄一郎　《正法眼蔵の思想的研究》，東京：北樹出版，2012年。

室利・阿羅頻多（Sri Aurobindo）著，徐梵澄譯　《薄伽梵歌論》，
　　　　北京：商務印書館，2009年。

石田毅文　《崇高なる者の歌：梵文聖薄伽梵歌要頌音義》，浦和：
　　　　毅文會，1956年。

水野弘元　《法句経の研究》，東京：春秋社，1981年。

斯瓦米‧洛克斯瓦南達（Swami Lokeswarananda）著，王志成譯　《印度生死書：四部奧義書義疏》，杭州：浙江大學出版社，2013年。

松森秀幸　《唐代天臺法華思想の研究：荊渓湛然における天臺法華経疏の注釈をめぐる諸問題》，京都：法藏館，2016年。

孫星衍撰，盛冬鈴點校　《尚書今古文注疏》，北京：中華書局，2004年。

索甲仁波切（Sogyal Rinpoche）著，鄭振煌譯　《西藏生死書》，杭州：浙江大學出版社，2011年。

蘇淵雷　《易通》，臺中：文听閣圖書公司，2008年。

《探索歷史之謎》會編，桑田草譯　《一本讀懂世界三大宗教：佛教，基督宗教，伊斯蘭教》，臺北：商周出版社，2008年。

湯姆‧巴特勒-伯頓（Tom Butler-Bowdon）著，徐志躍譯　《靈花靈火》，上海：三聯文化傳播公司，2010年。

湯田豊　《ウパニシャッド翻訳および解説》，東京：大東出版社，2000年。

談錫永　《生與死的禪法》，北京：華夏出版社，2008年。

談錫永　《心經內義與究竟義》，北京：華夏出版社，2010年。

藤原慶子譯　《ラーマ物語：ラーマーヤナの甘露の流れ：ラーマカターラサヴァーヒニー》，東京：サティヤサイ出版協會，2018年。

田中剛二　《第一コリント書》，東京：すぐ書房，1999年。

田中嫻玉譯　《神の詩：バガヴァッド‧ギーター》，東京：三學出版，1988年。

笹倉新治　《中庸の正解》，東京：平安社，1936年。

托馬斯・阿奎那（Thomas Aquinas）著，段德智、翟志宏、吳廣成譯
　　《反異教大全》，北京：商務印書館，2017年。

王　卡　《〈老子道德經〉河上公章句》，北京：中華書局，1993年。

王美秀主編　《東傳福音》第二十三冊，中國宗教歷史文獻集成之
　　三，合肥：黃山書社，2005年。

王　明　《抱朴子內篇校釋》，北京：中華書局，1985年。

王守仁原著，守屋洋著　《新釈伝習録：現代「陽明學」入門》，東
　　京：PHP研究所，1985年。

伊頓（Eaton）著，蔡金鈴、幸貞德譯　《丁道爾舊約聖經注釋：傳
　　道書》，臺北：校園書房出版，1987年。

王守仁撰，王曉昕譯注　《傳習錄譯注》，北京：中華書局，2018年。

魏伯陽著，朱熹等注　《周易參同契集釋》，北京：中央編譯出版
　　社，2015年。

魏伯陽等著，盛克琦編校　《參同集注——萬古丹經王〈周易參同
　　契〉注解集成》，北京：宗教文化出版社，2013年。

威爾斯比（Warren Wiersbe）著，葦默等譯　《蒙召得贖：出埃及
　　記》，北京：宗教文化出版社，2009年。

威爾斯比著，韓小慧、劉威志譯　《肩負重任：列王紀上／與眾不
　　同：列王紀下和歷代志下／心意篤定：尼赫邁亞記》，北
　　京：宗教文化出版社，2015年。

韋利（Waley）英譯，楊伯峻今譯　《論語》第2版，長沙：湖南人民
　　出版社，2008年。

魏茲曼（Donald J. Wiseman），楊長慧譯　《列王紀上下》，臺北：校
　　園書房出版社，2000年。

翁紹軍　《漢語景教文典詮釋》，北京：生活・讀書・新知三聯書店，
　　1996年。

維吉爾（Virgil）著、楊周翰譯　《埃涅阿斯紀》，南京：譯林出版社，
　　　　1999年。

巫白慧　《〈梨俱吠陀〉神曲選》，北京：商務印書館，2010年。

吳笛主編　《外國詩歌鑒賞辭典》，上海：上海辭書出版社，2009年。

武內義雄　《易と中庸の研究》，東京：岩波書店，1943年。

吳學國　《奧義書思想研究》共五卷，北京：人民出版社，2017年。

吳　震　《〈傳習錄〉精讀》，上海：復旦大學出版社，2011年。

無　學　《易經與人生：乾卦自強不息的道理》，臺北：祥瑞文化事業
　　　　公司，1998年。

小林勝人訳注　《孟子》，東京：岩波書店, 1994年。

小杉泰編譯　《ムハンマドのことば：ハディース》，東京：岩波書
　　　　店，2019年。

夏應銓　《乾坤兩卦解》，臺北：經學文化事業公司，2014年。

悉達多學院編譯　《掌中之葉：清淨道論實修手冊》，臺灣：悉達多
　　　　基金會，2007年。

星雲大師　《華嚴經普賢十大願》，高雄：佛光文化事業有限公司，
　　　　2018年。

新教出版社編集部　《宗教改革と現代：改革者たちの500年とこれ
　　　　から》，東京：新教出版社，2017年。

欣如居士　《品讀南傳法句經》，北京：國家出版社，2016年。

薛克翹　《中世紀錫克教文學概說》，《南亞研究》，2006年第1期，頁
　　　　78-82。

薛克翹、唐孟生、姜景奎、Rakesh Vats　《印度中世紀宗教文學》，
　　　　北京：崑崙出版社，2011年。

徐梵澄譯　《五十奧義書》，北京：中國社會科學出版社，2007年。

徐梵澄譯　《薄伽梵歌》，北京：崇文書局，2017年。

岩本裕　《インド佛教と法華經》，東京：第三文明社，1974年。

岩本裕　《原典訳ウパニシャッド》，東京：築摩書房，2013年。

楊伯峻　《孟子譯注》，北京：中華書局，2011年。

楊伯峻　《論語譯注》，北京：中華書局，2012年。

楊慶球　《馬丁路德神學研究》，香港：基道出版社，2002年。

姚衛群　《〈諦義證得經〉的主要思想》，《五臺山研究》2015年第2
　　　　期，頁3-8。

葉哈雅・林松　《古蘭經知識寶典》，成都：四川人民出版社，1995
　　　　年。

伊本・凱西爾（Ibn Kathir）著，孔德軍譯　《古蘭經注》，北京：中
　　　　國社會科學出版社，2010年。

伊本・西那（阿維森納 Avicenna）著，王太慶譯　《論靈魂──〈治
　　　　療論〉第六卷》，北京：商務印書館，2009年。

伊薩瑪・泰奧多（Ithamar Theodor）著，徐達斯譯　《道從這裡講起：
　　　　〈薄伽梵歌〉解讀與會通》，北京：九州出版社，2013年。

友松円諦　《法句経講義：仏教聖典》，東京：第一書房，1934年。

有易書房主人　《乾卦的智慧》，上海：上海書店出版社，2004年。

袁可嘉主編　《外國名詩選》，北京：中國青年出版社，1997年。

原口志津子　《富山・本法寺蔵法華経曼荼羅図の研究》，京都：法藏
　　　　館，2016年。

元亨寺漢譯南傳大藏經編譯委員會編　《漢譯南傳大藏經（元亨寺
　　　　版）》第26冊，高雄：元亨寺妙林出版社，1995年。

約翰・歐雷（John Olley）著，黃從真譯　《列王紀上下：毀滅與復
　　　　興》，新北：校園書房出版社，2015年。

約瑟・林哈德（Joseph T. Lienhard）主編，吳軼凡譯　《古代經注（1-
　　　　800年）卷三：出埃及記、利未記、民數記、申命記》，上海：
　　　　華東師範大學出版社，2016年。

宇井伯壽　《禪宗史研究》，東京：岩波書店，1939年。

宇野精一　《孟子：全訳注》，東京：講談社，2019年。

宇野哲人訳注　《中庸》，東京：講談社，1983年。

余振貴編　《中國伊斯蘭教歷史文選》，北京：宗教文化出版社，2009年。

增谷文雄譯注　《正法眼藏》，東京：講談社，2005年。

曾昭聰主編　《儒道佛經典選讀》，廣州：暨南大學出版社，2009年。

張曼濤總主編　《六祖壇經研究論集》，新北：龍岡數位文化公司，2017年。

張平譯注　《密釋納第二部：節期》，濟南：山東大學出版社，2017年。

張平譯注　《密釋納第一部：種子》，北京：商務印書館，2020年。

張占順　《錫克教與錫克群體的變遷》，北京：世界知識出版社，2008年。

趙樂牲譯　《吉爾伽美什：漢英對照》，瀋陽：遼寧人民出版社，2015年。

中村了昭譯　《新訳ラーマーヤナ》，東京：平凡社，2013年。

中村元、紀野一義訳注　《般若心経・金剛般若経》，東京：岩波書店，1991年。

中村璋八、古藤友子　《中國古典新書続編》，東京：明德出版社，1992年。

《中國貝葉經全集》編輯委員會編，刀金平翻譯　《中國貝葉經全集第82卷：清淨道論》，北京：人民出版社，2010年。

中國基督教三自愛國運動委員會編　《聖經：中英對照》，上海：中國基督教協會，2007年。

鐘文秀譯　《薄伽梵歌》，新北：空庭書苑，2011年。

朱健平、紮西措　《「達摩譯者」施耐德的禪譯與禪意——自〈達摩

流浪者〉談起》，《外國語：上海外國語大學學報》2015年第
6期，頁89-97。

朱謙之　《中國景教：中國古代基督教研究》，上海：東方出版社，
1993年。

諸橋轍次　《莊子物語》，東京：大法輪閣，1964年。

朱熹撰　《周易參同契考異》，臺北：藝文印書館，1968年。

朱熹章句，諸橋轍次校注　《大學中庸章句》，東京：富士書店，
1950年。

朱熹、呂祖謙編著，福田晃市訳解　《近思録：基礎からよく分か
る：朱子學の入門書》，東京：明窓出版，2009年。

朱熹集注　《宋本大學章句》，北京：國家圖書館出版社，2016年。

宗喀巴大師等著，多識仁波切譯　《藏文名著選譯》，成都：四川民
族出版社，2013年。

植木雅俊訳　《法華経：梵漢和対照・現代語訳》，東京：岩波書
店，2008年。

中村瑞隆著　《法華経：現代語訳》，東京：春秋社，1995年。

莊培章　《從〈古事記〉探究日本皇室起源的神話》，北京：社會科
學文獻出版社，2018年。

周仲羲譯　《古蘭經》，倫敦：伊斯蘭教國際出版社（Islam Intern-
ational Publications），1990年。

築摩書房編　《世界古典文學全集：ウェルギリウス》，東京：築摩
書房，1965年。

佐保田鶴治　《ヨーガ根本教典》，東京：平河出版社，1973年。

佐藤実著　《劉智の自然學：中國イスラーム思想研究序說》，東
京：汲古書院，2008年。

ガザーリー（Ghazālī）著，中村廣治郎譯　《誤りから救うもの》，
東京：築摩書房，2003年。

イブン・シーナー（Ibn Sīnā）著，木下雄介譯《魂について：治癒の書自然學第六篇》，東京：知泉書館，2012年。

カビール（Kabir）著、橋本泰元訳注　《宗教詩ビージャク：インド中世民眾思想の精髓》，東京：平凡社，2002年。

マルティン・ブーバー（Martin Buber）著，田口義弘譯　《我と汝・対話》，東京：みすず書房，1978年。

マルティン・ルター（Martin Luther）著，石原謙譯　《信仰要義》，東京：岩波書店，1939年。

ヴァールミーキ（Valmiki）著，中村了昭譯　《新訳ラーマーヤナ》，東京：平凡社，2013年。

西文文獻

Akalaṅka, N. L. Jain, and Pārśvanātha Vidyāpīṭha. *The Jaina World of Non-Living: The Non-Living in Tattvārthasūtra: English Translation with Notes on Chapter Five of Tattvārtha Rājavārtika of Akalaṅka (Royal-Semi-Aphorismic Explanatory of Reals) on Tattvārtha Sūtra (Treatise on Reals) by ācārya Umāsvāmi.* Varanasi Plano TX.: Pārśwanātha Vidyāpīṭha; Pradyuman Zaveri, 2000.

Ali, Muhummad. *A Manual of Hadith.* New York: Olive Branch Press, 1988.

Ames, Roger T., and David L. Hall. *Focusing the Familiar: A Translation and Philosophical Interpretation of the Zhongyong.* Honolulu: University of Hawai'i Press, 2001.

Andrews McMeel Publishing. *Love Is Patient and Kind: I Corinthians 13.* Kansas City: Andrews McMeel Pub., 2000.

Augustine, and Albert Cook Outler. *The Confessions of St. Augustine.* Dover Thrift Editions. Mineola, NY: Dover Publications, 2002.

Augustine, and Henry Chadwick. *Confessions.* Oxford; New York: Oxford University Press, 1991.

Augustine, and J. G. Pilkington. *Confessions.* New York: Heritage Press, 1963.

Avicenna, and Fazlur Rahman. *Avicenna's Psychology: An English Translation of Kitābal-Najāt, Book II, Chapter VI, with Historico-Philosophical Notes and Textual Improvements on the Cairo Edition.* Westport, Conn.: Hyperion Press, 1981.

Ayoub, Mahmoud, and Aḥmad al-Mahdī. *The Great Tiding: Interpretation of Juz''ammā, the Last Part of the Qur'ān.* Toronto: Centre for Religious Studies University of Toronto, 1983.

Bagnall, Roger S., Peter Derow, and Roger S. Bagnall. *The Hellenistic Period: Historical Sources in Translation.* Blackwell Sourcebooks in Ancient History. Oxford; Malden, MA: Blackwell, 2004.

Baker, Colin F., and British Library. *Qur'an Manuscripts: Calligraphy, Illumination, Design.* London: British Library, 2007.

Beckerlegge, Gwilym. *The World Religions Reader.* London; New York: Routledge, 1998.

Benedict, John Chamberlin, Corpus Christi College (University of Cambridge). *The Rule of St. Benedict: The Abingdon Copy.* Toronto: Published for the Centre for Medieval Studies by the Pontifical Institute of Mediaeval Studies, 1982.

Bernhard Karlgren. *Glosses on the Book of Documents.* Göteborg: Elanders, 1970.

Bielefeldt, Carl. *Dogen's Manuals of Zen Meditation.* Berkeley: University of California Press, 1990.

Bosley, Richard. *On Virtue and Vice: Metaphysical Foundations of the Doctrine of the Mean.* Revisioning Philosophy. New York: P. Lang, 1991.

Boston Public Library. *Catalogue of Selected Editions of the Book of Common Prayer Both English and American, Together with Illuminated Missals in Manuscript, Early Printed Books of Hours and Other Books of Devotion.* Boston: The Trustees of the Public library, 1907.

Bowker, John. *The Message and the Book: Sacred Texts of the World's Religions.* London: Atlantic Books, 2011.

Bratcher, Robert G. *A Translator's Guide to the Gospel of Matthew.* Helps for Translators. London; New York: United Bible Societies, 1981.

Brough, John. *The Gāndhārī Dharmapada.* London Oriental Series. London, New York: Oxford University Press, 1962.

Brown, Brian A., Francis X. Clooney, Laozi, and Confucius. *Four Testaments: Tao Te Ching, Analects, Dhammapada, Bhagavad Gita: Sacred Scriptures of Taoism, Confucianism, Buddhism, and Hinduism.* Lanham, Maryland: Rowman & Littlefield, 2016.

Buber, Martin. *Between Man and Man.* Routledge Classics. London: Routledge, 2002.

Buber, Martin, and Naḥman. *The Tales of Rabbi Nachman.* Atlantic Highlands, NJ: Humanities Press International, 1988.

Bucke, Richard Maurice. *Cosmic Consciousness: A Study in the Evolution of the Human Mind.* Philadelphia: Innes & Sons, 1901.

Buddhaghosa, and Ñāṇamoli. *The Path of Purification: Visuddhimagga.*
    Seattle: BPE Pariyatti Editions, 1999.

Buddhaghosa, and Phe Moṅ 'Taṅ'. *The Path of Purity, Being a Translation
    of Buddhaghosa's Visuddhimagga.* Pali Text Society Translation
    Series, No 11, 17, 21 (Extra Suscription). 3 vols. London: Pali
    Text Society, 1922-1931.

Budge, E. A. Wallis. *The Egyptian Book of the Dead: The Papyrus of Ani.*
    The Barnes & Noble Library of Essential Reading. New York:
    Barnes & Noble Books, 2005.

Callus, D. A., Richard William Hunt, Michael Dunne, John Blund, and
    British Academy. *Treatise on the Soul.* Auctores Britannici Medii
    Aevi 2. Oxford: Published for the British Academy by Oxford
    University Press, 2013.

Collins, Billie Jean, et al. *The SBL Handbook of Style: for Biblical Studies
    and Related Disciplines.* Second edition. Atlanta: SBL Press,
    2014.

Confucius, and Burton Watson. *The Analects of Confucius.* Translations
    from the Asian Classics. New York: Columbia University Press,
    2007.

Confucius, and James Legge. *Confucian Analects, the Great Learning, and
    the Doctrine of the Mean.* New York: Dover Publications, 1971.

Chamberlain, Basil Hall. *The Kojiki: Records of Ancient Matters.* Rutland,
    Vt.: C.E. Tuttle Co., 1982.

Champion, Selwyn Gurney and Dorothy Short. *The World's Great Religions:
    An Anthology of Sacred Texts.* Mineola, NY: Dover Publications,
    2003.

Cheen, Guo. *Translating Totality in Parts: Chengguan's Commentaries and*

Subcommentaries to the Avatamska Sutra. Lanham: University Press of America, 2014.

Chung, Edward Y. J. *The Great Synthesis of Wang Yangming: Neo-Confucianism in Korea.* Lanham: Lexington Books, 2020.

Church of England., and C. K. Robertson. *The Book of Common Prayer: A Spiritual Treasure Chest.* Nashville: SkyLight Paths, 2013.

Cleary, Thomas F. *The Flower Ornament Scripture: A Translation of the Avatamsaka Sutra.* 3 vols. Boulder: Shambhala Publications, 1984.

Coogan, Michael David. *A Reader of Ancient Near Eastern Texts: Sources for the Study of the Old Testament.* New York: Oxford University Press, 2013.

Cuevas, Bryan J. *The Hidden History of the Tibetan Book of the Dead.* New York: Oxford University Press, 2003.

Daljeet, Rajeshwari Shah, and National Museum of India. *Ramayana: The Story of Rama in Indian Miniature Paintings.* New Delhi: National Museum, 2004.

Davis, Richard H. *The Bhagavad Gita: A Biography.* Lives of Great Religious Books. Princeton: Princeton University Press, 2015.

Di Cosmo, Nicola, and Michael Maas. *Empires and Exchanges in Eurasian Late Antiquity: Rome, China, Iran, and the Steppe, Ca. 250-750.* Cambridge: Cambridge University Press, 2018.

Dōgen, Gudōnishijima, and Chodo Cross. *Shōbōgenzō: The True Dharma-Eye Treasury.* BDK English Tripiṭaka Series. 4 vols. Berkeley: Numata Center for Buddhist Translation and Research, 2007.

Doniger, Wendy. *The Rig Veda: An Anthology: One Hundred and Eight*

Hymns, Selected, Translated and Annotated. New York: Penguin Books, 1981.

Doniger, Wendy. *Textual Sources for the Study of Hinduism.* Textual Sources for the Study of Religion. Chicago: University of Chicago Press, 1990.

Egenes, Thomas. *Yoga Sutra of Maharishi Patanjali.* Fairfield, IA: 1st World Pub., 2009.

Embree, Ainslie Thomas Hay Stephen N. De Bary William Theodore. *Sources of Indian Tradition.* Introduction to Oriental Civiliz-ations. 2nd ed. New York: Columbia University Press, 1988.

Eskildsen, Stephen. *The Teachings and Practices of the Early Quanzhen Taoist Masters.* Suny Series in Chinese Philosophy and Culture. Albany: State University of New York Press, 2004.

Fahey, David M. *Milestone Documents of World Religions: Exploring Traditions of Faith through Primary Sources.* 3 vols. Milestone Documents. Dallas, Tex.: Schlager Group, 2011.

Flickstein, Matthew, Buddhaghosa, and Matthew Flickstein. *The Meditator's Atlas: A Road Map of the Inner World.* Boston: Wisdom Public-ations, 2007.

Fieser, James and John Powers. *Scriptures of the World's Religions.* New York: McGraw-Hill, 2017.

Fisher, Mary Pat and Lee Worth Bailey. *An Anthology of Living Religions.* Upper Saddle River, N.J.: Prentice Hall, 2000.

Frankel, James D., and University of Hawaii at Manoa. School of Pacific Asian Studies, Associated with Work. *Rectifying God's Name: Liu Zhi's Confucian Translation of Monotheism and Islamic Law.* Honolulu: University of Hawaii Press, 2011.

Fox, Michael V. *Ecclesiastes: The Traditional Hebrew Text with the New JPS Translation*. The JPS Bible Commentary. Philadelphia: Jewish Publication Society, 2004.

Fronsdal, Gil. *The Dhammapada: A New Translation of the Buddhist Classic with Annotations*. Boston: Shambhala, 2005.

Frost, S. E. *The Sacred Writings of the World's Great Religions*. New York: McGraw-Hill, 1972.

Gandhi. *The Bhagavad Gita According to Gandhi: Text and Commentary Translated from Gujarati*. Berkeley: North Atlantic Books, 2009.

Geldner, Karl F., Charles Rockwell Lanman, and Johannes Nobel. *Der Rig-Veda*. 4 vols. Cambridge: Harvard University Press, 1951.

George, A. R. *The Epic of Gilgamesh: The Babylonian Epic Poem and Other Texts in Akkadian and Sumerian*. New York: Penguin Books, 2000.

Ghazzālī, and Richard Joseph McCarthy. *Al- Ghazālī's Path to Sufism and His Deliverance from Error: An Annotated Translation of Al-Munqidh Min Al-DalʾAl*. Louisville, KY: Fons Vitae, 2000.

Gimello, Robert M., Frédéric. Girard, and Imre. Hamar. *Avataṃsaka Buddhism in East Asia: Huayan, Kegon, Flower Ornament Buddhism*. Wiesbaden: Harrassowitz Verlag, 2012.

Guggenheimer, Heinrich W. *The Jerusalem Talmud*. Studia Judaica. Boston: Walter de Gruyter, 2012.

Havret, Henri. *La Stèle Chrétienne De Si-Ngan-Fou*. Variétés Sinologiques. 3 vols. Chang-Hai: Imprimerie De La Mission Catholique, 1895.

Hawley, John Stratton. *Three Bhakti Voices: Mirabai, Surdas, and Kabir in Their Time and Ours*. New Delhi; Oxford; New York: Oxford University Press, 2005.

Holder, Arthur G. *Christian Spirituality: The Classics.* London; New York: Routledge, 2009.

Holm, Jean and John Bowker. *Sacred Writings*. London; New York: Pinter Publishers; Distribute'd in the U.S. and Canada by St. Martin's Press, 1994.

Huang, Alfred. *The Complete I Ching: The Definitive Translation*. Rochester, Vt.: Inner Traditions, 1998.

Huineng, and Hua Hsüan. *The Sixth Patriarch's Dharma Jewel Platform Sutra, with the Commentary of Tripitaka Master Hua.* San Francisco: Sino-American Buddhist Association, 1977.

Ivanhoe, Philip J., ed. and trans. *Readings from the Lu-Wang School of Neo-Confucianism.* Indianapolis, IN: Hackett, 2009.

Jalālal-Dīn, Rūmī, and J. A. Mojaddedi. *The Masnavi, Book One*. Oxford World's Classics. Oxford; New York: Oxford University Press, 2004.

Jain, G. R., and Mahāvīra. *Cosmology Old & New, Being a Modern Commentary on the Fifth Chapter of Tattvārthādhigama Sūtra.* New Delhi: Bharatiya Jnanpith Publication, 1975.

Jalālal-Dīn, Rūmī and Shahram Shiva. *Rumi, Thief of Sleep: Quatrains from the Persian.* Prescott, AZ: Hohm Press, 2000.

Jalālal-Dīn, Rūmī, Susan Weil, Zahra Partovi, Shigemitsu Tsukaguchi, Jerry Kelly, Gudrun Zapf von Hesse, Kelly/Winterton Press, et al. *The Reed.* New York: Vincent FitzGerald & Co., 1989.

Jamison, Stephanie W., and Joel P. Brereton. *The Rigveda: The Earliest Religious Poetry of India.* South Asia Research. New York: Oxford University Press, 2014.

Jonathan A. C. Brown. *The Canonization of al-Bukhari and Muslim*. Leiden: Brill, 2007.

Kabir, and Arvind Krishna Mehrotra. *Songs of Kabir*. New York Review Books Classics. New York: New York Review Books, 2011.

Karcher, Stephen L. *I Ching: The Classic Chinese Oracle of Change: A Complete Translation with Concordance*. London: Vega, 2002.

Keevak, Michael. *The Story of a Stele: China's Nestorian Monument and Its Reception in the West, 1625-1916*. Hong Kong: Hong Kong University Press, 2008.

Kemp, Barry J. *How to Read the Egyptian Book of the Dead*. New York: W. W. Norton & Co., 2008.

Kolb, Robert, Dingel, Irene, and Batka, Lubomír. *The Oxford Handbook of Martin Luther's Theology*. Oxford Handbooks in Religion and Theology. Oxford: Oxford University Press USA-OSO, 2014.

Krishnananda. *The Secret of the Katha Upanishad*. 1st ed. Shivanandanagar, U.P.: Divine Life Society, 1974.

Kriyananda. *The New Path: My Life with Paramhansa Yogananda*. Nevada City, Calif.: Crystal Clarity Publishers, 2008.

Kumārajīva, Tsugunari Kubo, and Akira Yuyama. *The Lotus Sutra*. BDK English Tripitaka Series. Berkeley: Numata Center for Buddhist Translation and Research, 2007.

Laozi, Ryden, Edmund, and Penny, Benjamin. *Daodejing*. Oxford World's Classics. Oxford: Oxford University Press, 2008.

Legge, James. *I Ching: Book of Changes*. New York: Gramercy Books, 1996.

Legge, James. *The Four Books: Confucian Analects, The Great Learning,*

The Doctrine of the Mean, and The Works of Mencius. New York: Paragon Book Reprint, 1966.

Legge, James, Chuang-tzu, Laozi, Zhuangzi, and T'ai-shang Yanying P'ien. *The Sacred Books of China: The Texts of Taoism*. Sacred Books of the East; vols. 39-40. London: Oxford University Press, 1927.

Legge, James, Laozi, and Zhuangzi. *Essential Writings of Taoism: The Tao Te Ching and the Chuang Tzu*. St Petersburg, Fla.: Red and Black Publishers, 2008.

Lenz, Timothy, Andrew Glass, and Dharmamitra. *A New Version of the Gandhari Dharmapada and A Collection of Previous-Birth Stories: British Library Kharosthi Fragments*. Seattle: University of Washington State, 2003.

Lopez, Donald S. *The Heart Sūtra Explained: Indian and Tibetan Commentaries*. Suny Series in Buddhist Studies. Albany: State University of New York Press, 1988.

Lopez, Donald S. *The Tibetan Book of the Dead: A Biography*. Lives of Great Religious Books. Princeton: Princeton University Press, 2011.

Lu, Yinghua. "Pure Knowing (Liang Zhi) as Moral Feeling and Moral Cognition: Wang Yangming's Phenomenology of Approval and Disapproval." *Asian Philosophy* 27, no. 4 (11/01 2017): 309-23.

Mack, Maynard, and John, Butt. *The Twickenham Edition of the Poems of Alexander Pope*. Abingdon, Oxon: Taylor & Francis Group, 2001.

Mackintosh-Smith, Tim. *Travels with a Tangerine: A Journey in the Footnotes of Ibn Battutah*. London: John Murray, 2001.

Mair, Victor H. *Experimental Essays on Zhuangzi*. Dunedin, Fla.: Three Pines Press, 2010.

Markham, Ian S., and Christy Lohr. *A World Religions Reader*. 3rd ed. Malden, MA: Wiley-Blackwell, 2009.

Marshall, Bart. *The Perennial Way: New English Versions of Yoga Sutras, Dhammapada, Heart Sutra, Ashtavakra Gita, Faith Mind Sutra, Tao Te Ching*. Wheeling, W. Va.: TAT Foundation Press, 2009.

Martin, Richard C. *Encyclopedia of Islam and the Muslim World*. New York: Macmillan Reference USA: Thomson/Gale, 2004.

Matt, Daniel Chanan. *Zohar, the Book of Enlightenment*. The Classics of Western Spirituality. New York: Paulist Press, 1983.

Matt, Daniel Chanan and Nathan Wolski. *The Zohar*. Pritzker Edition. Stanford: Stanford University Press, 2004.

McAuliffe, Jane Dammen. *Encyclopaedia of the Quran*. 6 vols. Leiden: Brill, 2001.

Mencius, and James Legge. *The Works of Mencius*. New York: Dover Publications, 1970.

Mencius, and Lionel Giles. *The Book of Mencius*. London: J. Murray, 1942.

Mencius, P. J. Ivanhoe, and Irene Bloom. *Mencius*. Translations from the Asian Classics. New York: Columbia University Press, 2009.

Miles, Jack, David. Bale, Wendy Doniger, Donald S. Lopez, Lawrence. Cunningham, Jane Dammen McAuliffe, James Robson, and David Biale. *The Norton Anthology of World Religions*. 1st ed. New York, NY: W.W. Norton & Company, 2015.

Mitchell, Stephen, and Zhuangzi. *The Second Book of the Tao: Compiled and Adapted from the Chuang-Tzu and the Chung Yung, with Commentaries*. New York: Penguin Press, 2009.

Moeller, Hans-Georg, and Laozi. *Daodejing (Laozi): A Complete Translation and Commentary*. Chicago: Open Court, 2007.

Moran, Patrick Edwin, and Laozi. *Three Smaller Wisdom Books: Lao Zi's Dao De Jing, the Great Learning (Da Xue), and the Doctrine of the Mean (Zhong Yong)*. Lanham: University Press of America, 1993.

Munther, Younes. *The Routledge Introduction to Qur'anic Arabic: Taylor and Francis*. London: Routledge, 2012.

Nahman, and Arnold J. Band. *Nahman of Bratslav: The Tales. The Classics of Western Spirituality*. New York: Paulist Press, 1978.

Nahman, and Aryeh Kaplan. *The Seven Beggars & Other Kabbalistic Tales of Rebbe Nachman of Breslov*. Woodstock, Vt.: Jewish Lights Pub, 2005.

Nānak and Singh Khushwant. *Hymns of Guru Nanak*.Unesco Collection of Representative Works Indian Series. New Delhi: Orient Longmans, 1969.

Naville, Edouard. *Das Aegyptische Todtenbuch Der Xviii. Bis Xx. Dynastie*. 3 vols. Berlin: A. Asher & co., 1886.

Novak, Philip. *The World's Wisdom: Sacred Texts of the World's Religions*. 1st ed. San Francisco: Harper San Francisco, 1994.

Ōno, Tōru. *Burmese Ramayana: With an English Translation of the Original Palm Leaf Manuscript in Burmese Language in 1233 Year of Burmese Era, 1871 A.D.* Delhi: B.R. Pub. Corp.: Distributed by BRPC (India), 2000.

Orr, William F., and James Arthur Walther. *I Corinthians: A New Translation*. 1st ed. NY: Doubleday, 1976.

Pashaura, Singh. *The Guru Granth Sahib: Canon, Meaning and Authority*. New Delhi New York: Oxford University Press, 2000.

Patanjali, Vyāsa, and Bengali Baba. *The Patanjala Yoga Sutra, with Vyasa Commentary*. Kapurthla Punjab: Sham Sunder Mulkraj Puri, 1943.

Petersen, Kristian. *Interpreting Islam in China: Pilgrimage, Scripture, and Language in the Han Kitab*. American Academy of Religion Academy Series. New York: Oxford University Press, 2018.

Plaks, Andrew H. *Ta Hsüeh and Chung Yung (the Highest Order of Cultivation and on the Practice of the Mean)*. Penguin Classics. London; New York: Penguin Books, 2003.

Platform Eknath, Easwaran. *Dialogue with Death: The Spiritual Psychology of the Katha Upanishad*. Petaluma: Nilgiri Press, 1981.

Pomeranz, Kenneth, James Buchanan Given, Laura Jane Mitchell and Robert L. Tignor. *Worlds Together, Worlds Apart: A Companion Reader*. 2 vols. New York: W.W. Norton & Co., 2011.

Pound, Ezra, and Confucius. *Confucius: The Great Digest, the Unwobbling Pivot, and the Analects*. New York: New Directions Pub. Corp., 1969.

Pregadio, Fabrizio. "The Representation of Time in the Zhouyi Cantong Qi." *Cahiers d'Extrême-Asie* 8, no. 1 (1995): 155-73.

Pregadio, Fabrizio. *The Encyclopedia of Taoism*. Routledge Encyclopedias of Religion and Society. London; New York: Routledge, 2008.

Pregadio, Fabrizio, and Xiao Peng. *Zhouyi Cantong Qi: Dal Libro Dei Mutamenti All'elisir D'oro*. Venezia: Cafoscarina, 1996.

Rahi, Hakim Singh. *Sri Guru Granth Sahib Discovered: A Reference Book of Quotations from the Adi Granth*. Delhi: Motilal Banarsidass Publishers, 1999.

Red, Pine. *The Heart Sutra: The Womb of Buddhas*. Washington, DC: Shoemaker & Hoard, 2004.

Richman, Paula. *Ramayana Stories in Modern South India*. Bloomington: Indiana University Press, 2008.

Rippin, Andrew, and Jan Knappert. *Textual Sources for the Study of Islam*. Textual Sources for the Study of Religion. Chicago: University of Chicago Press, 1990.

Roberts, Holly. *Doctrine of Inner Peace*. New York: Anjeli Press, 2008.

Sa'dī, 'Abd al-Raḥmān ibn Nāṣir. *Tafseer as-Sa'di: Juz' 'ammâ: The Thirtieth Part of the Qur'an*. Riyadh: International Islamic Publishing House, 2014.

Sarao, K. T. S, and Long, Jeffery D. *Buddhism and Jainism*. Dordrecht: Springer Netherlands, 2017.

Schlütter, Morten, and Stephen F. Teiser. *Readings of the Platform Sutra*. Columbia Readings of Buddhist Literature. New York: Columbia university press, 2012.

Scholem, Gershom. *Zohar, the Book of Splendor*. New York: Schocken Books, 1949.

Scroggie, W. Graham. *The Love Life: A Study of I Corinthians XIII*. London: Pickering and Inglis, 1935.

Seachris, Joshua W. *Exploring the Meaning of Life: An Anthology and Guide*. Malden, MA: Wiley-Blackwell, 2013.

Sharma, Arvind. *The World's Religions: A Contemporary Reader*. Minneapolis: Fortress Press, 2011.

Shaughnessy, Edward L. *I Ching = the Classic of Changes*. Classics of Ancient China. New York: Ballantine Books, 1998.

Sherman, Dennis. *Western Civilization: Sources, Images, and Interpretations: From the Renaissance to the Present*. 8th ed. New York: McGraw Hill, 2011.

Skolnik, Fred, and Michael Berenbaum, ed. *Encyclopedia Judaica*. Detroit: Macmillan Reference USA in association with the Keter Pub. House, 2007.

Snodgrass, Mary Ellen. *Encyclopedia of World Scriptures*. Jefferson, N.C.: McFarland, 2001.

Snyder, Gary. *Mountains and Rivers without End*. Berkeley: Counterpoint: Distributed by Publishers Group West, 2008.

Solomon, Norman. *The Talmud: A Selection*. London: Penguin Classics. 2009.

Steinsaltz, Adin. *The Essential Talmud*. New York: Basic Books, 1976.

Stewart, Leland P. *World Scriptures*. Bolivar, Mo.: From the Scholars' Desk, 2003.

Strong, John. *The Experience of Buddhism: Sources and Interpretations*. Religious Life in History. 3rd ed. Belmont, CA: Thomson/Wadsworth, 2007.

Teiser, Stephen F., and Jacqueline Ilyse Stone. *Readings of the Lotus Sutra*. Columbia Readings of Buddhist Literature. New York: Columbia University Press, 2009.

Teresa, and E. Allison Peers. *Interior Castle*. Dover Thrift Editions. Mineola, NY: Dover Publications, Inc., 2007.

Teresa, Kieran Kavanaugh, Otilio Rodríguez and Carol Lisi. *The Interior Castle*. Washington, DC: ICS Publications, 2010.

Tiernan, Patrick. *Leader's Guide for Primary Source Readings in World Religions*. Winona, MN: Saint Mary's Press, 2009.

Tu, Weiming. *Centrality and Commonality: An Essay on Confucian Religiousness*. Suny Series in Chinese Philosophy and Culture. Albany: State University of New York Press, 1989.

Umāsvāti, S. C. Jain. *Key to Reality in Jainism*. Meerut: Digambar Jain Trilok ShodhSansthan, 2010.

Van Voorst, Robert E. *Anthology of World Scriptures*. 7th ed. Boston: Wadsworth, Cengage Learning, 2011.

Virgil, and Edward McCrorie. *The Aeneid*. Ann Arbor: University of Michigan Press, 1995.

Virgil, and Frederick Ahl. *Aeneid*. Oxford; New York: Oxford University Press, 2007.

Virgil, and James Rhoades. *The Aeneid*. The Great Books of the Western World. Franklin Center, Pa.: Franklin Library, 1980.

Virgil, and Patricia A. Johnston. *The Aeneid of Vergil*. Oklahoma Series in Classical Culture. Norman: University of Oklahoma Press, 2012.

Virgil, and Thomas May. *The Aeneid*. A Bantam Classic. New York: Bantam Books, 1961.

Vyanjana, and Buddhaghosa. *Theravāda Buddhist Ethics with Special Reference to Visuddhimagga*. Calcutta: Punthi Pustak, 1992.

Wang, Eugene Yuejin. *Shaping the Lotus Sutra: Buddhist Visual Culture in Medieval China*. Seattle: University of Washington Press, 2005.

Wang Yangming. *Instructions for Practical Living*. Translated by Wing-tsit Chan. Records of Civilization, Sources and Studies 68. New York: Columbia University Press, 1963.

Wang Yangming. *The Philosophical Letters of Wang Yang-Ming.* Translated by Julia Ching. Asian Publications 1. Canberra: Australian National University Press, 1972.

Watson, Burton. *The Lotus Sutra.* Translations from the Asian Classics. New York: Columbia University Press, 1993.

Watson, Jane Werner, and Feodor Rojankovsky. *The True Story of Smokey the Bear.* New York: Simon and Shuster, 1955.

Waylon Christian, Terryn. *Japanese Creation Myth: Japanese Mythology, Japanese Archipelago, Nihon Shoki, Shinto, Kojiki, Amenominakanushi, Kamiyonanayo.* Beau Bassin: Fer Pub., 2011.

Wei, Boyang, and Fabrizio Pregadio. *The Seal of the Unity of the Three: A Study and Translation of the Cantong Qi, the Source of the Taoist Way of the Golden Elixir.* Mountain View, CA: Golden Elixir Press, 2011.

Wilson, Andrew and International Religious Foundation. *World Scripture: A Comparative Anthology of Sacred Texts.* New York: International Religious Foundation, Distributed by Paragon House, 1991.

Wilson, Graeme. *From the Morning of the World: Poems from the Manyoshu: The First Anthology of Japanese Poetry.* London: The Harvill Press, 1991.

Wong, Eva. *Teachings of the Tao: Readings from the Taoist Spiritual Tradition.* Boston New York: Shambhala; Distributed in the U.S. by Random House, 1997.

Yampolsky, Philip B., and Huineng. *The Platform Sutra of the Sixth Patriarch: The Text of the Tun-huang Manuscript.* Translations from the Asian Classics. New York: Columbia University Press, 2012.

Yasuhiro Sueki. *Bibliographical Sources for Buddhist Studies: from the Viewpoint of Buddhist Philology*. Tokyo: International Institute for Buddhist Studies of the International College for Advanced Buddhist Studies, 1998-2001.

Yogananda, Swami Paramahansa. *Autobiography of a Yogi*. New York: Philosophical Library, 1946.

Yogananda. *The Science of Religion*. Los Angeles: Self-Realization Fellowship, 1982.

Young, Serinity. *An Anthology of Sacred Texts by and About Women*. New York: Crossroad, 1993.

Yuyama, Akira. *Eugène Burnouf: The Background to His Research into the Lotus Sutra*. Tokyo: International Research Institute for Advanced Buddhology, Soka University, 2000.

Zabīdī, Aḥmad Ibn Aḥmad, and Muhammad Muhsin. Khan. *The Translation of the Meanings of Summarized Ṣaḥīḥ Al-Bukhārī: Arabic-English*. Riyadh: Maktaba Dar Us-Salam, 1997.

Zhuangzi, and A. C. Graham. *Chuang-Tzŭ: The Inner Chapters*. Indianapolis: Hackett Pub. Co., 2001.

Zhuangzi, and David Hinton. *The Inner Chapters*. Washington, DC: Distributed by Publishers Group West, 1997.

Zhu Xi, Zuqian Lü, and Wing-tsit Chan. *Reflections on Things at Hand: The Neo-Confucian Anthology*. UNESCO Collection of Representative Works: Chinese Series. New York: Columbia University Press, 1967.

哲學研究叢書·宗教研究叢刊　0702013

世界宗教文選（第一版）

作　者　王　翔	
責任編輯　呂玉姍	
特約校稿　林秋芬	
封面設計　陳薈茗	

發 行 人　林慶彰

總 經 理　梁錦興

總 編 輯　張晏瑞

編 輯 所　萬卷樓圖書股份有限公司

　　臺北市羅斯福路二段 41 號 6 樓之 3

　　電話 (02)23216565

　　傳真 (02)23218698

發　　行　萬卷樓圖書股份有限公司

　　臺北市羅斯福路二段 41 號 6 樓之 3

　　電話 (02)23216565

　　傳真 (02)23218698

　　電郵 SERVICE@WANJUAN.COM.TW

香港經銷　香港聯合書刊物流有限公司

　　電話 (852)21502100

　　傳真 (852)23560735

ISBN 978-986-478-833-0

2023 年 7 月初版

定價：新臺幣 660 元

如何購買本書：

1. 劃撥購書，請透過以下郵政劃撥帳號：

　　帳號：15624015

　　戶名：萬卷樓圖書股份有限公司

2. 轉帳購書，請透過以下帳戶

　　合作金庫銀行　古亭分行

　　戶名：萬卷樓圖書股份有限公司

　　帳號：0877717092596

3. 網路購書，請透過萬卷樓網站

　　網址 WWW.WANJUAN.COM.TW

大量購書，請直接聯繫我們，將有專人為

您服務。客服：(02)23216565 分機 610

國家圖書館出版品預行編目資料

世界宗教文選 = Anthology of world religions/

王翔著. -- 初版. -- 臺北市：萬卷樓圖書股份

有限公司, 2023.07

　　面；　公分. -- (宗教研究叢書. 宗教研究叢

刊；0702013)

ISBN 978-986-478-833-0(平裝)

1.CST: 宗教　2.CST: 文集

207　　　　　　　　　112006055